„Das schönste Glück des denkenden Menschen ist,
das Erforschliche erforscht zu haben
und das Unerforschliche zu verehren"

Johann Wolfgang v. Goethe
Maximen und Reflexionen zur Naturwissenschaft

Für meine Ehefrau, Kinder, Enkel und Geschwister,
sowie für alle alten und neu gewonnenen Freunde
der Familien Tägert / Taegert
mit einem besonders herzlichen Dank an Hans-Wolfgang Tägert
für wertvolle Informationen und Bilder

Umschlagbilder Vorderseite:
- Märzrevolution 1848, Barrikadenkämpfe am 18/19. März in der Breiten Straße in Berlin, mit der revolutionären deutschen Trikolore, historische Kreide-Lithographie eines unbekannten Verfassers,
- Daguerreotypie mit JOACHIM CHRISTOPH WILHELM TÄGERT um 1867

Umschlagbilder Rückseite (von links oben):
- Greifswald mit St. Nicolai-Kirche
- Pädagogium Putbus-Rügen
- Realgymnasium Köslin
- Stadtansicht Siegen

Bildtitel Buchblock („Schmutztitel"):
- J. CHR. WILHELM TÄGERT mit EMMA, geb. KARKUTSCH, und seinen ältesten drei Kindern CLARA (Mitte), FRIEDRICH (rechts) und MATHILDE (links) aus der ersten Ehe mit FRIEDERIKE, geb. NIEMEYER, kurz nach seiner Wiederverheiratung 1867 in Köslin.

Jürgen-Joachim Taegert, Kirchenpingarten

Wenn die Erdachse schwankt ...

Universale Bildung und deutsche Revolution in Goethezeit und Biedermeier

Joachim Christoph Wilhelm Tägert und seine Zeit

Eine kleine Familienchronik der Täger(t) / Taeger(t)

Teil II (1754 / 1802-1903):
Greifswald - Putbus - Köslin - Siegen

Version 20-07-2016

Bibliografische Informationen der Deutschen Nationalbibliothek:
Die Deutsche Nationalbibliothek verzeichnet diese Publikation in der Deutschen Nationalbibliothek; detaillierte bibliographische Daten sind im Internet über http://dnb.d-nb.de abrufbar.

Copyright © Jürgen Joachim Taegert 2014
Zweite überarbeitete und erweiterte Auflage, Kirchenpingarten 2016
Bearbeitung und Herausgabe, Design und Layout:
Jürgen Joachim Taegert

Herstellung und Verlag:
BoD - Books on Demand, Norderstedt
ISBN: ISBN: 978-3-7412-4012-6

An Stelle eines Vorworts

Die Tägert / Taegert ...

... sind eine ganz besondere Art.

Auch wenn es davon heute in beiden Schreibungen des Namens weltweit kaum mehr als 34 lebende Personen gibt, so handelt es sich doch um eine überaus interessante Spezies.

Bei dem geringen Vorkommen ist es zwar verständlich, dass Namensforscher dieser raren Art bislang so wenig ernste Beachtung geschenkt haben. Aber dieses Nichtwissen ist auch schade und ein echter Mangel. Denn nicht nur die Geschichte des Weges dieser Familie vom Rand in die Mitte der Bürgergesellschaft, dessen erste drei Kapitel im bereits 2013 erstmals bei BoD erschienenen und 2016 neu aufgelegten Büchlein „Vom Tropfhäusler zum Köster und Schaulmeister" (ISBN ISBN 978-3 -7412-4009-6) nachzuerleben sind, ist auch heute noch bedenkenswert. Sondern auch einzelne hervorragende ihrer weiblichen und männlichen Vertreter aus Aufklärung, Goethezeit, Biedermeier und der Zeit des Zweiten Deutschen Reiches wirken bis in aktuelle und brennende Fragen unserer Gegenwart hinein nach.

Dabei fällt sofort ins Auge, dass wir den Begriff „Biedermeier" heute zu Unrecht nur mit „deutscher Gemütlichkeit", hausbackenem Spießertum und Rückzug in eine weltabgewandte Idylle gleichsetzen. Ganz anders, so will dieser zweite Band dieser Familiensaga zeigen, erleben damals die selbst Betroffenen ihre Zeit: Nach Napoleons Sturz und dem Ende der kleinen Territorialherrschaften in Europa brechen sich Wissenschaftlichkeit und aufgeklärtes Bemühen auch frommer Kreise um Bildung allenthalben Bahn und fördern nicht nur Männer, sondern auch Frauen und Kinder.

Dabei ist das Leben damals bedrängt vom hinhaltenden und gewalttätigen Widerstand rückwärtsgewandter Kräfte und überschattet vom allgegenwärtigen Leiden einer erschütternd hohen Mütter- und Kindersterblichkeit. So erfinden die Menschen in den stürmischen Umbrüchen der frühen industriellen Revolution und des modernen Verkehrswesens ihren Lebenssinn ganz neu und erschaffen sich als verlässlichen Hintergrund eine eng vernetzte bürgerliche Bildungsgesellschaft, um ihre Persönlichkeit zu entwickeln. Ihre zukunftsweisenden Bildungskonzepte und ihre politischen Forderungen geben auch noch unserm 21. Jahrhundert seine Grundlage.

Weil die nähere Betrachtung dieser Menschen auch im Vergleich zu eigenen Lebenskonzepten heute spannend und lohnend ist, seien Recherchen über einige wichtige Exponenten dieser Familie im 19. Jh. und deren Vorfahren und Geschwistern hiermit von einem der dankbaren Urenkel nachgeholt und den anderen Urenkeln und Urur...enkeln mitgeteilt, sowie auch allen Freunden der Familie gewidmet.

Jürgen Joachim Taegert, Kirchenpingarten, im Jahr 2016

INHALTSÜBERSICHT

Vorwort	5
Prolog: Joachim Christoph Wilhelm Tägert und die Berechnung der Erdachsenpräzession	9
Ist es wichtig, die Schwankungen der Erdachse zu erforschen?	11
Was man über Wilhelm Tägert heute erfahren kann	14
Einschätzungen der Arbeiten von Dr. J. Chr. Wilhelm Tägert aus der Sicht von heute	17
Es geht um Fragen der Zukunft unserer Erde	18
Schwankungen der Erdachse, heute betrachtet	18
Eine „Renaissance-Persönlichkeit" und ihre Wurzeln	21
Ein gewaltiger Hüne mit universaler Bildung	21
Umfassende Anregungen im bald verlorenen Elternhaus und bei den Großeltern	22
Zuflucht der Waisenkinder im Lehrerhaus auf dem Lande	24
Lauter Lehrer in der Familie!	26
Unterschiedliche Ausbildung für das niedere und höhere Schulwesen	26
Keine tumben „Lehrer Lämpel", sondern gebildete Idealisten	29
Der Staat sorgt sich um die moralische Verderbnis und freiheitliche Gesinnung seiner Lehrer	30
Carl August Hermann Tägert in den Fußtapfen von Vater und Großvater	32
Eine pädagogisch begabte Geschwisterschar unter der Fürsorge des Fürsten von Putbus	32
Zeugen der deutschen Revolution im Biedermeier	36
Äußerlich keine Revolutionäre	36
Umstürzende Zeiten, aber eine rückwärts gewandte Politik	38
Auf dem Weg zu Schwarz-Rot-Gold	39
Die Zeitung von Tobias Dannheimer wird zur Plattform demokratischer Ideen	40
Zeitzeugen der Tragödie des Frankfurter Paulskirchen-Parlaments	45
„Die Gedanken sind frei"	45
Macht und Ohnmacht der Wutbürger in der deutschen Revolution	47
Hoffnungen und Elend des Frankfurter Paulskirchen-Parlaments	48
Der 9. November – ein deutscher Schicksalstag	50

„Peinliche" und unnütze Revolution?	52
Abitur in den entscheidenden Tagen der Erhebung	54
Politisch bewegte Studenten	55

IM BANNE DER FRANCKE'SCHEN PÄDAGOGIK   58

Das „Pädagogium" von Putbus – ein neuartiges Bildungsprojekt nach Franke'schem Muster	58
AUGUST HERMANN FRANCKE: Ein Gelehrter findet zum Pietismus	61
Durch Erweckung zum glutvollen tätigem Glauben	62
„Vier Taler und 16 Groschen" als Startkapital für einen Sozialkonzern	64
Mission nach innen und außen	66
Franckes „Pädagogium regium" als Vorbild für Putbus	69
Der „Francke-Hype" wird zum Schicksal	72

EIN PRÜFSTEIN FÜR DIE JUNGE LIEBE   74

Zwischen Greifswald und Köslin	74
Erwartungen und Ängste bei der ersten Nutzung der Eisenbahn	75
Musiklehre beim damaligen Meister der Balladen CARL LOEWE in Stettin	79
Im Herzen von Hinterpommern, in der Heimat der Kaschuben	80
Heirat in Köslin, im Zentrum von Hinterpommern	83

WEIBLICHE BILDUNG UND FAMILIENLEBEN IN GOETHEZEIT UND BIEDERMEIER   86

Friederikes Großmutter – ein Lehrbeispiel für die heutige „Gender-Forschung"	86
Bildung für Bessergestellte	87
Um Allgemeinbildung für Mädchen bemüht: Evangelische Hausväter, Ratsherren und Pastorenfrauen	89
Steigende Bildungsanstrengungen im Biedermeier	91
Zeitgemäße Bildung für „Höhere Töchter"	92
Weibliche Bildung nützt dem Familienprojekt der „vorbildlichen Geselligkeit"	95
Gastgeber der Crème de la Crème des Bürgertums der Goethezeit	96
AGNES WILHELMINE NIEDERMEYER – „Kanzlerin" und hochgelobtes Ideal einer gebildeten Frau	98
Vatertochter und Bildungsprojekt des Magdeburger Hofrats V. KÖPKEN	101
Erziehung nach Rousseaus Hauptwerk „Emile"	104
Der gebildete und fromme Professor NIEMEYER als Verehrer der jungen WILHELMINE	106
WILHELMINE und AUGUST HERMANN – eine Ehe voll Tatkraft auf Augenhöhe	109

Die kurze Ehe der Friederike Tägert — 114
- Gebildet in der „Kinderstube" und auf der „Höheren Töchterschule" — 114
- Behagliches Wohnen im „Altdeutschen Stil" — 116
- Die Welt der Kinder wird entdeckt — 117
- Sehnsucht nach einer großen heilen Familie unterm Weihnachtsbaum — 118
- Eine unfassbare Tragödie — 120
- Eine junge Stiefmutter für Friederikes Kinder — 120

Selbstverwirklichung in Pädagogik und Künstlertum — 124
- Als Lehrer in Berlin — 124
- Frauenbildung, „damit der Mann sich nicht langweilt" — 126
- Selbstverwirklichung nach dem Vorbild von Clara Schumann — 127
- Dann also schon lieber Lehrerin! — 129
- Die ersten Lehrerinnen in der Familie – Vorkämpferinnen für die Frauenemanzipation — 130
- Ein unbeirrbarer Weg zur Bildung und zur Verwirklichung der pädagogischen Ziele — 132

Leben im „Zweiten Reich"
- Ein erfolgreicher Sohn erinnert sich an seinen Vater — 135
- Wilhelm L. G. Tägert beschreibt seine Jugendjahre in Köslin — 138
- Als Schulleiter in Siegen — 141
- Zur See — 145
- „Erinnerungen" eines Weltreisenden bei der kaiserlichen Marine — 145
- Ein pädagogisches Urgestein verlässt diese Erde — 148

ANHANG
- Zeugnis pro facultate docendi für Joachim Christoph Wilhelm Tägert (Greifswald 1853) — 150
- Bemerkungen über die genauere Bestimmung der Schwankungen der Erdachse (1882) — 152
- Personalblatt des Schulamtes über Joachim Christoph Wilhelm Tägert — 160
- Vorfahren von Wilhelm Tägert, Friederike Niemeyer und Emma Karkutsch — 161
- Die Dannheimer, Schachenmayer, Grabe und Taegert — 162
- Die ersten nachweisbaren Generationen der Täger(t) — 163
- Nachkommen von Paul und Wilhelm Tägert — 164
- Die heute existierenden Stämme der Tägert / Taegert — 165
- Über den Verfasser — 166

PROLOG:
JOACHIM CHRISTOPH WILHELM TÄGERT und die Berechnung der Erdachsenpräzession

*A*n der folgenden Nachricht vom DEZEMBER 2012 und dem beigefügtem ausführlichen Internet-Bericht hätte Dr. JOACHIM CHRISTOPH WILHELM TÄGERT (1830-1903) sicher seine helle Freude gehabt:

Schwankungs-Rotation der Erdachse erstmals unmittelbar gemessen

[http://grenzwissenschaft-aktuell.blogspot.de/2011/12/rotation-der-erdachse-erstmals.html).

München/ Deutschland - Forschern der Technischen Universität München (TUM) ist es als ersten gelungen, mit Labormessungen die Schwankungen der Erdachse unmittelbar zu bestimmen. Bislang konnten auf die Wanderungen der Pol-Achse nur indirekt über die Richtung zu Fixpunkten im All geschlossen werden. Die Lage der Achse und die Drehgeschwindigkeit zu messen, ist Voraussetzung für die exakte Bestimmung einzelner Punkte auf der Erde, etwa für moderne Navigationssysteme.

„Die Erde schlingert", erläutert die TUM-Pressemitteilung (mytum.de) und führt weiter aus: „Wie bei einem Brummkreisel, den man antippt, schwankt die Lage ihrer Rotationsachse im Raum, weil die Gravitation von Sonne und Mond auf sie wirkt. Gleichzeitig ändert sich auch die Position der Rotationsachse auf der Erde permanent: Zum einen verursachen Ozeanbewegungen, Wind und Luftdruck eine Bewegung der Pole, die rund 435 Tage dauert – ein nach seinem Entdecker 'Chandler Wobble' getauftes Phänomen. Zum anderen ändert sich die Position im Laufe eines Jahres, weil die Erde auf einer elliptischen Bahn um die Sonne rast - der 'Annual Wobble'. Die beiden Effekte ergeben eine unregelmäßige Wanderung der Erdachse auf einer kreisähnlichen Linie mit einem Radius von maximal sechs Metern."

Diese Schwankungen zu erfassen, ist entscheidend für ein zuverlässiges Koordinatensystem und damit für den Betrieb von Navigationssystemen oder die Vorhersage von Bahnen in der Raumfahrt. „Einen Punkt für die GPS-Ortung zentimetergenau zu bestimmen, ist ein hochdynamischer Vorgang - schließlich bewegen wir uns in unseren Breiten pro Sekunde um circa 350 Meter nach Osten", sagt Prof. Karl Ulrich Schreiber, der in der Forschungseinrichtung Satellitengeodäsie der TUM das Projekt geleitet hat. Die ersten Ergebnisse wurden nun im Fachmagazin „Physical Review Letters" veröffentlicht und von der „American Physical Society" als „Exceptional Research Spotlight" eingestuft.

Bislang sind weltweit 30 Radioteleskope im Einsatz, um die Lage der Achse im Raum und die Drehgeschwindigkeit der Erde in einem vergleichsweise aufwendigen Prozess zu berech-

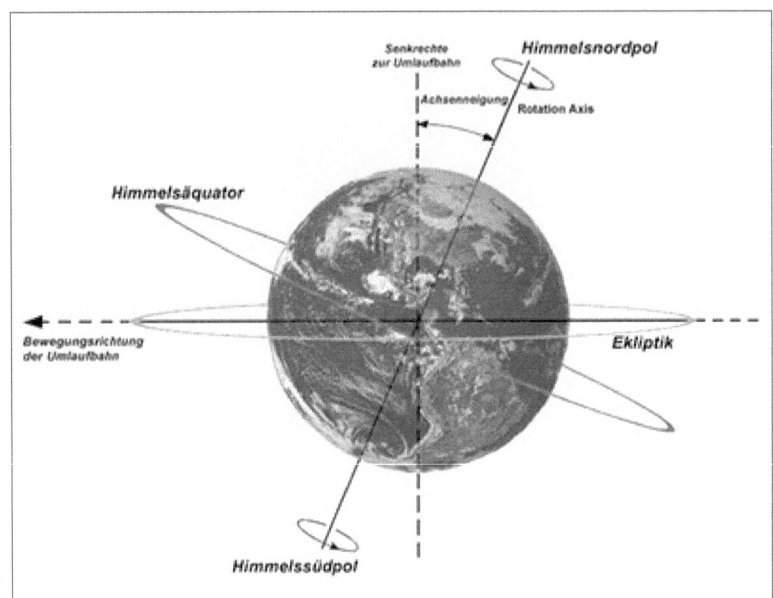

Heute mit Lasern messbar: Schwankungen der Erdachse
(Bild Copyright: Dna-webmaster, cc-by-sa 3.0 – dt.Text: grewi.de)

nen. Dabei messen acht bis zwölf von ihnen abwechselnd jeden Montag und Donnerstag die Richtung zu bestimmten Quasaren. Da Astrophysiker davon ausgehen, dass sich die Position dieser Galaxiekerne nicht verändert, werden diese als Fixpunkte für die Messungen genutzt.

Gemeinsam mit Wissenschaftlern der University of Canterbury arbeiten die Münchner Forscher seit Mitte der 1990er Jahre an der Entwicklung einer neuen und weniger aufwendigen kontinuierlichen Bestimmung des Chandler und des Annual Wobble, um mit dieser dann auch mögliche systematische Fehler ausschließen zu können. „Schließlich wäre es ja möglich" so Schreiber, „dass die angenommenen Fixpunkte gar keine sind."

Auf dem Gelände des Wettzeller Observatoriums entsteht hierzu derzeit der weltweit genaueste und stabilste Ringlaser, wie er in einfacherer Form auch in Flugzeugen zur Navigation verwendet wird. Zwei Lichtstrahlen durchlaufen darin in entgegen gesetzten Richtungen eine quadratisch angeordnete Bahn mit Spiegeln in den Ecken, die in sich geschlossen ist. Dreht sich eine solche Apparatur, hat der Laserstrahl in der Drehrichtung einen längeren Weg als der gegenläufige. Die Strahlen passen daraufhin ihre Wellenlänge an und die optische Frequenz ändert sich.

Aus dieser Differenz können die Wissenschaftler dann auf die Drehgeschwindigkeit schließen. In Wettzell dreht sich dieser Ringlaser jedoch nicht selbst, sondern nur die Erde. Hierzu ist die Konstruktion in einem massiven Betonpfeiler verankert, der wiederum in rund sechs Metern Tiefe auf massiven Fels der Erdkruste gegründet ist. Damit ist sichergestellt, dass ausschließlich die Erdrotation auf die Laserstrahlen wirkt.

Wie stark die Erdrotation das Licht in einer solchen Apparatur beeinflusst, ist natürlich abhängig von deren Standort: „Stünden wir am Pol, wären die Drehachse der Erde und Drehachse des Lasers identisch und wir würden die Drehgeschwindigkeit eins zu eins sehen", erklärt Schreiber. „Am Äquator dagegen würde der Lichtstrahl gar nicht merken, dass sich die Erde dreht." Aus diesem Grund müssen die Wissenschaftler die Position des Wettzeller Lasers auf dem 49. Breitengrad berücksichtigen.

Ändert sich nun die Achse der Erdrotation, ändert sich auch das, was die Forscher von der Drehgeschwindigkeit sehen, wodurch Verän-

Die Berechnung der Erdachse

derungen im Verhalten des Lichts die Schwankungen der Erdachse anzeigen.

„Das Prinzip ist einfach", sagt Schreiber. „Die große Schwierigkeit bestand darin, den Laser so stabil zu halten, dass wir ein solch schwaches geophysisches Signal störungsfrei messen können - und das über Monate." Das heißt, die Wissenschaftler müssen Änderungen in den Frequenzen ausschließen, die nicht von der Drehbewegung der Erde, sondern von Umwelteinflüssen wie beispielsweise Luftdruck und Temperatur herrühren.

Nachdem alle notwendigen Vorgaben erfüllt waren, ist es den Forschern gelungen, die aus den Messungen der Radioteleskope stammenden Daten zur Ausprägung des Chandler Wobble und des Annual Wobble mit Hilfe des Ringlasers zu bestätigen. Das nächste Ziel der Forscher ist es nun, die Genauigkeit der Konstruktion so zu erhöhen, dass sie Veränderungen der Erdrotationsgeschwindigkeit eines einzelnen Tages erfassen kann und den Ringlaser so für einen dauerhaften Betrieb zu rüsten, damit die Apparatur auch über Jahre keine Abweichungen produziert."

WEITERE MELDUNGEN ZUM THEMA „Erdachse":

Japan: Sendai-Beben hat Erdachse verschoben – 13. März 2011

Bestätigt: Chile-Erdbeben ließ Erdentage länger werden. 12. April 2010 – Chile-Erdbeben könnte die Erdachse verschoben haben.

Ist es wichtig, die Schwankungen der Erdachse zu erforschen?

Dass unsere Erde sich nicht stetig um ihre Drehachse dreht wie ein Kreiselkompass, der in Widerlagern fixiert ist, sondern dass sie „schlingert" wie ein Brummkreisel, den man antippt, ist nicht erst seit den oben geschilderten Forschungen mit dem modernen Ringlaser bekannt, sondern war den Astronomen und Mathematikern auch schon früher geläufig. Sie erforschten dieses Phänomen durch Sternenbeobachtung und auf mathematischem Weg.

Wie uns WILHELM LUDWIG GOTTLIEB TÄGERT, der drittälteste Sohn von **JOACHIM CHRISTOPH WILHELM TÄGERT,** in seinen „Erinnerungen" erzählt, habe sein universell gebildeter Vater in seinen Mußestunden viele Jahre hindurch an solchen großen mathematischen Problemen gearbeitet, „haupt-

Als Forscher ein Einzelkämpfer: JOACHIM CHRISTOPH WILHELM TÄGERT im Jahr 1867

sächlich an den täglichen Schwankungen der Erdachse und ihren Wechselbeziehungen zu Ebbe und Flut."

11

Joachim Chr. Wilh. Tägert hat auf diesem Gebiet damals gründlich und wissenschaftlich gearbeitet und seine Ergebnisse in Fachzeitschriften veröffentlicht hat. Er war aber beim Thema „Erdachse" in seiner Zeit fast ein Einzelkämpfer. Resigniert habe er seinen Kindern eingestanden, so bemerkt sein Sohn Wilhelm jr., „dass außer einem befreundeten Astronomen wohl niemand sein Werk gelesen" habe.

Heute beschäftigen sich Heere von Wissenschaftlern in aller Welt, ausgestattet mit Unsummen Geld und hochmodernen Instrumenten, mit dem Phänomen dieser Schwankung. Das Faszinierende an den Genies der vergangenen Zeit ist darin zu sehen, dass viele, wie Joachim Tägert, ihre Wissenschaft gleichsam als Hobby ohne finanziellen Aufwand betrieben haben, gestützt nur auf ihre astronomische Anschauung und ihre mathematische Logik, dass aber dennoch ihre errechneten Ergebnisse nur marginal von den Resultaten abweichen, die die oben genannten modernen Wissenschaftler mit ihrem millionenschweren Laser-Equipment uns heute liefern!

Ist die Erforschung der Schwankung der Erdachse denn überhaupt so wichtig, dass man sie heute so professionell betreibt? Ist es gerechtfertigt, dafür gewaltige Geldbeträge auszugeben?

Es ist keine Frage, dass die moderne GPS-Orientierung, von der heute jeder autofahrende oder wandernde Laie profitieren kann, von dem Thema der schwankenden Erdachse berührt ist. Auch beim Zukunftsprojekt selbstfahrender Autos kommt es natürlich bei der Feststellung der Fahrtstrecke auf jeden Zentimeter an. Noch mehr ist schon jetzt die gesamte professionelle Navigation in der See-, Luft- und Raum-

Chemische Fabrik 19. Jh.: So wie hier in Köln-Kalk rauchten die Schlote im 19. Jh. überall, auch in Greifswald und Siegen

fahrt auf eine hypergenaue Navigation angewiesen. Doch hätten wir auch gedacht, dass über solche Fragen der zielgenauen Orientierung hinaus das Problem der schwankenden Erdachse auch den besorgniserregenden Klimawandel und das Überleben der Menschheit berührt, wie wir weiter unten noch sehen werden?

Es geht ja heute darum, alle Faktoren zu erkennen, die auf den unleugbaren Wandel des Klimas in der Gegenwart einwirken, um so für das menschliche Verhalten die notwendigen Konsequenzen abzuleiten – falls es dafür nicht schon zu spät ist.

Obwohl die Schlote in der Zeit unserer Urgroßeltern, dem ersten Höhepunkt der Industrialisierung und der Dampf-Eisenbahn, schon überall fürchterlich rauchten, wie die alten Radierungen zeigen, ahnte damals freilich noch niemand, dass die Folgen einmal so bedrohlich für die Erde und den sie umgebenden Atmosphäre-Schutzmantel werden würden.

Zwar weiß man bereits seit 1880 von der Wirkung des Ozons, das wie ein Schleier die Erde umgibt und die schädlichen UV-Strahlen absorbiert; und seit 1913 weiß man auch, wie sich das Ozon in der Atmosphäre bildet. Aber erst die Messungen der Satelliten ab den 70-er Jahren des 20. Jh. haben ans Licht gebracht, wie besorgniserregend dünn und empfindlich dieser Schutzschild ist. Auch die Auswirkung der Treibhausgase auf die Erderwärmung und den Klimawandel ist uns erst heute dank der Satelliten-Technik bewusst geworden. Wir erkennen, wie belastet und schlimm geschädigt die Erdatmosphäre bereits ist. Aber im Unterschied zu den Visionären des 19. Jh. wissen wir zwar heute von der Tragweite dieser Umweltverschmutzungen, aber dennoch zweifeln wir und sündigen weiter, auf Kosten unserer Kinder und Enkel.

Ganz anders so ein engagierten Mathematiker wie JOACHIM WILHELM TÄGERT: Er hatte ja in GREIFSWALD schon als Kind die gewaltigen Kräfte des Meeres und seine Gefahren kennengelernt. Für ihn waren seine Erkenntnisse über die Auswirkungen der Schwankungen der Erdachse auf Ebbe und Flut damals schon Katastrophen-Szenario genug, um sich als Naturkundiger voll herausgefordert zu fühlen. Er musste einfach aus innerer Überzeugung tätig werden, auch wenn wir erst jetzt, aus einem Abstand von mehr als 150 Jahren, die Tragweite dieser Wissenschaft erkennen.

Wie wichtig diesem leidenschaftlichen Wissenschaftler seine sorgfältigen Forschungen und Berechnungen waren, erzählt eine kleine, aber sehr bezeichnende Episode, welche uns die Ehefrau des Enkels KARL jr., „Tante Thula", mitteilt. Sie hatte ihr Wissen wohl aus Berichten, die in der Familie umliefen:

Danach sei JOACHIM CHR. WILHELM TÄGERT auf der vornehmen Feier der Hochzeit, die sein jüngster Sohn WILHELM jr. im Jahr 1901 mit der der Tochter ELSE des Geheimen Regierungsrats, Baurats und Bankdirektors LENT in BERLIN feierte – diese Schwiegertochter war die im Familienkreis später so genannte „Tante Lenti" –, plötzlich verschwunden gewesen. Man habe ihn überall gesucht und schließlich in einem Zimmer des Hochzeitshauses, vertieft in seine Berechnungen, wiedergefunden.

Zu dieser Zeit war J. CHR. WILHELM TÄGERT bereits über 71 Jahre alt, aber noch immer im aktiven Schuldienst tätig. Er war seit dem Jahr 1875 Rektor des Realgymnasiums in SIEGEN. Insgesamt brachte es dieser charismatische Pädagoge auf eine heutzutage gar nicht mehr erreichbare Dienstzeit von 50 Jahren! Und praktisch bis zuletzt forschte er an den von ihm erkannten Schwankungen der Erdachse!

Unter den 13 Schriften, die J. CHR. WILHELM TÄGERT seinerzeit in Programmen seines Siegener Realgymnasiums veröffentlicht hat, finden sich allein drei, in denen er auf seine Berechnung der Erdachse Bezug nimmt. Darin zeigt sich, dass ihn dieses Projekt bis in seine letzten Lebensjahre hinein durchgehend fasziniert und begleitet hat.

Manche seiner Erkenntnisse hat er auch für gebildete Laien darzustellen versucht. Anderes bleibt für die normal Gebildeten ohne fremde Hilfestellung kryptisch. So sind noch heute auch unter „Google-Books" folgende Schriften von J. CHR. WILHELM TÄGERT weltweit nachweisbar:

„*Über die Einwirkung der Ebbe und Flut auf die Präzision und Mutation, sowie auf die Drehungsgeschwindigkeit der Erde*". Siegen 1881. 22 S.

„*Bemerkungen über die genauere Bestimmung der Schwankungen der Erdachse*". Siegen 1882. 5 S.

„*Über Schwankungen der Drehungsachse der Erde im Inneren des Erdkörpers*". Siegen 1902. 30 S.

Die kürzeste dieser drei Schriften, die „*Bemerkungen*" von 1882 mit ihren komplizierten mathematischen Berechnungen, sind, um eine Anschauung davon zu geben, im Anhang dieses vorliegenden Büchleins mit abgedruckt.

Was man über JOACHIM CHR. WILHELM TÄGERT heute erfahren kann

Das umfangreiche „Personenlexikon von Lehrern des 19. Jahrhunderts", das FRANZ KÖSSLER einst verfasst und das die Universitätsbibliothek GIEßEN dankenswerterweise 2008 digitalisiert hat

Schüler im pommerschen Gymnasium: Bürgerschule Greifswald nach dem Neubau 1799

[URL: http://geb.uni-giessen.de/geb/volltexte/ 2008/ 6502], enthält „Berufsbiografien aus Schul-Jahresberichten und Schulprogrammen der Jahre 1825 – 1918 mit Veröffentlichungsverzeichnissen". Im Band zum Buchstaben „T, *Tabulski – Tzschentke"*, findet sich folgender Eintrag:

„TAEGERT, WILHELM JOACHIM CHRISTOPH *(1830-1903) wurde am 9. Dezember 1830 zu Greifswald als Sohn des dortigen Lehrers* FRIEDRICH TÄGERT *geboren. Er besuchte das Gymnasium seiner Vaterstadt und studierte auch daselbst Mathematik und Naturwissenschaften, nachdem er am 29.März 1849 die Reife zur Universität erhalten hatte. Die Prüfung „pro facultate docendi" bestand er am 21. April 1853 mit großem Erfolge. Gleich nach derselben trat er am Gymnasium zu Greifswald sein Probejahr an, dessen zweite Hälfte er als interimistischer Adjunkt am Pädagogium zu Putbus vollendete. Seine Anstellung als ordentlicher Lehrer fand er am Gymnasium zu Cöslin (Köslin), wo er von Ostern 1854 bis zum Oktober 1875 mit reichem Segen und unter vollster Anerkennung seiner vorgesetzten Behörde gewirkt hat. In der Zeit seiner Lehrtätigkeit in Cöslin wurde er am 17. April 1857 an der Universität Greifswald zum Dr. phil. promoviert.*

Am 12. September 1875 ernannte ihn Se. Majestät Kaiser Wilhelm I. zum Direktor der Realschule erster Ordnung in Siegen, und schon am 4. Oktober trat er sein Amt an. Über ein Vierteljahrhundert, volle 28 Jahre, hat er das schwere Amt der Leitung der Siegener Anstalt geführt und mit seltener Pflichttreue die immer schwerer werdenden Lasten seines Berufes auf sich genommen. Im Jahre 1903 konnte er noch sein 50-jähriges Dienstjubiläum erleben. Er starb am 25. November 1903 in Siegen."

An Programm-Abhandlungen hat er veröffentlicht:

1) „De functionibus sin x, cos x, (Formel kann nicht vorlagegerecht wie-

Lehrer am Gymnasium Köslin: Heute in Polen

In Greifswald promoviert:
Universität und Dom
St. Nicolai GREIFSWALD

Schulleiter in SIEGEN seit 1875: Historische Stadtansicht von 1850 mit dem alten Gymnasium am Löhrtor

dergegeben werden) in factors resolvendis". Cöslin 1856. 14 S. (Programm Cöslin Gymnasium)

2) „Beweis der von Jacobi gegebenen die Zerlegung elliptischer Funktionen in unendliche Produkte betreffenden Formeln". – Nachtrag: „Berechnung einiger hyperbolischer Logarithmen bis auf 100 Dezimalstellen". Cöslin 1860. 10 S. (Programm Cöslin Gymnasium)

3) „Abriss der Verhältnislehre". Cöslin 1862. 16 S. (Programm Cöslin Gymnasium)

4) „Über die Laplacische Relation zwischen dem Potentiale und der Attraktion eines nahen kugelförmigen homogenen Sphäroids". Cöslin 1871. 14 S. (Programm Cöslin Gymnasium)

5) „Einführungsrede des Direktors". Siegen 1876. S. 1-7. (Programm Siegen Realschule)

6) „Zum Gedächtnis des verstorbenen Direktors Dr. Schnabel". Siegen 1876. S. 8-9. (Programm Siegen Realschule)

7) „Mathematische Collectaneen". Siegen 1876. S. 10-16. (Programm Siegen Realschule)

8) „Rede zur Feier des achtzigsten Geburtstages Sr. Majestät des Kaisers." Siegen 1878. S. 1-7. (Programm Siegen Realschule.)

9) „Rede zur Feier des dreiundachtzigsten Geburtstages Sr. Majestät des Kaisers". Siegen 1880. S. 3-11. (Programm Siegen Realschule)

10) „Über die Einwirkung der Ebbe und Flut auf die Präzision und Mutation, sowie auf die Drehungsgeschwindigkeit der Erde". Siegen 1881. 22 S. (Programm Siegen Realschule)

11) „Bemerkungen über die genauere Bestimmung der Schwankungen der Erdachse." Siegen 1882. 5 S. (Programm Siegen Realschule)

12) „Festrede zum fünfzigjährigen Jubiläum der Anstalt". Siegen 1887. S. 32-41. (Programm Siegen Realgymnasium)

13) „Über Schwankungen der Drehungsachse der Erde im Inneren des Erdkörpers". Siegen 1902. 30 S.

– Aus: Programm Siegen Realgymnasium 1904.

Einschätzungen der Arbeiten von
Dr. J. Chr. Wilhelm Tägert
aus heutiger wissenschaftlicher Sicht

J. Chr. Wilhelms Ururenkel Lukas Taegert, der zunächst als Assistent an der Universität Bayreuth in die mathematischen Fußtapfen seines Vorfahren getreten war und jetzt in der freien Wirtschaft arbeitet, gab zu den Titeln der einzelnen Schriften folgende Einschätzung:

1) „De functionibus ..." (1856): Die fehlende Formel im Titel kann ich nicht ergänzen, aber laut Internet müsste es wohl heißen „... in factores resolvendis". Dies scheint mir eine Arbeit aus der heutigen Funktionentheorie zu sein, das ist das Gebiet der Mathematik, das sich mit den Eigenschaften „klassischer Funktionen" beschäftigt. Dies sind Funktionen, die sich in sogenannte Potenzreihen entwickeln lassen, wozu sin x und cos x gehören.

2) „Beweis der von Jacobi gegebenen die Zerlegung elliptischer Funktionen ..." (1860): Würde das oben Gesagte bestätigen, da elliptische Funktionen ebenfalls ein Thema aus der Funktionentheorie sind, genauso wie Logarithmen. Insbesondere würde ich diese Themen als relativ anspruchsvoll einstufen, typische (gute) Mathematikstudenten haben heutzutage erst zum Ende des vierten Semesters das nötige Wissen, um diese Themen einigermaßen zu verstehen.

3) „Abriß der Verhältnislehre" (1862) Dazu fehlen mir Informationen, „Verhältnislehre" ist heutzutage kein geläufiger Begriff in der Mathematik.

4) „Über die Laplacische Relation" (1871): Geht dann über in die mathematische Physik und hat mit (1) und (2) kaum mehr etwas zu tun. Die Formulierung legt nahe, dass es eine mathematische und keine physikalische Betrachtung ist.

Kann die Arbeiten seines Ur-Urgroßvaters deuten:
Lukas Taegert

10) „Über die Einwirkung der Ebbe und Flut ..."

11) „Bemerkungen über die ... Schwankungen der Erdachse" (1882)

13) „Über Schwankungen der Drehungsachse der Erde" (1902).

— In (10), (11) und (13) geht es dann um Fragen, die man heutzutage in der Physik der Mechanik zuordnen würde, heute würde man „Präzession" schreiben. Diese Sachverhalte waren damals schon bekannt, aber sicherlich noch vergleichsweise neu und nur von wenigen erforscht. Mit dem Hintergrund der anderen Bücher wahrscheinlich auch der mathematischen Physik zuzuordnen.

Insbesondere geht es hier um die Dynamik rotierender Körper.

Auf meine weitere Bitte um eine Zusammenfassung „für Laien" hat LUKAS den Inhalt dieser Schriften dann nochmals kurz wie folgt beschrieben:

„Wilhelm Tägert veröffentlichte mehrere Werke zum mathematischen Gebiet der klassischen Funktionentheorie, bevor er sich später der mathematischen Physik zuwandte und sich insbesondere mit der mathematischen Beschreibung einiger Konsequenzen der Erdrotation beschäftigte."

Es geht um Fragen der Zukunft unserer Erde

Und was bedeuten die Arbeiten von WILHELM TÄGERT? Es geht um nicht weniger als um Zukunftsfragen unserer Erde.

Das Phänomen der schwankenden Erdachse, das dieser geniale Forscher und Lehrer JOACHIM CHRISTOPH WILHELM TÄGERT schon damals wahrgenommen und bearbeitet hat, wird die zentrale Diskussion der Menschheit heute und in den nächsten Jahrzehnten mit bestimmen. Den eskalierenden Klimawandel wird man als das Überlebensproblem der zukünftigen Generationen bezeichnen müssen. Neben den vom Menschen verursachten Problemen sind auch die natürlichen Ursachen mit zu bedenken.

Dies spiegeln auch andere aktuellen Berichte im Internet, wie dieser folgende [http://www.deutsches-klimakonsortium.de/de/klimawissen/haeufig-gestellte-fragen.html?expand=1299&cHash=43d96 953139e984cd 4fa7fd7aa3112a8]:

Schwankungen der Erdachse, heute betrachtet

Was verursachte die Eiszeiten und andere wichtige Klimaänderungen vor dem Industriezeitalter?

Auch lange bevor menschliche Aktivitäten eine Rolle gespielt haben, hat sich das Erdklima auf allen Zeitskalen verändert. Große Fortschritte sind beim Verständnis der Ursachen und Mechanismen dieser Klimaänderungen gemacht worden. In der Vergangenheit waren Veränderungen in der Strahlungsbilanz der Erde der Hauptantrieb für Veränderungen des Klimas, aber die Ursachen dieser Veränderungen waren unterschiedlich. Für jeden Fall getrennt – seien es die Eiszeiten, das warme Klima zur Zeit der Dinosaurier oder die Klimaschwankungen im letzten Jahrtausend – müssen die Ursachen jeweils spezifisch bestimmt werden. In vielen Fällen können diese gut identifiziert werden. Weiterhin können viele Klimaveränderungen der Vergangenheit mit quantitativen Modellen wiedergegeben werden.

Das Klima unserer Erde wird durch die Strahlungsbilanz bestimmt. Es gibt drei grundlegende Arten, wie sich die Strahlungsbilanz der Erde verändern und dabei einen Klimawandel verursachen kann:

(1) Änderung der ankommenden Sonneneinstrahlung (z.B. durch Änderungen in der Erdumlaufbahn oder der Sonne selbst),

(2) Änderungen der reflektierten Solarstrahlung (dieser Anteil wird Albedo genannt und wird beeinflusst z.B. durch Änderungen der Wolkenbedeckung, der Aerosole in der Atmosphäre sowie von der Helligkeit und der Beschaffenheit der Erdoberfläche)

(3) Änderungen der in den Weltraum abgegebenen Wärmestrahlung (z.B. durch Änderung der Treibhausgaskonzentrationen). Darüber hinaus hängt z.B. das örtliche Klima auch davon ab, wie die Wärme durch Winde und Ozeanströmungen verteilt wird.

All diese Faktoren haben bei den Klimaschwankungen in der Vergangenheit eine Rolle gespielt.

Für die Eiszeiten, die in den letzten ca. 3 Millionen Jahren in regelmäßigen Zyklen auftraten und verschwanden, sind regelmäßige Schwankungen der Erdbahn um die Sonne, die sogenannten Milankovitch-Zyklen verantwortlich (Abb. 1). Diese Zyklen bewirken eine veränderte Sonneneinstrahlung, die auf jedem Breitengrad während jeder Jahreszeit ankommt (beeinflussen aber kaum den weltweiten jährlichen Durchschnitt). Sie können mit astronomischer Genauigkeit berechnet werden. Es gibt jedoch immer noch Diskussionen darüber, wie genau diese Zyklen den Start und das Ende der Eiszeiten bedingen. Die Ergebnisse vieler Studien deuten darauf hin, dass entscheidend ist, wie viel Sonnenstrahlung die Kontinente der Nordhalbkugel im Sommer erhalten: Fällt die Einstrahlung unter einen kritischen Wert, schmilzt der Schnee des letzten Winters nicht mehr ab, im nächsten Winter fällt darauf neuer Schnee, und allmählich entsteht so ein Eisschild. Klimamodellsimulationen bestätigen, dass eine Eiszeit tatsächlich auf diese Weise beginnen kann. Einfache Konzeptmodelle wurden dazu benutzt, um den Beginn früherer Vergletscherungen anhand von Änderungen der Erdumlaufbahn erfolgreich zu rekonstruieren. Die nächste große Verringerung der Sonnenstrahlung auf die Kontinente der Nordhalbkugel im Sommer, ähnlich der,

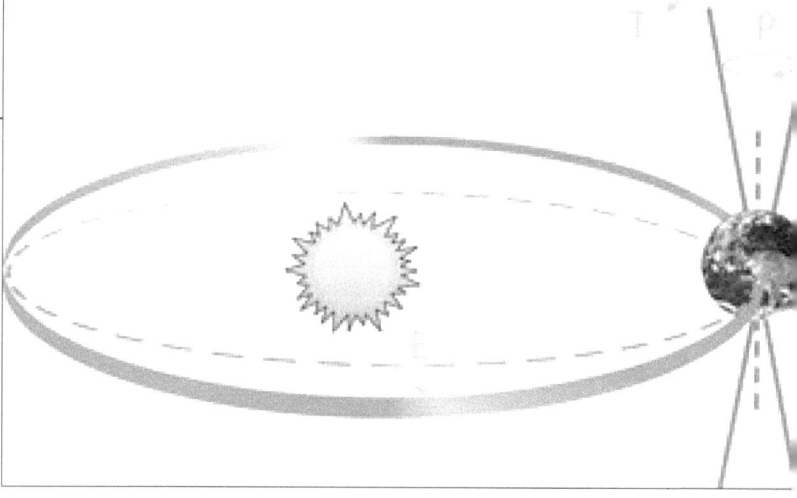

Vorhersehbare Eiszeit: Schematische Darstellung der die Eiszeitzyklen antreibenden Änderungen der Erdumlaufbahn (Milankovitch-Zyklen). 'T' kennzeichnet die Variation in der Neigung der Erdachse gegen die Erdbahnebene (Obliquität), 'E' kennzeichnet die Abweichung der elliptischen Erdbahn von der Kreisbahn (Exzentrizität), und 'P' kennzeichnet die Präzession, eine Art Pendelbewegung der Achse der Erde. (Quelle: IPCC 2007, FAQ 6.1, Fig. 1, S.49).

die die letzten Eiszeiten hervorrief, wird in ca. 30.000 Jahren erwartet.

Das in der Atmosphäre vorkommende CO_2 spielt, auch wenn es nicht die Hauptursache ist, ebenfalls eine wichtige Rolle für die Eiszeiten. Daten aus antarktischen Eisbohrkernen zeigen, dass die CO_2-Konzentration in den Eiszeiten gering (~190 ppm) und in Warmzeiten hoch (~280 ppm) ist. Atmosphärische CO_2-Konzentrationen folgen den Temperaturänderungen in der Antarktis mit einer Zeitverschiebung von einigen hundert Jahren. Da die Klimaveränderungen am Anfang und Ende von Eiszeiten mehrere tausend Jahre brauchen, werden die meisten dieser Änderungen durch eine positive CO_2-Rückkopplung beeinflusst, d.h. eine kleine anfängliche Abkühlung aufgrund der Milankovitch-Zyklen wird anschließend verstärkt, wenn die CO_2-Konzentration sinkt. Modellsimulationen des Klimas während der Eiszeiten erzeugen nur realistische Ergebnisse, wenn die Rolle des CO_2 berücksichtigt wird.

Im Verlauf der letzten Eiszeit fanden über zwanzigmal plötzliche, drastische Klimawechsel statt, die besonders markant in Klimaarchiven rund um den Nordatlantik hervortreten. Diese unterscheiden sich von den Eiszeit-Warmzeit-Zyklen insofern, dass sie wahrscheinlich zu keinen großen Änderungen der globalen Durchschnittstemperatur führten: Die Schwankungen treten in Grönland und in der Antarktis nicht gleichzeitig auf, und im Süd- und Nordatlantik fanden sie in entgegengesetzter Richtung statt. Dies bedeutet, dass eine Veränderung der weltweiten Strahlungsbilanz nicht nötig gewesen wäre, um diese Verschiebungen zu verursachen. Eine Umverteilung der Wärme innerhalb des Klimasystems wäre ausreichend gewesen. Nach heutigen Erkenntnissen bewirkten Änderungen der Meeresströmungen im Nordatlantik, die einen Transport großer Wärmemengen weit nach Norden hervorriefen, diese Ereignisse. Sedimentdaten und Modellsimulationen zeigen, dass einige dieser Änderungen durch Instabilitäten der damals den Atlantik umgebenden Eisschilde und der damit verbundenen Schmelzwasserabgabe ins Meer ausgelöst worden sein könnten.

In der Klimageschichte gab es auch viel wärmere Zeiten – während eines Großteils der vergangenen 500 Millionen Jahre könnte die Erde völlig frei von Eisschilden gewesen sein (Geologen erkennen dies aus den Spuren, die das Eis an Felsen hinterlässt), im Gegensatz zu heute, wo Grönland und die Antarktis eisbedeckt sind. Daten über das Vorhandensein von Treibhausgasen reichen mehr als eine Million Jahre zurück, also viel weiter als die Daten aus den Eisbohrkernen der Antarktis. Diese Daten sind zwar ungenau, aber die Analyse geologischer Proben zeigt, dass die warmen, eisfreien Zeiträume mit hohen atmosphärischen CO_2-Kon-zentrationen zusammenfallen. Auf Skalen von Millionen von Jahren schwanken die CO_2-Kon-zentrationen aufgrund tektonischer Aktivität. Tektonische Prozesse können das Klima auf unterschiedliche Weise beeinflussen: Sie können Strömungen in Ozean und Atmosphäre nachhaltig stören sowie die Verteilung von Land und Meer, die Topographie der Erdoberfläche und den globalen Kohlenstoffkreislauf verändern.

Eine weitere wahrscheinliche Ursache vergangener Klimaänderungen sind die Veränderungen der Strahlungsintensität der Sonne. Messungen über die letzten Jahrzehnte zeigen, dass die Sonnenaktivität in einem markanten 11-jährigen Zyklus variiert, der mit einer Zunahme der Strahlungsintensität von etwa 0,1% verbunden ist. Langzeitänderungen der Sonnenaktivität können untersucht werden durch Beobachtungen von Sonnenflecken (bis ins 17. Jahrhundert zurückreichend) sowie anhand der Auswertung von Isotopen, die durch kosmische Strahlung generiert werden. Die Kombination verschiedener Daten und Modellsimulationen deuten darauf hin, dass die Änderungen der Strahlungsintensität der Sonne und vulkanische Aktivitäten wahrscheinlich die maßgeblichen Gründe für Klimaschwankungen während des letzten Jahrtausends, also vor dem Beginn des Industriezeitalters waren.

Diese Beispiele verdeutlichen, dass verschiedene Klimaänderungen in der Vergangenheit verschiedene Ursachen hatten. Die Tatsache, dass in der Vergangenheit natürliche Faktoren Klimaänderungen verursacht haben, bedeutet nicht, dass der aktuelle Klimawandel natürlich ist. Die Tatsache, dass Waldbrände lange Zeit auf natürliche Weise durch Blitzschlag verursacht wurden, bedeutet ja auch nicht, dass Waldbrände nicht auch durch unvorsichtige Wanderer verursacht werden können.

Quelle (falls nicht anders gekennzeichnet):
>IPCC, 2007: Climate Change 2007: The Physical Science Basis. Contribution of Working Group I to the Fourth Assessment Report of the Intergovernmental Panel on Climate Change [Solomon, S., D. Qin, M. Manning, Z. Chen, M. Marquis, K.B. Averyt, M. Tignor and H.L. Miller (eds.)]. Cambridge University Press, Cambridge, United Kingdom and New York, NY, USA, S. 449-450, FAQ 6.1.

Eine „Renaissance-Persönlichkeit" und ihre Wurzeln

*J*OACHIM CHRISTOPH WILHELM TÄGERT war ein außerordentlich gebildeter und belesener Mann mit großem pädagogischen Talent.

Ein gewaltiger Hüne mit universaler Bildung

In seiner Lehramtsprüfung, die er als gerade 23-Jähriger an der ehrwürdigen Greifswalder Universität im Jahr 1853 „mit großem Erfolg" absolvierte, musste er inhaltliche und pädagogische Kenntnisse im gesamten Fächerkanon nachweisen, der damals am Gymnasium gelehrt wurde, und er tat dies mit überzeugenden Auftritten, angefangen bei den drei Fremdsprachen Latein, Griechisch, Französisch, über Mathematik, Höhere Mechanik, Astronomie, Physik und Chemie, Mineralogie, Botanik und Zoologie, bis hin zu Philosophie, Pädagogik, klassischen Philologie, Deutsch und Geschichte, ja sogar Theologie. So kann ihm das begeisterte Prüfungskollegium das Zeugnis der „unbedingten facultas docendi" ausstellen; das heißt, ihm wird die Lehrberechtigung am Gymnasium für alle diese Fächer zugesprochen.

Nur Fächer wie Musik, Kunst oder Sport fehlen auffälligerweise seinerzeit in diesem Kanon, obwohl unser Vorfahr auch in dieser Hinsicht seiner Familie einiges mitzugeben hatte. Alle Taegerts, zumindest wenn wir von unserm Zweig aus folgern dürfen, sind musikalisch und künstlerisch begabt, sie kochen und backen gern und schätzen auch den Sport und jede Form von körperlicher Bewegung. Die meisten üben diese Talente als Hobby, einzelne sogar beruflich aus.

Allenfalls im Fach Geschichte zeigt unser Vorfahr seinerzeit einige überraschende Lücken oder vielleicht einen kleinen Blackout; *„Selbst Naheliegendes war ihm fremd"*, so bescheinigt ihm die Kommission. Doch ist sie der Meinung, dass seine *„Geistesgewandtheit und Gründlichkeit der Bildung, durch welche der Kandidat sonst sich auszeichnet"*, hoffen lasse, *„dass er bei näherer Beschäftigung mit der Geschichte zum Vortrag auch dieser Wissenschaft wohl geschickt sein werde, und kann ihm dieser Vortrag schon jetzt unbedenklich für die untere Gymnasialklassen übertragen werden."*

Kleine Mängel entdeckt die Prüfungskommission auch in der Theologie. Der Kandidat habe zwar *„seine Kenntnis der Heiligen Schrift und des protestantischen Lehrbegriffes"* gezeigt, die aber *„nicht vollständig ist, um den Forderungen im Religionsunterricht ganz zu genügen. Doch ist er zur Übernahme desselben in den unteren Klassen schon jetzt nicht untauglich und berechtigt zu* der Erwartung, dass er nach einiger Zeit bei fortgesetztem Studium zum Religionsunterricht auch in den mittleren Klassen befähigt sein werde."

Den mahnenden Zeigefinger indes erheben die Prüfer bei Wilhelms „Star-Fach", der Mathematik. Sie sind besorgt, dass er seine Schüler *überfordern* könnte. Über die Darbietung der mathematischen Probelektion in der Gymnasialoberstufe vermerken sie:

„... *zeichnete sich namentlich durch völlige Sicherheit und Gewandtheit aus, so dass ihm nur zu raten ist, zu bedenken, dass nur befähigte Schüler im Stande sein werden, ihm mit derselben Raschheit zu folgen, wie er seine Gedankengänge für den Kundigen mit Klarheit entwickelt.*"

Wie recht das Prüfungskollegium mit seinem vorsichtigen Einwand hat, den sich WILHELM offenbar nie wirklich zu Herzen nimmt, zeigt sich in einem hübschen Bericht, den sein späterer Schüler am Siegener Realgymnasium ERICH SCHÖNBORN im Jahre 1901 im Rückblick auf seine Schulzeit abfasst. Er beschreibt zunächst sehr originell die eindrucksvolle Gestalt seines Rektors und Mathematiklehrers, der gegenüber die Schüler sich ganz klein vorgekommen seien, und schildert dann den anspruchsvollen und schülerfernen Auftritt von J. CHR. WILHELM TÄGERT wie in einer Universitätsvorlesung:

„*Dr. Tägert, ein wahrer, fast 2 m großer Hüne aus Pommernland. Sein Lehrfach war Mathematik, die er mehr nach der Art eines Hochschulprofessors vortrug, es dabei dem einzelnen überlassend, die Formeln und Gleichungen durchzuarbeiten und sich zum Eigentum zu machen. Auch war er ein echtes Original, aber großzügig, und schwebte wie Zeus über den Wolken. Das heißt: ‚Schweben' ist eine auf diesen Riesen kaum zutreffende Bemerkung, sang doch von ihm Freund Sprenger in der Einjährigenzeitung: ‚Umgürtet den Hals mit einem Kragen, so dem einfachen Erdenbürger leichtenst zum Gürtel habe gedienet'. Ein schwarzer, ins Grünliche schillernder Gehrock unterstrich das Gewaltige dieser Persönlichkeit, vor der sich selbst der Längste unter uns wie ein Zwerg vorkam.*"

Dieser Gymnasiallehrer damals neuen und fast genialischen Typs WILHELM TÄGERT las in Mußestunden zur Entspannung nicht Krimis oder Unterhaltungsromane, sondern die antiken Klassiker im griechischen Urtext. In der Vielseitigkeit seiner Bildung erinnert er nach dem Urteil seines jüngsten Sohnes WILHELM jr. „an die großen Männer der Renaissance". Woher hatte dieser Mann seinen Bildungseifer?

Umfassende Anregungen im bald verlorenen Elternhaus und bei den Großeltern

Solche Universalbildung verdankte JOACHIM CHRISTOPH WILHELM TÄGERT natürlich, neben seiner immensen breitbandigen Begabung und raschen Auffassungsgabe, insbesondere auch den Einflüssen seines Elternhauses. Zwar schien ihm sein Aufstieg nicht in die Wiege ge-

Die Pflasterstraße als Spielplatz: Dom St. Nikolai zu GREIFSWALD, Arbeitsplatz von PAUL TÄGERT, davor die Hunnenstraße (hist. Aufnahme)

legt. Er war ja von scheinbar einfacher bürgerlicher Herkunft. Seine Eltern waren Küstersleute an der Hauptkirche St. Nicolai, der Vater war zugleich Lehrer an der Greifswalder Bürgerschule, die nach jahrzehntelangem Siechtum gerade wieder im Neuaufbau war. Dieses Ehepaar hatte fünf kleine Kinder zu versorgen und war deshalb keineswegs wohlhabend.

Vor allem aber war es nur eine sehr begrenzte Zeitdauer gewesen, in welcher der kleine WILHELM dieses Elternhaus genießen durfte. Er war erst 10 Jahre alt, als seine beiden Elternteile fast zum gleichen Zeitpunkt unerwartet starben; der Vater wurde nur 34, die Mutter 37 Jahre alt. Die Todesursache geht aus den Angaben über die Ahnen leider nicht hervor; wir sind in unsern Recherchen daher auf Vermutungen angewiesen, für die es aber Anhaltspunkte gibt:

Auffallend ist, dass die Eltern nach dem Kirchenbucheintrag beide im Abstand von nur zwei Tagen am 21. und 23. August des Jahres 1840 starben. Aufhorchen lässt zudem, dass auch die zweitjüngste Schwester, LUISE MARIA MATHILDE TÄGERT (*12.10.1835 in GREIFSWALD, +18.11. 1840 in KEMNITZ) nur knapp drei Monate später im gleichen Jahr stirbt. Das Kind ist gerade erst fünf Jahre alt geworden.

Diese Zusammenhänge lassen auf möglicherweise äußerliche Schrecknisse zurückschließen. Denkbar wäre etwa, dass sich ein Unfall ereignet hat, z.B. bei einer Kutschfahrt. Die Pferde könnten gescheut haben, die Kutsche könnte umgestürzt sein. Und die Drei könnten lebensgefährliche Verletzungen davongetragen haben, an deren Folgen sie dann erlegen wären.

Nicht auszuschließen sind aber auch Nachklänge einer Ruhr-Epidemie, die GREIFSWALD seinerzeit mehrmals heimsuchte. Der Greifswalder Arzt Dr. FRIEDRICH AUGUST GOTTLIEB BERNDT berichtet genau in diesem Jahr 1840 in einer Druckschrift über eine solche Epidemie, die einige Todesopfer gefordert hat. Sie hatte allerdings ihren Höhepunkt schon im November 1839. Möglicherweise ist diese Krankheitswelle im Sommer des Jahres 1840 noch einmal zurückgekehrt. Fest steht, dass ein Küster und Lehrer, wie PAUL TÄGERT, und mit ihm auch seine Familie, durch die vielfältigen Berührungen mit anderen Kindern und Erwachsenen auf jeden Fall stark ansteckungsgefährdet waren.

Was auch immer die Ursache dieser unerwarteten Todesfälle gewesen sein mag, der zehnjährige WILHELM war also jetzt über Nacht verwaist, und mit ihm seine vier weiteren Geschwister im Alter von zwölf, sieben, vier und zwei Jahren. Sein Vater PAUL, der seinen Nachnamen übrigens als erster in der Familie mit einem „t" am Ende geschrieben und sich auf diese Weise für immer in der Familiengeschichte verewigt hatte – alle Menschen in Deutschland, die sich „TÄGERT" oder „TAEGERT" schreiben, stammen von diesem Vorfahren ab – war Küster am heutigen Dom St. Nicolai gewesen, der Hauptkirche von GREIFSWALD, und er war zugleich Lehrer an der Greifswalder Bürgerschule, also dem heutigen Gymnasium. Sehr wahrscheinlich hat er, solange er lebte, den Sohn JOACHIM CHRISTOPH WILHELM und auch seinen knapp drei Jahre älteren Bruder CARL AUGUST HERMANN TÄGERT (1828–1892) persönlich in dieser weiterführenden Schule unterrichtet. Das war nun vorbei.

Aber im Lehrerhaus im nah gelegenen KEMNITZ lebten ja zum Glück noch Wilhelms Großeltern: der inzwischen 61-jährige JACOB CHRISTOPHER TÄGERT, und seine etwa gleichaltrige Ehefrau MARIA CATHARINA, geb. BUCHHOLZ.

Zuflucht der Waisenkinder im Lehrerhaus auf dem Lande

Schon dieser Großvater JACOB, der sich noch ohne das „t" am Ende des Familiennamens schrieb, war beruflich in die Fußstapfen seines Vaters JÜRGEN JOACHIM TÄGER, des ehemaligen Amtsmeisters der Greifswalder Schumacher und ersten Pädagogen in der Familie, getreten und übte hier an derselben Schule und Kirche in KEMNITZ das kirchliche Amt des Schullehrers und Küsters aus, wie dieser Vater JÜRGEN, Wilhelms Urgroßvater (vergl. dazu den ersten Band der Familiensaga „Vom Tropfhäusler zum Köster und Schaulmeister"). Jacobs Frau MARIA war die Tochter eines Schiffszimmermanns auf der Großen Wiek bei GREIFSWALD.

Die beiden Großeltern dürften die fünf verwaisten Enkel ja bereits von klein auf häufig in ihre Lehrerhaus aufgenommen und in der idyllischen Landschaft von KEMNITZ betreut haben. Nun

Zuflucht für die Waisenkinder: Heiligkreuzkirche in KEMNITZ mit Dorfteich

empfangen sie die elternlosen Kinder auch wieder mit offenen Armen und bereiten ihnen in den beengten Wohnverhältnissen des Schulhauses einen Platz zum Wohnen und Schlafen. Der Opa unterrichtet die kleineren Kinder nun weiter in seiner Schule. Der Gymnasiast WILHELM darf bisweilen die 10 km nach GREIFSWALD auf der Kutsche von Freunden mitfahren.

Um die kleine kranke MATHILDE mühen sich die besorgten Großeltern besonders. Doch trotz aller liebevoller Pflege stirbt das Kind dann im November dieses Schicksalsjahres 1840 kurz nach ihrem fünften Geburtstag.

Nur knapp fünf Jahre lang können die übrigen Enkel die liebevolle Nähe ihres Großvaters JACOB genießen; er stirbt bereits im März 1845 im Alter von nur 65 Jahren in KEMNITZ und ist damit genauso alt geworden, wie sein Vater JÜRGEN JOCHIM. Die Großmutter MARIA muss die Kinder nun allein betreuen.

Doch wie viel an Lernimpulsen und Lebensneugier hatte dieser Küster-Lehrer JACOB seinem begabten und wissensdurstigen Enkel JOACHIM CHRISTOPH WILHELM und auch den anderen Enkelkindern in dieser überschaubaren Zeit mitgegeben! Der Erwerb eines Schatzes an umfassender Bildung und ihre Weitergabe bestimmte nicht nur das eigene Leben, sondern prägte auch das Leben der folgenden Generationen.

Lauter Lehrer in der Familie!

Alle vier überlebenden Kinder des früh verstorbenen Küsters und Lehrers PAUL HINRICH FRIEDRICH TÄGERT ergreifen später den Beruf als schulische Lehrkräfte an Volks- und Mittelschulen und den damaligen Realgymnasien: die drei Knaben CARL AUGUST HERMANN (*1828 in GREIFSWALD, +1892 in STRALSUND), JOACHIM CHRISTOPH WILHELM (*1830 in GREIFSWALD, +1903 in SIEGEN) und ALBERT GUSTAV FRIEDRICH TÄGERT (*4.5.1833 in GREIFSWALD, +1895 in PANKOW-BERLIN), sowie, als eine der ersten weiblichen Lehrkräfte ihrer Zeit überhaupt, das Mädchen MARIE LUISE (*1838 in GREIFSWALD, +1900 in STRALSUND).

Unter diesen früh verwaisten Geschwistern herrscht auch menschlich eine enge lebenslange und fürsorgliche Bindung. Sie machen einander Mut, auch unter äußerst bescheidenen Lebensumständen, soweit damals möglich, eine Ausbildung zu machen und helfen sich gegenseitig beim Start ins Leben. Dazu erfahren sie auch unerwartete Unterstützung von außen.

Vom Ältesten dieser Geschwister und vom weiteren Weg der Übrigen soll zunächst die Rede sein.

CARL AUGUST HERMANN TÄGERT ist der erste der Geschwister, der sich dem väterlichen und großväterlichen Lehrerberuf zuwendet. Sein zweiter und dritter Vorname AUGUST HERMANN verrät, dass sich seine Eltern in der pädagogischen Tradition der Halleschen Anstalten gesehen haben.

Der Namensgeber AUGUST HERMANN FRANCKE ist der Gründer dieser Anstalten, sein Urenkel bewusst gleichen Vornamens AUGUST HERMANN NIEMEYER gilt als der „zweite Gründer" und eigentliche Schöpfer der maßgeblichen pädagogisch-praktischen Ideen im Übergang vom 18. zum 19. Jh. für das höhere Schulwesen in weiten Teilen Deutschlands. Er stirbt zwar im Jahr der Geburt seines Namensvetters TÄGERT 1828, könnte aber noch sein Pate gewesen sein; denn damals war es noch üblich, die Patennamen dem eigentlichen Rufnamen hinzuzufügen. Über diese interessanten Zusammenhänge wird weiter unten noch ausführlicher nachzudenken sein.

Dieser CARL wählt als Erwachsener, wie sein Vater PAUL und Großvater JÜRGEN, als Beruf den Unterricht in der Elementarschule, die seinerzeit immer noch, wie seit der Reformation, in kirchlicher Trägerschaft betrieben wird.

Unterschiedliche Ausbildung für das niedere und höhere Schulwesen

Das Schulsystem ist im 19. Jh. zweigliedrig, aber ausgeprägt schichtbezogen; gern wird das „niedere" vom "höheren Schulwesen" unterschieden. Überhaupt erst im Jahr 1825 ist im nun preußischen Vorpommern die allgemeine Schulpflicht eingeführt worden, sodass jetzt alle Kinder gehalten sind, wenigstens die Elementarschule zu besuchen, um dort Lesen, Schreiben, Rechnen, Gesang und Religion zu lernen. Doch der tatsächliche Schulbesuch vieler Landkinder bleibt (wie schon im Büchlein „Vom Tropfhäusler zum Köster und Schaulmeister" beschrieben) stark von der Motivationskraft des jeweiligen Lehrers und der Kooperationsbereitschaft der Eltern abhängig; viele in der Landwirtschaft und im häuslichen Betrieb wollen ihre Kinder lieber als billige und willige Arbeitskräfte sehen.

So sind in Preußen um das Jahr 1870 immer noch rd. 14% der Bevölkerung Analphabeten. Das erscheint für die damalige Zeit eher wenig, wobei allerdings zu bedenken ist, dass einer, der seinen eigenen Namen statt der sprichwörtlichen drei Kreuze schreiben konnte, seinerzeit schon als alphabetisiert galt! Erst zu diesem späten Zeitpunkt wird aus der eher leger gehandhabten Schulpflicht ein Zwang zum Schulbesuch für alle Kinder zwischen dem 6. und 14. Lebensjahr auch aus den unteren Schichten, der notfalls auch mit polizeilichen Mitteln durchsetzbar ist. Der Unterricht erfasst Knaben wie Mädchen; die Lehrmittel für arme Schüler sind seitdem kostenfrei.

Dagegen sind die adligen und bürgerlichen Familien seit jeher auf eine gute Ausbildung für ihre Kinder an „höheren Schulen" bedacht, denn sie verspricht ihnen für die Zukunft die Anstellung in den gehobenen Berufen der Juristen, Theologen, Philosophen, Mediziner, Berater, Wissenschaftler und Verwalter. Seit 1792 ist in Pommern und seit 1811 in Preußen das gymnasiale Abitur als Zulassungsvoraussetzung für das Universitätsstudium eingeführt.

Entsprechend den beiden unterschiedlichen Schultypen entwickeln sich jetzt auch bei den Lehrern zwei unterschiedliche Berufsgruppen.

Das Lehramt am Gymnasium hat sich nun endgültig vom geistlichen Amt gelöst und ist ein eigenständiger Beruf geworden. Ein Lehrer an höheren Schulen muss ein Staatsexamen ablegen, das, wie oben bei WILHELM TÄGERT gezeigt, seine Allgemeinbildung für den gesamten Fächerkanon nachweist, der am Gymnasium unterrichtet wird. Denn unter dem Einfluss der neuhumanistischen Philosophie ist seit den napoleonischen Kriegen die Vermittlung einer solchen Allgemeinbildung – durchaus im Einklang mit den Forderungen des Halleschen Pietismus – die bestimmende politische Leitidee für das höhere Schulwesen geworden.

Im Lehrplan dieser Gymnasien betonen die in Nord- und Mitteldeutschland dominierenden Hallenser die Beschäftigung mit den „Realien". Diesen Impuls unterstreichen sie nachhaltig in den Franckeschen Anstalten in HALLE mit einer eindrucksvollen Bibliothek und mit einer Realiensammlung aus aller Herren Länder. Seitdem gehören gut sortierte Bibliotheken und Sammlungen auch

Basis der Allgemeinbildung im Geist der Halleschen Pädagogik:
Bibliothek der Universität GREIFSWALD um 1800

zum unumgänglichen Fundus jedes Gymnasiums, das etwas auf sich hält.

Allerdings ist wegen des Vorrangs der „Allgemeinbildung" die fachspezifische Ausdifferenzierung bei den Lehrkräften anfangs noch gering. Im Mittelpunkt steht die charismatische Persönlichkeit des Lehrers als eines „Universalgelehrten", der die Schüler allein schon durch die Überzeugungskraft seines Vortrages mitreißt oder in Schach hält.

So fehlen dieser Gymnasiallehrer-Ausbildung lange Zeit hindurch erziehungswissenschaftlich-psychologische Inhalte und praktische Anteile. Eine Lehrerpersönlichkeit, die so abgehoben von didaktischen Erfordernissen unterrichtet, wie es ERICH SCHÖNBORN oben in seinem Rückblick auf den Unterrichtsstil von WILHELM TÄGERT dargestellt hat, könnte sich heute vor den Protesten wütender Eltern, angestiftet durch ihre Sprösslinge, nicht mehr retten.

Überhaupt erst ab etwa dem Jahr 1890 wird das universitäre Studium durch eine zweite Phase zur Vermittlung von Berufsfertigkeiten ergänzt. Und noch heute überwiegt bei der Ausbildung von Gymnasiallehrern der hohe „akademische Anspruch" bei weitem die Vermittlung von pädagogischen Fertigkeiten.

Ganz anders steht es mit den Inhalten und der Pädagogik für das „niedere Schulwesen". Für die Erteilung von Volksschulunterricht, der noch bis in die 1820-er Jahre hinein vom Küster, aber bisweilen auch von örtlichen Handwerksmeistern oder ehemaligen Soldaten nebenher gegeben wurde, war lange Zeit keine besondere Lehrerausbildung vorausgesetzt.

Abitur war in Deutschland für den Volksschullehrer überhaupt erst seit dem Jahr 1919 erforderlich. Es genügte anfangs, Grundkenntnisse in Katechismuslehre, Vorsingen, Lesen, Diktat, Mathematik und im Beherrschen eines Musikinstruments vorweisen zu können. Diese bescheidenen Bedingungen weckten bei einigen Bewerbern die falsche Erwartung, sie hätten es mit einem „leichten" Beruf zu tun. Kam dazu noch eine nachlässige Lebensführung, so ergab sich bald ein schiefes berufliches Image, das sich in der öffentlichen Meinung über den Lehrerberuf lange gehalten hat.

Karikaturen wie Buschs „Lehrer Lämpel" haben dieses Negativbild vom pädagogisch ahnungslosen Dorfschullehrer gefördert. Auch die Ratsschule in GREIFSWALD litt ja lange unter ihrem schlechten Image eines höchst nachlässigen Lehrpersonals, mit den entsprechend bedrückenden Folgen einer rückläufigen Schülerzahl. Aber dieser Niedergang war weniger den unfähigen Lehrern, als vielmehr dem geizigen Greifswalder Stadtrat anzulasten, der die Schule schlichtweg hatte vergammeln lassen. Erst als es dem Hallenser Theologen THEOPHIL PIPER und seinem Nachfolger HEINRICH EHRENFRIED WARNEKROS als Schulleitern gelang, hier umzusteuern, wurde dieser Missstand einer schlecht geführten Schule behoben.

Verallgemeinernde Aburteilungen des einstigen Schulmeisterstandes geschehen also oft zu Unrecht. So habe ich in meinem Büchlein „Vom Tropfhäusler …" versucht, eine Lanze für die frühen Lehrer zu brechen, die den Mut hatten, an den Elementarschulen zu unterrichten, und darauf hingewiesen, dass diese Schulen damals einen durchaus wichtigen Anteil bei der Alphabetisierung der breiten Bevölkerung geleistet haben.

Keine tumben „Lehrer Lämpel", sondern gebildete Idealisten im „niederen" Schulwesen

Zur Ehrenrettung des Berufsstandes der Dorfschullehrer muss auch gesagt werden, dass sich viele dieser Lehrer, trotz widrigster Unterrichtsbedingungen und bescheidenster Bezahlung, voll Enthusiasmus mit der Unterweisung „ihrer" Schüler auseinandergesetzt haben. Sie haben vielen Begabten den Weg in ein erfolgreiches Leben geebnet und auch weniger Begabte wenigstens in die Grundtechniken eingewiesen und ihnen die moralischen Werte für ein menschlich anständiges Leben vermittelt.

Bei den anfänglich bescheidenen Voraussetzungen für den Lehrerberuf ist es ja dann auch nicht geblieben. Aus eigenem Interesse und in Achtung gegenüber ihren Schülern haben viele verantwortungsvolle Lehrer schon bald, gegen den Widerstand zahlungsunwilliger Regierungen und Kommunen, die Errichtung von Ausbildungsseminaren gefordert, die ihnen helfen sollten, das nötige pädagogische Rüstzeug zu erwerben.

Eine interessante und nachdenkenswerte, anerkannte Form der Lehrerbildung war die „Meisterlehre": Der jeweils amtierende Lehrer bildete seinen eigenen Nachfolger zum ‚Schulgehilfen' aus.

So wäre das in der Familie TÄGER(T) beim Übergang des Berufs auf den jeweiligen Sohn vielleicht auch gewesen. Doch hatten die Hallenschen Theologen, die nach der Verwahrlosung der Menschen im 30-jährigen Krieg um eine Pädagogik für alle gekämpft hatten, also gerade auch für ärmere Kinder, eine entsprechende Qualifizierung ihrer Mitarbeiter angestrebt. So hatten sie in HALLE bereits in den Jahren 1707 und 1718 erste seminaristische Lehrerbildungseinrichtungen geschaffen. Und solche Ausbildungsstätten hatten sich inzwischen auch anderenorts, wenngleich oft nur sehr zögerlich und gegen viele politische Widerstände, durchgesetzt.

Zu den Orten, die sich bereitwillig den Ideen des Hallenschen Theologen und Visionärs AUGUST HERMANN FRAN-

CKE geöffnet hatten, hatte dann auch die Stadt GREIFSWALD gehört. Dort hatten Franckes Ideen bei den verantwortlichen Ratsherren und Amtsmeistern endlich gezündet und zur Anstellung des genannten Halleschen Theologen THEOPHILUS COELESTINUS PIPER (1745-1814) geführt.

Zunächst als Rektor der Stadtschule und später als Dozent und Rektor der Universität hatte er den Auftrag übernommen, das marode Schul- und Universitätswesen in der Stadt nach dem Halleschen Bildungskonzept neu aufzubauen.

Dieser brillante Prediger und gute Menschenkenner hatte ja auch den Amtsmeister der Schuhmacher, JÜRGEN JOCHIM TÄGER, kennen- und schätzengelernt und ihn trotz fortgeschrittenen Alters zum Wechsel in den pädagogischen Beruf motiviert.

In der Einsicht, dass für die Erneuerung der Schule auch die Qualifizierung des Lehrkörpers erforderlich ist, hatte PIPER bereits seit dem Jahr 1780 in GREIFSWALD die Gründung eines Ausbildungsseminars für Lehrer anregen können. Es war lange Zeit die einzige und, nach STETTIN, auch die älteste Institution dieser Art in ganz Pommern.

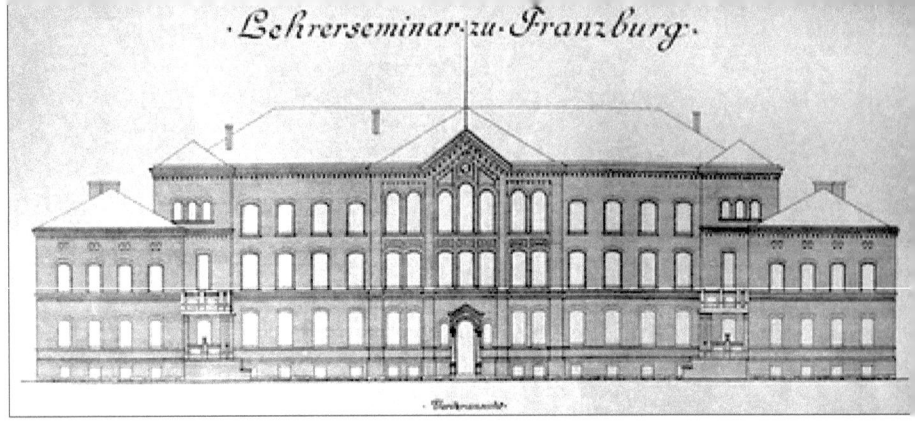

Bewahrung der Lehrer nicht nur vor sittlichem Verfall, sondern auch vor revolutionärer Gesinnung: Lehrerseminar Franzberg, Neubau nach 1870

Der Staat sorgt sich um die moralische Verderbnis und freiheitliche Gesinnung seiner Lehrer

Als sich nun aber, nach der Neugliederung Europas beim Wiener Kongress, mit den gesteigerten Bildungsanstrengungen in der jetzt preußischen Herrschaft in Vorpommern der Bedarf an Lehrern erhöht, verzichtet man auf den fälligen Ausbau und die Erweiterung an diesem bewährten Standort GREIFSWALD und verlegt stattdessen im Jahr 1851 die Lehrerausbildung auf Dauer ins ländlicher gelegene FRANZBURG südwestlich von STRALSUND.

Seltsame kulturpolitische Erwägungen sind damals für diesen Ortswechsel maßgebend: Die preußischen Bildungspolitiker sind nämlich damals der Meinung, dass die Stadt Greifswald mit ihren „liederlichen" Studenten einen schlechten Einfluss auf die Lehramtsanwärter ausüben könnten.

Sie befürchten, *„dass die jungen Leute bei einem dreijährigen Aufenthalte in Greifswald, in der Umgebung einer Universität und eines Gymnasii, leicht der* ländlichen Einfalt und Sitte untreu werden ..." Stattdessen sollten die Zöglinge des Lehrerseminars „einfach und unbefangen, wie der unverdorbene Landbewohner, in der Furcht des Herrn ... heranreifen".

Nach weiteren 20 Jahren Ausbildungstätigkeit am neuen Ort in FRANZBURG in den zu eng gewordenen alten Gebäuden wird die ganze Anlage dort im neugotischen Backsteinstil großzügig neu errichtet; sie verfügt nun zur eigenen Versorgung über eine Landwirtschaft, über einen Lehr- und Nutzgarten und eine eigene Turnhalle und wird für die aus allen Teilen Vorpommerns heraneilenden Seminaristen über Jahre zum Lebensmittelpunkt.

Aber auch noch aus ganz anderen als aus sittlichen Gründen macht sich die Regierung damals Sorgen um ihre Lehrer. Sie wittert bei den jungen Leuten eine gewisse Anfälligkeit gegenüber den freiheitlichen Bestrebungen, die seit den restriktiven Entscheidungen des Wiener Kongresses 1815 allenthalben um sich greifen und sich dann in der Revolution von 1848 Luft verschaffen. Insbesondere die Hoffnungen der Lehrer auf mehr bürgerliche Freiheiten und Selbstbestimmung sind den Herrschenden ein Dorn im Auge. Sie wähnen ihre Eleven auf dem Land in sicherer Obhut. Doch manches politische Thema spricht sich natürlich auch dort herum und wird dann heiß diskutiert. Man will Änderungen.

So propagiert der schlesische Lehrer KARL FRIEDRICH WILHELM WANDER (1803-1879), geleitet von Ideen der Aufklärung, eine Gleichheit aller, und in deren Folge also eine allgemeine Volksbildung, denn nur ein gebildetes Volk könne selbstständig handeln. Er befindet sich hier durchaus im Einklang mit den Halleschen Theologen, die hier, wie auch an anderer Stelle, sich nicht auf der Seite der konservativen, sondern der fortschrittlichen Kräfte befinden.

Revolutionärer Lehrer: KARL FRIEDRICH WILHELM WANDER

Während das konservative Denken von einer schöpfungsgemäßen *Un*gleichheit der Menschen ausgeht, folgen die Hallenser dem Denken und Handeln Jesu, der in seiner Zuwendung zu den Menschen keinen Unterschied macht.

In seinen Veröffentlichungen fordert WANDER eine bessere Lehrerausbildung. Dafür handelt er sich aber die Kritik der Machthabenden ein. Um seiner Position mehr Nachdruck zu verleihen, gründet er den ersten Lehrerverein. Die Regierung verwarnt ihn deshalb. Als WANDER schließlich seine Programmschrift "Die Volksschule als Staatsanstalt" veröffentlicht, wird ein Disziplinarverfahren gegen ihn angestrengt. Doch WANDER will seine Position nicht aufgeben. Im Revolutionsjahr 1848 kommt das Fass zum Überlaufen. In Form einer Flugschrift "Die alte Volksschule und die neue" wendet sich WANDER an die neue demokratische Nationalversammlung in FRANKFURT und formuliert die Hauptforderungen der liberalen Lehrer an eine neue Schule.

WANDER wird in der Folge als „Aufwiegler und Verführer zu Aufruhr und Rebellion" aus dem Schuldienst entlassen. Er wandert im Jahr 1850 in die USA aus, kehrt aber im folgenden Jahr wieder nach Deutschland zurück und versucht weiter, seine revolutionären Gedanken unter die Lehrerschaft und Politiker zu bringen. Doch seine Zeitschrift "Pädagogischer Wächter" muss bereits nach vier Jahren 1852 ihr Erscheinen einstellen.

CARL AUGUST HERMANN TÄGERT in den Fußtapfen von Vater und Großvater

Diese revolutionären Jahre in Mitteleuropa sind die Zeit, in der CARL AUGUST HERMANN TÄGERT seine Ausbildung zum Lehrer absolviert. Er war 12 Jahre alt, als seine Eltern PAUL und HENRIETTE TÄGERT 1840 so unvermittelt starben und er zum Vollwaisen wurde.

Sein Großvater JACOB CHRISTOPHER, in dessen Haus in KEMNITZ er zusammen mit seinen jüngeren Geschwistern Aufnahme gefunden hatte, bemühte sich, als CARL das entsprechende Alter erreicht hatte, ihn zunächst in der traditionellen „Meisterlehre" als Lehrergehilfen anzulernen, der später einmal hier seine Nachfolge antreten sollte.

Doch als nun auch der Großvater fünf Jahre nach dem Einzug der Enkel im Alter von erst 65 Jahren stirbt, geht CARL nach GREIFSWALD zurück. Er schreibt sich, auf sich allein gestellt, als nunmehr 17-Jähriger im alten, zu dieser Zeit noch bestehenden Greifswalder Lehrerseminar zur Weiterbildung ein.

CARL muss ein Leben in äußerster Bescheidenheit führen. Um das Jahr 1848/49 kann er seine Ausbildung abschließen. Doch sitzt auf der Stelle in KEMNITZ inzwischen ein anderer Lehrer, der auch eine Familie zu versorgen hat, sodass CARL diese Stelle nicht übernehmen kann, wie es der Großvater gedacht hatte.

Weil CARL sich als Ältester für seine Geschwister mit verantwortlich fühlt und mit ihnen in Verbindung bleiben will, sucht er eine Anstellung im näheren Umkreis seiner Greifswalder Heimat. So bewirbt er sich in KASNEVITZ auf Rügen bei der evangelischen Gemeinde und ihrem adligen Patron als Küster und Lehrer.

Eine pädagogisch begabte Geschwisterschar unter der Fürsorge des Fürsten von Putbus

Das kleine Dorf KASNEVITZ liegt an der Landstraße 5 km vor PUTBUS im Südosten der Insel Rügen. PUTBUS war von Alters her Stammsitz der HERREN VON PUTBUS, die hier bereits im 13.Jh. ihr Schloss hatten. Als Folge des Dreißigjährigen Krieges gehörte die ganze Insel Rügen wie auch Vorpommern bis 1815 zu Schweden, das sich hier seitdem von

Auf einem neuen Buchtitel verewigt:
WILHELM MALTE ZU PUTBUS auf dem Buch von André Farin 2012

adligen Verwaltern vertreten ließ (vergl. die entsprechenden Abschnitte in meinem Büchlein „Vom Tropfhäusler ...", Auflage 2016, insbesondere ab S. 90).

Fürst WILHELM MALTE I., der hier bis zum Jahr 1854 lebte und regierte, Sohn des Hofmarschalls in schwedischen Diensten MALTE FRIEDRICH ZU PUTBUS und dessen Ehefrau SOPHIE WILHELMINE, geborene GRÄFIN VON DER SCHULENBURG, war 1783 auf Schloss PUTBUS geboren und nach dem Studium in GREIFSWALD und GÖTTINGEN und seinem Dienst bei den Stockholmer Leibhusaren schwedischer Kammerherr und im Jahr 1807 Reichsfürst geworden. Um seiner Herrschaft auch äußerlichen Glanz zu verleihen, hatte er ab dem Folgejahr 1808 begonnen, seine Residenz im klassizistischen Stil großzügig auszubauen.

„Ich scheine zum ewigen Glück geboren", so hatte dieser begabte und am Zeitgeschehen hoch interessierte Fürst nach überstandenem Kanonenhagel und dem Sieg über NAPOLEON bei der Völkerschlacht von LEIPZIG 1813 an seine Ehefrau LUISE geschrieben. Seitdem hatte er, berauscht von den Beobachtungen seiner zahlreichen europaweiten Reisen, seine Residenz durch neue Bauten, Parks und abertausende Rosen vor den strahlend weiß getünchten Wänden aller Häuser von Putbus erblühen lassen.

Die Welt sollte staunen. Alle Straßen mussten sorgfältig gekehrt, alle Vorgärten gepflegt sein. MALTE war es auch, der dann im Jahr 1816 in Putbus' Vorort LAUTERBACH, den er nach dem Familiennamen seiner Frau LUISE V. LAUTERBACH benannt hatte, das erste Seebad auf RÜGEN eröffnete, freilich zunächst noch mit Badekarren und Zelten.

1813 war Fürst MALTE vom schwedischen König zum letzten Generalgouverneur von Schwedisch-Pommern ernannt worden und fungierte seitdem zugleich als Kanzler der Universität GREIFSWALD.

In dieser Eigenschaft dürfte er wohl auch auf PAUL TÄGERT und seine begabten Kinder aufmerksam geworden sein.

Deren trauriges Geschick als Waisen seit dem Jahr 1840 lag ihm sehr am Herzen. So ist mit diesem Adligen und seinem Nachfolger zumindest der weitere Weg der beiden ältesten Söhne CARL und WILHELM und der jüngsten Tochter LUISE TÄGERT verflochten. Denn WILHELM MALTE war als Kirchenpatron und Vorsitzender des kirchlichen Kuratoriums mit zuständig für die Besetzung der Küster- und Lehrerstellen auf der Insel Rügen durch die Kirche bzw. das Provinzialschulkollegium. Er und sein Enkel WILHELM CARL GUSTAV MALTE (1833-1907) riefen diese drei TÄGERTS hierhin in ihre Nähe.

PUTBUS selbst hatte seinerzeit noch keine eigene Kirche. Gottesdienste der Putbuser und ihres Adelshauses fanden zunächst durch Jahrhunderte in VILMNITZ statt, wo sich heute noch die Maria-Magdalena-Kirche aus dem 14. Jh. mit der Gruft der Herren von PUTBUS befindet. Erst ab dem Jahr 1840 sammelte sich die nunmehr selbstständige Putbuser Gemeinde in der neuen Kapelle von Schloss PUTBUS.

Auch KASNEVITZ, das heute zur Stadt PUTBUS mit ihren rd. 4.000 Einwohnern gehört, war seinerzeit noch selbstständige Gemeinde. Das kleine Lehrerhaus und das einfache Schulhaus stehen direkt bei der dortigen St. Jacobikirche. An dieser Kirche tritt CARL nun seinen Küsterdienst an.

Der Glockenturm der Kirche ist aber zu dieser Zeit bereits sehr baufällig; er wird erst 1864, also nach Carls Dienstbeginn, mit Hilfe des Enkels von WILHELM MALTE I. im neugotischen Stil neu gebaut. Architektonisch eindrucksvoll ist

Als Küster und Lehrer in Kasnevitz: Jacobi-Kirche und Altes Schulhaus (historische Aufnahme 1936)

Norddeutsche Backsteingotik: Das Reich von CARL AUG. HERMANN TÄGERT als Küster in KASNEVITZ

der Spitzhelm dieses stattlichen Turms aus massivem Backstein. Das ehrwürdige Langhaus im Stil der norddeutschen Backsteingotik stammt aus dem 14.Jh. Der weiße Putz in den Feldern der Bögen des Innenraums ist mit Lilien bemalt; diese lebhafte Bemalung kontrastiert wunderschön zu dem roten Mauerwerk des gotischen Kreuzrippengewölbes und gibt dem Kircheninneren eine heitere Note.

Die Kanzel war zu Carls Zeiten, wie häufig in protestantischen Kirchen, noch im Zentrum über dem Altar angebracht; erst in der Neuzeit bekam sie einen neuen Platz seitwärts am Triumphbogen.

In dieser Kirche heiratet CARL TÄGERT im Jahr 1859 seine Frau REGINA, wohl eine Rügener Insulanerin. Im folgenden Jahr 1860 kommt ihre einzige Tochter HERMINE zur Welt.

Carls kleine Familie bleibt ihr Leben lang auf RÜGEN am Greifswalder Bodden, 30 km Luftlinie von Greifswald entfernt. Einer ihrer Enkel wird ebenfalls Lehrer.

Zeugen der deutschen Revolution im Biedermeier

Den Weg des zweitältesten Sohnes von PAUL TÄGERT, WILHELM JOACHIM CHRISTOPH TÄGERT (1830-1903), haben wir weiter oben schon bis zum Abitur und zum erfolgreichen Abschluss seines pädagogischen Studiums in seiner Vaterstadt GREIFSWALD verfolgt. Es ist aber zum Verständnis der Person auch wichtig, sich die politischen Umstände in der Zeit seine Kindheit und Jugend zu vergegenwärtigen.

Denn nachdem wir gesehen haben, wie sehr die freiheitsfeindliche Politik Preußens damals die Menschen bevormundete und auch in das Leben der auszubildenden Junglehrer eingriff, können wir mit Recht fragen, wie der Zweitjüngste dieser pädagogisch orientierten TÄGERT-Geschwister das Revolutionsjahr 1848 erlebt hat.

Der Abschluss von WILHELMS Reifeprüfung ist ja auf den 29. März 1849 datiert und fällt damit in die Zeit der schicksalsträchtigen „März-Revolution" 1848/49, die den Kampf um die Demokratie in Preußen und Deutschland für die nächsten 70 bzw. 100 Jahre vorzeichnete. Immerhin war also viel Aufsehenerregendes in diesen Jahren geschehen, das die Seele eines jungen nachdenklichen Mannes berühren und ihn eigentlich auch zu einer persönlichen Stellungnahme herausfordern musste.

Äußerlich keine Revolutionäre

Zu jeder Zeit waren und sind ja die TÄGER(T)s interessiert an revolutionärem Gedankengut, sofern es in die Zukunft weist und lassen sich für neue Ideen begeistern. Sie verachten in der Regel aber jede Gewaltanwendung und jeden pöbelhaften Aufruhr und schätzen die subtile geistige Auseinandersetzung. Sie sind Revolutionäre der Herzen, aber nicht der Straße. Und damit sind sie typisch für viele nachdenkliche Menschen im „Biedermeier".

Leider ist die Betrachtung dieser Zeit durch spätere Vorurteile verzerrt, die sich in dem karikierenden Begriff „Biedermeier" sammeln. Es lohnt sich daher, sich mit der Entstehung dieses Begriffs und dem tatsächlichen Lebensgefühl der Menschen in dieser Zeit auseinanderzusetzen. WILHELM und seine Geschwister sind ja in diese sprichwörtliche Zeit des „Biedermeier" hineingeboren.

Es ist der Dichter LUDWIG EICHRODT (1827-1892), dem wir diesen nachträglich erfundenen Begriff und die Anschauung über die Menschen dieser nachnapoleonischen und vorrevolutionären Zeit des 19. Jh. verdanken. In sei-

Karikatur für den Prototyp des beschaulichen Biedermeier:
CARL SPITZWEG, „Sonntagsspaziergang", 1841

Nach Eichrodts Karikatur ist der Typ des Biedermeier, der eigentlich korrekt mit „a", also „Biedermaier" zu schreiben wäre, ein hausbackener, konservativer Spießbürger, der sein Glück in der weltabgewandten Idylle sucht. Seine Kleidung ist schlicht, seine gediegene Wohnkultur verrät Sehnsucht nach häuslicher Behaglichkeit. Er kann aber, wie der Maler CARL SPITZWEG in seinen unverwechselbaren satirischen Bildern beweist, Menschen, Zeitumstände und Landschaften gut beobachten und hilft sich mit treffendem Humor über widrige Lebenssituationen hinweg.

Diese Attribute mögen, äußerlich betrachtet, auch auf die Familie TÄGERT damals zutreffen. Sie werden aber ihrem tatsächlichen Zeiterleben nicht wirklich gerecht. Denn es ist ein allzu bequemes Vorurteil, wenn man den Biedermeier als einen bloßen Rückzug ins Private beschreibt. Im Gegenteil, bei sachlicher Betrachtung muss man einräumen: Es gab kaum eine Generation vorher und nachher, die den alles umstürzenden Stürmen der Zeit so sehr ausgesetzt wie diese. Sie musste sich in Wahrheit ihren Lebenssinn in den vielen Umbrüchen ganz neu erfinden und ihren Lebenszugang gegen viele Widerstände ganz neu erarbeiten und tat dies auch in herzhafter, origineller und mutiger Weise.

ner Anthologie (Blütenlese von Gedichten und Kurztexten) „Lyrische Karikaturen" 1869 fügt EICHRODT ein Kapitel mit der Überschrift „Das Buch Biedermaier" ein und reiht im Unterabschnitt „W. G. Biedermaiers auserlesene Gedichte" satirische Texte seiner Zeit auf, z.B. das Lied vom „armen Dorfschulmeisterlein, das ich bereits im Buch „Vom Tropfhäusler ..." zitiert habe.

EICHRODT hat sich seine Figur des Schwaben GOTTLIEB BIEDERMAIER ausgedacht. In seinem einführenden „Vorwort" beschreibt er sie als Gegenpol zum ebenfalls schwäbischen „übergenialen Ikarus" Dr. FAUST. BIEDERMAIER sei ein Mensch, dem *„seine kleine Stube, sein enger Garten, sein unansehnlicher Flecken und das dürftige Los eines verachteten Dorfschulmeisters zu irdischer Glückseligkeit verhelfen".* Nochmals aufgenommen wird diese bizarre Gestalt 1870 in EICHRODTs Gedicht „Biedermaiers Liederlust".

Umstürzende Zeiten, aber eine rückwärts gewandte Politik

Die nachhaltigen Umwälzungen in dieser Zeit des „Biedermeier" betreffen alle Lebensbereiche:

Der bisherige Agrarstaat macht damals allenthalben der industriellen Revolution mit ihren rationellen Fertigungsmethoden Platz. Mit dem modernen Verkehrswegebau, zunächst auf der Schiene und auf dem Wasser der Flüsse und der neuen Kanäle, entstehen neue Handelsstrukturen; das Handwerk muss sich neu orientieren. Die beginnende Landflucht lässt die Menschen an die Ränder der großen Städte ströme; hier droht ein Massenelend.

Vor allem aber war mit dem Ende der kleinen Territorialherrschaften in Europa eine ganz neue Landkarte entstanden. Diesen Besitzungen gedachten die neuen und allzuoft alten Herren ungeniert in Gebrauch zu nehmen. Sie wollten ihre alte Zwänge und Unfreiheiten weiter ausüben, riefen damit aber nun zu ihrer Verwunderung überall viel Widerstand hervor. Sie hatten nicht verstanden, dass mit der Aufklärung auch ein neuer Geist der Mündigkeit und Freiheit in die Welt gekommen war.

So war es, seit die TÄGERT-Kinder auf der Welt waren, ja eigentlich schon seit der Kindheit ihrer Eltern, nie völlig ruhig gewesen in Deutschland. Die sprichwörtliche Beschaulichkeit des Biedermeier, in dem sie aufgewachsen waren, war ja nur eine aufgezwungene friedfertige Hülle, unter der viel Beunruhigendes weiterschwelte. Für die Kinder war zunächst der jähe Tod der Eltern ein Schock gewesen. Er hatte sie existenziell außerordentlich berührt und in ihrer Seele tiefe Fragen hinterlassen, die nicht einfach mit den erlernten frommen Versen weggebetet werden konnten. Aber auch das kollektive Fühlen, Bangen und Hoffen weiter Teile der Gesamtbevölkerung war in diesen Jahren aufs äußerste beansprucht.

Zudem hatte auch die vom Wiener Kongress 1814/15 beschlossene „Neuordnung" Europas für Pommern einen sehr großen Einschnitt gebracht, den viele zunächst mit Bangen zur Kenntnis genommen hatten: Das Land war aus der eher liberalen schwedischen in die als viel strenger empfundene preußische Oberhoheit übergegangen.

Die politischen Erfolge des einflussreichen Diplomaten in österreichischen Diensten, KLEMENS WENZEL FÜRST METTERNICH, hatten nicht, wie erhofft, zu einer christlich-väterlichen Herrschaft geführt, sondern waren zur Unterdrückung aller freiheitlichen Regungen des geistigen und politischen Lebens in Mitteleuropa missbraucht worden. Die restriktiven Auswirkungen des mystischen Zweckbündnisses der „Heiligen Allianz" zwischen den alten Monarchen Russlands, Österreichs und Preußens hatten sich wie ein Leichentuch über ganz Mitteleuropa gelegt.

Aber die Zeit der absolutistischen Kleinstaaterei war eigentlich für Mitteleuropa vorbei. Nach Napoleons Sturz hatten sich die revolutionären Ideen der

Un-"Heilige Allianz" 1815 mit Handschlag:
(v.li.) Kaiser ALEXANDER I von Russland; Kaiser FRANZ I. von Österreich, der letzte Kaiser des Hl. Röm. Reiches Deutscher Nation; König FRIEDRICH WILHELM III. von Preußen

französischen Revolution nicht mehr aus den Köpfen vieler Menschen vertreiben lassen; sie hatten sich auch durch den rückwärtsgewandten Druck der Machthaber nicht stoppen lassen, sondern sich in den Bewegungen des „Vormärz" ein erstes Ventil geschaffen.

Auf dem Weg zu Schwarz-Rot-Gold

Bereits im Jahr 1817 hatte die Jenaer Urburschenschaft auf dem ersten Wartburgfest öffentlich und deutlich das Ende der Kleinstaaterei und stattdessen die Einheit für ganz Deutschland gefordert. Sie hatte die Farben Schwarz, Rot und Gold, die das Lützowsche Freikorps mit seinen Uniformen im Kampf gegen NAPOLEON getragen hatte, als die Farben eines zukünftigen geeinten und freien Deutschland präsentiert.

Wie die Deutung dieser drei Farben Schwarz-Rot-Gold besagt, soll der Kampf um Demokratie und Freiheit aus der Dunkelheit der Knechtschaft (Farbe Schwarz) durch blutige Schlachten (Farbe Rot, später als „Glut der Begeisterung" umgedeutet), ins Licht der Freiheit und Wahrheit (Farbe Gold) führen.

Doch als im Jahr 1819 der schwärmerisch-fanatische Jenaer Student KARL LUDWIG SAND aus dem oberfränkischen WUNSIEDEL den Dichter und russischen Generalkonsul AUGUST VON KOTZEBUE als „Spion und Vaterlandsverräter" ersticht – KOTZEBUE hatte in seinen Schriften die Sehnsucht vieler Deutscher nach Demokratie und Pressefreiheit angegriffen und die Ideale der deutschen Nationalbewegung lächerlich gemacht –, da hatte er den Machthabern damit gegen seinen Willen zugleich ein willkommenes Motiv für eine weitere Zügelung aller freiheitlicher Bestrebungen an die Hand gegeben. Noch im gleichen Jahr hatten sie in den „Karlsbader Beschlüssen" gröbste Einschränkungen der Versammlungs- und Pressefreiheit verkündet und eine massive Verfolgung aller „Demagogen" begonnen.

Die nun folgende scheinbare Ruhe im Lande war eine erzwungene Friedhofsruhe. Sie wurde bereits durch die Juli-Revolution des Jahres 1830 von Frankreich her erneut infrage gestellt. Schon damals war es auch in Deutschland, u.a. in BERLIN, zu regional begrenzten Aufständen gekommen.

Deutsche Trikolore Schwarz-Rot-Gold: „Hambacher Fest" 1832

Beim „Hambacher Fest" im Jahr 1832 hatten die nach Demokratie und Einheit strebenden Gruppen einen neuen Versuch gewagt, demokratische Rechte in einem geeinten Deutschland einzufordern.

Erstmals waren auf den mitgeführten Bannern dort auch die neuen Farben Schwarz-Rot-Gold in der Aufreihung der heutigen deutschen Trikolore von oben nach unten zu sehen, die der demokratisch gesonnene Stadtrat von NEUSTADT an der Haardt JOHANN PHILIPP ABRESCH für das Fest ersonnen hatte. Auf den roten Mittelstreifen hatte er noch die Worte „Deutschlands Wiedergeburt" geschrieben. — Doch das Bemühen im folgenden Jahr, eine gesamtdeutsche revolutionäre Erhebung hervorzurufen, war gescheitert.

Überall bildeten sich nun Geheimbünde, die vom Untergrund aus mit Flugschriften agierten, so im Jahr 1834 GEORG BÜCHNER und FRIEDRICH LUDWIG WEIDIG mit ihrem sozialrevolutionären Aufruf „Friede den Hütten, Krieg den Palästen!"

An der lebhaften Diskussion des politischen Tagesgeschehens nahm auch das boomende Zeitungswesen Anteil und griff immer wieder, trotz Repression, Bestrafung und Zensur, streitbar und wirksam in das politische Tagesgeschehen ein.

Tobias Dannheimers Zeitung wird zur Plattform demokratischer Ideen

So bekannte sich auch einer unserer direkter Vorfahren, mein Ur-Ur-Ur-Großvater mütterlicherseits, der Buch- und Zeitungsverleger TOBIAS DANNHEIMER in KEMPTEN im Allgäu (1769-1861), öffentlich als Demokrat. Er war seit dem Jahr 1803 Inhaber der „Kemptener Zeitung" und forderte mit Hilfe dieses Me-

Mutiger Demokrat und Zeitungsverleger in schwieriger Zeit: TOBIAS DANNHEIMER in KEMPTEN

Gesellschaft" in seiner Heimatstadt KEMPTEN aufkaufen können, das die Bereiche Buchdruck, Buchhandlung und Zeitung beinhaltete.

Man könnte diesen Boom und die Erneuerung der Medienlandschaft damals durchaus vergleichen mit den Innovationen der „Mediengesellschaft" durch Digitalisierung und Internet heute, mit entsprechenden Chancen, aber auch Risiken für die Unternehmer. Durch den großen Erfolg dieser noch heute existierenden Firma war DANNHEIMER seinerzeit der Elfte in der Reihe der höchstbesteuerten Bürger Kemptens und übte auch entsprechenden Einfluss aus.

Er konnte es sich leisten, das gotische Patrizierhaus in unmittelbarer Nähe des Kemptener Rathauses am heutigen Rathausplatz 5 zu erwerben und kostspielig

diums in vielen mutigen Artikeln die politische Erneuerung Deutschlands.

DANNHEIMER ist durch seine lange Lebenszeit Zeitgenosse der hier geschilderten TÄGERT-Geschwister und ihrer Eltern und Großeltern. In seinem universell gebildeten Geist, seiner Menschlichkeit und seiner Organisationskraft ist er WILHELM TÄGERT vergleichbar, er ist aber mehr der weltgewandte Praktiker und überragt ihn durch seine politische, gesellschaftliche und kaufmännische Begabung und Wirksamkeit.

Wie die TÄGER(T)s vor ihrer „pädagogischen Weichenstellung" im Jahr 1783, entstammte auch TOBIAS DANNHEIMER noch einer Schuhmacherfamilie, hatte es aber durch seinen klaren Verstand, Fleiß und Ausdauer zu Geld gebracht. Im Jahr 1794 hatte er das junge Unternehmen der „Typographischen

Patrizierhaus Nr. 92 in Rathausnähe mit Park: Tobias Dannheimers Anwesen in KEMPTEN (Pfeil; Karte von 1823)

**Patrizierhaus von Zeitungsverleger DANN-
HEIMER:** Das historische Anwesen
Rathausstraße 5 in KEMPTEN beherbergte einst
Druckerei, Buchhandel und Wohnung
(Aufnahme: J.Taegert beim Besuch 1994)

auszustatten. Der dreigeschossiger Traufseitbau mit der Jahreszahl 1600 an der straßenseitigen Fensterwand zeigt als charakteristisches Merkmal einen flachen Erker über einer rundbogigen Einfahrt. In den ebenerdigen, zum Hof gelegenen Gewölben richtete TOBIAS DANNHEIMER seinerzeit die Druckerei ein.

Die Räume in den beiden Obergeschossen sind mit wertvollen hölzernen Kassettendecken ausgestattet. Die Türstöcke sind im Stil der Renaissance mit Pilastern, säulenartigen Formenelementen, versehen. Stuckverzierungen aus der Barockzeit mit Rauten und Kreisen, Rosetten und Buckeln schmücken den Gang zum Hof, der in einen großzügigen privaten Barockpark einmündet.

DANNHEIMER war Mitglied des Kemptener Magistrats, Verwalter wichtiger öffentlicher und sozialer Stiftungen, seit dem Jahr 1831 Mitglied des Bayerischen Landtages und seit 1837 Landrat.

Seine konsequente demokratische Gesinnung, in der er seine Zeitung ganz den Forderungen vieler Bürger nach Demokratie und Freiheit öffnet, bescherte ihm viele Freundschaften mit einflussreichen Persönlichkeiten, aber auch manche schmerzliche politische Gegnerschaft. Immer wieder muss er wegen seiner deutlichen Zeitungsartikel Überwachungen, Zensurmaßnahmen, Verwarnungen und Strafandrohungen von Seiten der Bayerischen und Schwäbischen Regierung über sich ergehen lassen.

Als er solchen bekannten, politisch engagierten Personen seiner Zeit, wie dem liberalen Paulskirchenabgeordneten und Historiker JOHANN BAPTIST HAGGENMÜLLER (1792-1862) und dem führenden Allgäuer Demokraten, dem Rechtsrat BALTHASAR WAIBEL (1796-1865) in seinem Blatt eine Plattform gibt, ja, letzteren im Revolutionsjahr 1848 sogar zum Chefredakteur macht, spitzt sich die Lage weiter zu, es kommt jede Woche zur Beschlagnahmung von zwei bis drei Zeitungsausgaben durch die Polizei und damit zu nachhaltigen Geschäftsschädigungen. Redakteur WAI-

BEL wird mehrfach verhaftet und zu Arrest verurteilt, in anderen Prozessen aber auch freigesprochen. DANNHEIMER selbst entzieht sich im Folgejahr 1849 einer drohenden Verhaftung gemeinsam mit dem Kemptener Bürgermeister FRANZ HEINRICH SCHNITZER durch Flucht.

Sein ältester Sohn JOHANN MARTIN DANNHEIMER (1805–1851), der in Esslingen eine eigene Filiale aufgebaut hat, übernimmt unter schwierigsten Umständen die Schriftleitung der Zeitung in KEMPTEN. Seine Fähigkeiten auf redaktionellem und politischem Gebiet liegen nach dem Urteil von Zeitgenossen weit hinter denen seines beliebten Vaters, er ist eher Kaufmann als Verleger oder gar Politiker. Doch auch er wird massiv verfolgt, mehrfach verhaftet und erkrankt noch im gleichen Jahr schwer.

Doch mit Zwangsmaßnahmen ist diese radikaldemokratische Zeitung, die nach Meinung von Zeitgenossen dem ganzen Allgäu als moralisches Gewissen und „Evangelium" dient, nicht in die Knie zu zwingen und „auszumärzen" – wie dieses Wort damals sinnigerweise geschrieben wird, passend zur „Märzrevolution" und dem Bestreben der Machthaber, diese revolutionären Regungen ein für alle Mal zu beseitigen –. Im Jahr 1850 wird der bereits 80-jährige Tobias DANNHEIMER wegen „presspolizeilicher Übertretung" verhaftet und vor Gericht gezerrt, er kommt aber mit einer relativ milden Geldstrafe davon.

DANNHEIMER bleibt ungebrochen und in voller geistiger Frische und überlebt fast alle seine Söhne. Sein ältester Sohn und potenzieller Nachfolger JOHANN MARTIN stirbt Anfang März 1851 einen allzu frühen Tod. Nur sein drittältester Sohn JOHANNES, der inzwischen Pfarrer und Dekan der Bayerischen Landeskirche „links des Rheins" geworden war, ist ihm bis zuletzt ein treuer Helfer. Der revolutionäre Demokrat WAIBEL übernimmt noch einmal die Redaktion und stürzt sich mit neuen Kräften in den Kampf mit den Behörden.

Doch die große politische Zeitungsschlacht um die Revolution ist geschla-

Früher Tod: JOHANN MARTIN DANNHEIMER, Tobias' ältester Sohn, wurde nur 45 Jahre alt

gen, die Reaktion hat über die Redaktion gesiegt. Übrig bleibt nur noch der tägliche Kleinkrieg gegen Neid und Missgunst der Gegner aus den Revolutionsjahren.

Tobias Dannheimer kann am 17. Oktober 1860 sogar noch seinen 91. Geburtstag feiern. Als er am 26. Juli 1861 stirbt, ist ganz Kempten und das Allgäu auf den Beinen.

Im Jahr 1874 sucht eine weitere Tragödie das Haus Dannheimer heim. Durch einen undichten Ofen und eine nachfolgende Kohlegasvergiftung kommen nachts die beiden Enkel Heinrich Tobias und Karl August, Söhne des Theologen Johannes Dannheimer, ums Leben.

Doch erst im Jahr 1891 stellt die einst für den Demokratisierungsprozess so bedeutsame „Kemptener Zeitung" unter der glücklosen Leitung weniger begabter Nachfolger ihr Erscheinen ein, während der Enkel Tobias August Schachenmayer, mein Ur-Großvater mütterlicherseits, der in Kempten der männlichen Erbfolge hatte weichen müssen, im Jahr 1868 inzwischen bereits in Bad Kissingen das „Kissinger Intelligenzblatt", die spätere „Saalezeitung" übernommen hat (mehr dazu in meinem 2016 erschienenen Buch „Die Kima und ihr Lutz – Das Ende des Schweigens", ISBN: 978-3-7412-3990-8. – Zum Stammbaum der Dannheimer und Schachenmayer vergl. die Tafel im Anhang S. 162).

Eine interessante Notiz am Rande: In unserer Zeit im Jahr 2008 feierte die noch immer unter dem alten Namen firmierende Nachfolgefirma „Buchhandlung und Verlag Tobias Dannheimer" in Kempten übrigens das 225. Verlagsjubiläum. Und im Jahr 2011 lud die Stadt Kempten zum 150. Jubiläum des Todestages ihres bedeutenden Bürgers Tobias Dannheimer ein und widmete ihm im nördlichen Stadtbereich sogar einen Straßennamen. Doch damit sind wir unseren Betrachtungen, die sich zunächst noch mit der Zeit des „Vormärz" beschäftigen sollten, bereits weit vorausgeeilt.

Zeitzeugen der Tragödie des Frankfurter Paulskirchen-Parlaments

Kehren wir also in die Jahre der Kindheit der TÄGERT-Geschwister zurück, die nur noch bis zum Jahr 1840 ihre Eltern hatten und seitdem Waisen waren. Und fragen wir, was sich in ihrer aufregenden und herausfordernden Zeit noch ereignete.

Wie wir ja deutlich sahen, zogen sich die Menschen des Biedermeier durchaus nicht ins Private zurück, wie es die Karikaturen in Bildern und Texten über diese Zeit uns nahelegen wollen. Vielmehr wagten sich viele mutige Menschen, vor allem aus den gebildeten Schichten, an die Öffentlichkeit, um den Herrschenden ihre Meinung zu sagen; und sie waren bereit, für ihren Freimut mit allen Konsequenzen einzustehen.

„Die Gedanken sind frei"

Unter diesen freimütigen Menschen sind auch viele anerkannte Kapazitäten des damaligen geistigen und kulturellen Lebens in Deutschland, wie die berühmte Gruppe von liberalen Universitätsprofessoren der „Göttinger Sieben". Zwei von ihnen sind die hochgeschätzten Brüder GRIMM, die seit dem Jahr 1812 ihrem Volk u.a. die Sammlung ihrer berühmten „Kinder– und Hausmärchen" geschenkt haben. Sie ziehen sich aber nicht

Riskierte für Freiheit und Demokratie alles: Der junge AUGUST HEINRICH HOFFMANN VON FALLERSLEBEN auf einer zeitgenöss. Radierung

in diesen von ihnen erforschten, scheinbar idyllischen Märchenwinkel zurück, sondern sie kritisieren im Jahr 1837 völlig gegenwartsbezogen die willkürliche Aufhebung der Verfassung im Königreich Hannover.

Obwohl man diesen mutigen Gelehrten damals ihre berufliche Stellung nimmt, um sie zur Raison zu bringen und einige von ihnen sogar aus dem

Land weist, findet ihr Ruf nach Rechtsstaatlichkeit doch in allen Ländern des Deutschen Bundes Widerhall. Ihre Überzeugung, dass Freiheit, Recht und Menschenwürde unveräußerlich zum menschlichen Leben jedes Einzelnen dazugehören und dass man sich mit seinen persönlichen Möglichkeiten dafür einsetzen muss, begleitet seitdem wie ein starker Grundakkord auch das Aufwachsen der TÄGERT-Kinder.

Auch das alte, viel gesungene Lied „Die Gedanken sind frei" dürfte im Haus von JAKOB CHRISTOPHER TÄGERT, in dem die verwaisten Kinder nach dem Tod ihrer Eltern die nächsten fünf Jahre lebten, des Öfteren gesungen worden sein. Der Breslauer Hochschullehrer AUGUST HEINRICH HOFFMANN, der sich VON FALLERSLEBEN nannte (1798–1874), hatte genau in dieser Zeit 1842 eine eindringliche Melodie– und Textfassung veröffentlicht. Das Lied atmet die verbreitete Sehnsucht dieser Zeit nach Freiheit gegenüber willkürlicher und blutiger Verfolgung nach den Karlsbader Beschlüssen:

Die Gedanken sind frei,
wer kann sie erraten?
Sie fliegen vorbei
wie nächtliche Schatten.
Kein Mensch kann sie wissen,
kein Jäger sie schießen.
Es bleibet dabei:
Die Gedanken sind frei!

Im Jahr zuvor hatte HOFFMANN auf der damals britischen Badeinsel HELGOLAND sein berühmtes „Lied der Deutschen" gedichtet. Als Befürworter einer „großdeutschen Lösung" unter Einschluss Österreichs hatte er ihm bewusst die Melodie des österreichischen Nationalliedes „Gott erhalte Franz den Kaiser" nach Haydns Kaiserquartett unterlegt. Auch dieses Lied wurde ein Ohrwurm und als revolutionäres Lied binnen kurzem bald im ganzen deutschsprachigen Raum begeistert gesungen. Doch es dauerte noch 80 Jahre, bis es durch Reichspräsident FRIEDRICH EBERT am Deutschen Verfassungstag im Jahr 1922 zur Deutschen Nationalhymne bestimmt wurde, zum „Deutschlandlied".

Wegen seiner freimütigen Gedanken warf die Preußische Regierung HOFFMANN seinerzeit „politisch anstößige Grundsätze und Tendenzen" vor und entzog ihm noch im Jahr 1842 seine Professur und seine Pensionsberechtigung. Im folgenden Jahr wies man HOFFMANN gar aus Preußen aus und machte ihn so zu einem staatenlosen Wanderer. Überall verfemt, bespitzelt, verfolgt und weitere 38mal ausgewiesen, wurde ihm sein großer Kreis gleichgesinnter Freunde in Deutschland und auch während seines zeitweiligen Exils in den USA zum moralischen und finanziellen Rückhalt. Er zeigte seinen Dank mit manchen Gedichten und Liedern.

Ein ganz eigenes sozialgeschichtliches Kapitel hatte dann im Jahr 1844 der Aufstand der Weber in Schlesien eröffnet, der sich gegen die Willkür mancher Zwischenhändler richtete. Diese Erhebung der Handwerker hatte in Gedichten, Liedern und Bildern schon frühe Beachtung gefunden. Doch eine Behandlung des Thema der sozialen Not von abhängig Beschäftigten galt lange Zeit als politisch heikel.

Erst im Jahr 1892 gab dann GERHARD HAUPTMANNS dem Thema in seinem bestürzenden, sozialkritischen Drama „Die Weber" exemplarische Gestalt. Unter den Argusaugen der allgegenwärtigen Zensur wurde das Werk zunächst durch das Berliner Polizeipräsidium verboten. Ein Jahr später hob das Berliner Oberverwaltungsgericht dieses Verbot auf. Eine Gesetzesvorlage im Reichstag, die solche Werke als Aufruf zum Umsturz verdächtigte und unter Strafe stellen wollte, wurde abgeschmettert. Doch erst am 25. September 1894 konnte am Deutschen Theater BERLIN die erste deutsche öffentliche Aufführung erfolgen. Danach wurde das Werk zu einem Standard-Sujet in Theatern und im Deutschunterricht praktisch aller Schulen bis in die Gegenwart.

Macht und Ohnmacht der Wutbürger in der deutschen Revolution

Der Weg zur erstrebten Freiheit der Gedanken war also im damaligen Deutschland des 19. Jh. lang und mühselig, die Reaktion der Herrschenden war stets prompt und hart.

Empörung in einem längst wach gerüttelten Gewissen löste es z.B. bei vielen aus, als das preußische Militär unter Führung des Kronprinzen WILHELM im April 1847 den sogenannten Berliner „Kartoffelaufstand" niederschlug. Hausfrauen und Arbeiter hatten gegen die Lebensmittelpreise protestiert, die nach Missernten explodiert waren. Die aufgebrachten Menschen hatten Bauernmärkte und Läden geplündert und wurden deshalb zur Abschreckung zu scharfen Gefängnisstrafen verurteilt. Doch das revolutionäre Geschehen ließ sich trotzdem nicht mehr aufhalten.

So fordern im September 1847 radikal-demokratische badische Politiker in OFFENBURG die Grundrechte ein und wollen der als Bedrohung empfundenen Industrialisierung frühsozialistische Ideen entgegensetzen.

Im Februar 1848 muss in Frankreich als Frucht der „Februarrevolution" endgültig der letzte „Bürgerkönig" LOUIS PHILIPPE abdanken. Beflügelt von diesem Ereignis werden in MANNHEIM noch im selben Monat Forderungen an die Badische Regierung in KARLSRUHE formuliert, die sich zu Zündfunken für die folgende „Märzrevolution" entwickeln. Diese Funken springen dann auf die meisten deutschen Länder über; Hoffnung auf Veränderung macht sich allenthalben Luft.

In Baden, Bayern, Preußen, Österreich und Ungarn besetzen Wutbürger Häuser, stiften Unruhe und wagen Aufstände. Österreichs Staatskanzler Fürst METTERNICH, der in seinem Land für die Repressionen verantwortlich gemacht wird, muss emigrieren.

Viele Länder erinnern sich in dieser Phase der Unruhen an ihre Eigenstaatlichkeit. So will Ungarn sich verselbständigen und sich von der Herrschaft der Habsburger lossagen, ebenfalls die norditalienische Lombardei. Es kommt vie-

Schwarz-Rot-Gold als Fanal im blutigen Bürgeraufstand: Barrikadenkämpfe am 18. März 1848 in BERLIN

lerorts zu Aufständen und erbitterten Schlachten.

In Preußen will man die Unruhen besänftigen, indem man den Forderungen der Demonstranten halbherzig ein Stück weit entgegenkommt. Doch als dann am 18. März 1848 König WILHELM IV. in BERLIN ohne echte Überzeugung Reformen ankündigt, kommt es vor dem Stadtschloss zu einer bewaffneten Auseinandersetzung zwischen Bürgern und Militär. Zufällige Schüsse lassen die Wut der Menschen aufschäumen. Die Obrigkeit setzt Militär ein, die Revolutionäre errichten Barrikaden. Wieder ergreifen sie ihre symbolische Fahne der Freiheit Schwarz-Rot-Gold (siehe Coverbild).

Der Aufstand fordert über 300 Tote, darunter 11 Frauen und vier Kinder. Aber er scheint nicht vergeblich: Der König muss diesen „Märzgefallenen" widerwillig Referenz erweisen, und als „Buße" muss er sogar in den ungewohnten Farben Schwarz-Rot-Gold durch Berlin reiten und „*Deutschlands Freiheit und Einigkeit*" verkünden. Sein Bruder, Prinz WILHELM – der nachmalige Kaiser Wilhelm I. –, den man damals als „Kartätschenprinz" für den Einsatz des Militärs verantwortlich machte, muss sich in England in Sicherheit bringen.

Die Farben und der Gedanke der einen demokratischen Nation Deutschland scheinen in diesen Tagen den Sieg davonzutragen. Die alten rückwärtsgewandten Regime scheinen sich aufzulösen. In Bayern muss nach Unruhen König LUDWIG I. zugunsten seines Sohnes MAXIMILIAN II. abdanken.

Dass zu Anfang April 1848 in FRANKFURT das „Vorparlament" tagen kann, erleben viele als den entscheidenden Durchbruch für die neuen Ideen.

Hoffnungen und Elend des Frankfurter Paulskirchen-Parlaments

Die Paulskirche ist damals gerade neu errichtet worden. Sie wird zum Tagungsort der neuen Nationalversammlung. Fast 50 Jahre hatte es gedauert, bis der Neubau für die uralte Frankfurter

Barfüßerkirche, die seit der Reformation die evangelische Hauptkirche Frankfurts war, aber 1786 wegen Baufälligkeit geschlossen worden war, endlich fertig gestellt werden konnte. Geldmangel, insbesondere während der napoleonischen Kriege, und militärische Besetzungen, aber auch die Neuordnung des Kirchenwesens nach der Säkularisation hatten den Bau verzögert; das halbfertige Gebäude war zwischen-zeitlich sogar als Lagerraum genutzt worden, um Geld hereinzubekommen.

Als der Magistrat, der Eigentümer des Gebäudes, im Jahr 1830 schließlich weiterbauen wollte, stand er vor einer Ruine, Bäume und Sträucher wuchsen aus allen Ritzen. Unter Aufbietung aller Kräfte wurde aber der Bau doch bis zum Jahr 1833 fertiggestellt. Das evangelische Konsistorium benennt die Gottesdienststätte in „Paulskirche" um, nachdem es die „Barfüßer" längst nicht mehr gibt, und weiht, gemeinsam mit den stolzen Repräsentanten der Stadt, den prächtigen Bau am Ersten Sonntag nach Trinitatis, dem 9. Juni 1833, ein.

Der Saalbau bietet nun den größten und modernsten Raum in der Stadt. Als man für das neuartige demokratische Parlament eine geeignete Örtlichkeit sucht, geht man auf die evangelische Gemeinde zu, die, begeistert von der nationalen Idee, sofort zustimmt und bereitwillig in die alte Nikolaikirche am Römerberg ausweicht, nicht ahnend, welche politischen und weltlichen Kämpfe in diesem sakralen Gebäude stattfinden werden.

Alle gottesdienstlichen Symbole einschließlich der Orgel werden nun verhängt. An ihrer Stelle prangt ein riesiges Gemälde der „Germania", wiederum mit einer Fahne in den neuen deutschen Farben Schwarz-Rot-Gold in den Händen. Den Platz für den Altar nimmt nun der Tisch des Parlamentspräsidenten ein.

Orgel von Germaniabild mit Deutschlandfahne verhüllt: Tagung des Deutschen Nationalparlaments in der evangelischen Paulskirche in FRANKFURT 1848

Doch die Erwartungen der Gemeinde, dass die Parlamentssitzungen an diesem sakralen Ort etwa mit einem Gebet eröffnet würden oder auf andere Weise das christliche Glaubensanliegen würdigen, weichen bald der Ernüchterung. Auf dieses christliche Ansinnen erklärt der revolutionäre Abgeordnete FRANZ RAVEAUX barsch, Beten gehöre in die Kirche und nicht ins Parlament; seine religionskritische Haltung begründet er sarkastisch und selbstgefällig so: „Hilf dir selbst, so hilft dir Gott."

Doch zunächst scheint die Erneuerung Mitteleuropas ja nach Plan zu verlaufen. Weder durch Kampfhandlungen, noch durch Nachstellungen daheim lassen sich die Parlamentarier aus der Fassung bringen. Zwischen Dänemark und Preußen kommt es zum Krieg um das Herzogtum Schleswig. Von April bis Mai erheben sich in Posen dort lebende Polen gegen die preußische Vorherrschaft. Im Mai muss der österreichische Kaiser FERDINAND I. vor Revolutionären aus WIEN fliehen.

Im selben Monat tritt in der Frankfurter Paulskirche das erste demokratisch gewählte gesamtdeutsche Parlament zu seinen ersten regulären Sitzungen zusammen. Es will sich, auch ohne große parlamentarische Erfahrung, dem Auftrag stellen, die deutsche Einheit vorzubereiten und eine Verfassung für den neuen Einheitsstaat auszuarbeiten.

Auch auf dem übrigen Kontinent scheint die Erneuerung voranzugehen. Im Juni wird in PRAG die Umwandlung der Donaumonarchie Österreich in einen „Bund von gleichberechtigten Völkern" gefordert. Doch was zu diesem Zeitpunkt noch niemand ahnt: Damit haben die Visionen dieser Revolution von 1848 ihren Höhe- und leider auch Endpunkt schon erreicht.

Noch im gleichen Monat gelingt es österreichischen Truppen, die Erhebung in PRAG niederzuschlagen. Auch in Frankreich wird der aktuelle Aufstand niedergeworfen. Überall regt sich die Reaktion mit Macht.

So erlangen bald an allen Schauplätzen die rückwärtsgewandten Kräfte zunehmend die Oberhand. Sie isolieren die Parlamentarier, verfolgen sie, sperren sie ein und ersticken bald diesen ersten „demokratischen Frühling" in Mitteleuropa. Vereinzelt flackern noch einmal Aufstände auf, so im September in FRANKFURT, wo sich Revolutionäre gegen die vereinigten preußischen und österreichischen Truppen zu wehren versuchen, und in Baden, wo sie versuchen, eine „Deutsche Republik" zu proklamieren, doch diese Aktionen werden niedergeknüppelt.

Der 9. November – ein deutscher Schicksalstag

Ihren ersten Höhepunkt feiert die Konterrevolution am 9. November 1848. An diesem Tag lässt die österreichische Regierung in WIEN den Abgeordneten und führenden Kopf der Frankfurter Nationalversammlung ROBERT BLUM als Vergeltungsmaßnahme für seine Teilnahme an der Wiener Revolution unter bewusster Missachtung seiner parlamentarischen Immunität standrechtlich erschie-

Erschießung am offenen Grab: Hinrichtung des Demokraten ROBERT BLUM vor den Toren Wiens am 9. Nov. 1848 (Gemälde von C. C. H. Steffeck)

ßen. BLUM war ein autodidaktisch gebildeter Schriftsteller, der, wie der Zeitungsverleger DANNHEIMER in Kempten, zugleich Herausgeber einer politisch engagierten Zeitung war und sich für einen republikanisch verfasste demokratische Regierung des Deutschen Nationalstaates einsetzte.

So wird das Datum des 9. November zum ersten Mal für die Deutschen zu einem symbolträchtigen Termin, dem bis zum Fall der Berliner Mauer 1989 noch mindestens vier bis fünf weitere zeichenhafte Ereignisse jeweils an einem 9. November folgen, die alle auf ihre Weise die Frage nach Menschenwürde, Freiheit und Demokratie stellen: die Ausrufung der Deutschen Republik durch PHILIPP SCHEIDEMANN im Jahr 1918, der gescheiterte Putsch Hitlers und Ludendorffs in München am 9. Nov. 1923, die von den Nazis inszenierten Novemberpogrome gegen Synagogen und jüdische Geschäfte und Einrichtungen im Jahr 1938, die den Entschluss der Wannseekonferenz des Jahres 1941 zur völligen Vernichtung der Juden bereits vorwegnehmen.

Auch das „Happening" während der Studentenunruhen in den Jahren 1967/68 bei der Amtseinführung des neuen Rektors der Hamburger Universität am 9. November 1967 kann man zu den symbolträchtigen Ereignissen hinzurechnen: Zum feierlichen Einzug der Magnifizenzen entfalten zwei Studenten das wirkungsvolle Transparent: „Unter den Talaren Muff von 1.000 Jahren" und symbolisieren das Ende der Adenauerschen Restaurationspolitik. Sieht man auch den Fall der Berliner Mauer im Jahr 1989 in dieser Linie, fragt man sich, warum nicht überhaupt dieses Datum des 9. November zu einem besonderen Gedenktag der Deutschen erklärt wurde.

STEFFECKS Gemälde voll Pathos zu diesem ersten Ereignis am 9. Nov. des Jahres 1848 zeigt neben seinem schon ausgehobenen Grab kniend ROBERT BLUM, der das Anlegen der Augenbinde entrüstet von sich weist; im Hintergrund steht vor der Silhouette des morgendlichen Wien das Hinrichtungskommando bereit. Nicht viel anders, als dieser auf seine Erschießung wartende BLUM, werden sich auch die überlebenden Demokraten in dieser Zeit gefühlt haben, deren Ideale mit BLUM ins Grab sinken.

Die entmannte und fast ohnmächtige

Nationalversammlung beißt zwar die Zähne zusammen und tagt weiter, sie kann sogar am 27. Dezember dieses ereignisreichen Jahres der Demokratie in Deutschland 1848 die Grundrechte und am darauffolgenden 28. März 1849 nach vielen kontroversen Debatten auch noch die sg. „Paulskirchenverfassung" verabschieden, die damit de jure Rechtskraft erlangt.

Doch als das Parlament als Frucht seiner Überlegungen dem preußische König FRIEDRICH WILHELM IV. die Kaiserkrone antragen will und eine Delegation mit diesem Ansinnen am 3. April 1849 den König aufsucht, da lehnt dieser brüsk und verächtlich die Krone als „Hundehalsband" ab, da sie ja „nur" vom Volk beschlossen worden sei und ihr der „Ludergeruch der Revolution" anhafte. Für ihn zählt allein die „göttliche Berufung", wie er schon am 13. Dezember seinem Gesandten als Botschaft mitgegeben hatte.

Die deutsche Einheit und die Reichsverfassung sind damit vorerst gescheitert. Obwohl die neue Verfassung de facto in Kraft ist, misslingt ihre Durchsetzung. Die wenigen weiteren Versuche in einigen Staaten und Regionen des Deutschen Bundes werden, wie oben bereits geschildert, mit Hilfe von Militär niedergeknüppelt. Mit anderen Worten: Mit einem Militärputsch behauptet sich damals das alte System gegen die junge Demokratie.

Der verbliebene Rest der Nationalversammlung, das „Rumpfparlament", verlegt seinen Tagungsort nach STUTTGART, wird aber am 18.Juni 1949 von württembergischen Dragonern zwangsweise aufgelöst.

Das Land Baden wagt sich noch einmal am weitesten vor und proklamiert erneut eine Republik, doch preußische Truppen, die sich als „Reichswalter" aufspielen, werden mit der gerade errichteten Bahn herantransportiert und schlagen auch diese letzte Revolution in Deutschland nieder. Dieser Sieg des Militärs ist auch der symbolische Endpunkt der Deutschen Revolution 1848/49 überhaupt.

Auch der österreichischen Monarchie gelingt es anschließend, ihre alte Vormachtstellung in Oberitalien und in Ungarn wieder zu festigen. Als letzte kapitulieren die ungarischen Revolutionäre nach unzähligen Schlachten am 3. Oktober 1849 in ihrer Festung KOMORN.

Fast alles scheint nun politisch in Deutschland und Österreich wieder beim alten, so als hätte es die Aufklärung und die napoleonischen Kriege nie gegeben. Wie ist dieser Ausgang zu werten?

„Peinliche" und unnütze Revolution?

Die Deutsche Märzrevolution von 1848/49 ist Teil einer Unruhe, die in der ersten Hälfte des 19. Jh. in vielen Regionen in Europa aufflammte. Die veränderte Landkarte und die reaktionären politischen Verhältnisse nach dem Wiener Kongress flossen damals als Zündstoff zusammen mit dem Erstarken des bürgerlichen Standes, der nach Bildung und Mitbestimmung strebte.

Auch die voll entfachte industrielle Revolution löste bei vielen seinerzeit große Ängste aus. Wut, forderndes Selbstbewusstsein, Ängste, – eine entzündliche Mischung! Sie wurde entflammt durch die unvergesslichen freiheitlichen Ideen der Aufklärung und genährt durch die junge, aber urwüchsige Sehnsucht nach nationaler Einheit.

Mit dem Ende des Paulskirchenparlaments scheint diese Revolution für die Staaten des Deutschen Bundes missglückt. Sie ist an ihrer wohl zu anspruchsvollen doppelten Zielsetzung gescheitert, nationale Einheit und Demokratie gleichzeitig herstellen zu wollen. Die „alte Herrschaft" hatte sich zurückgemeldet. War diese erste breite politische Erhebung in Mitteleuropa also vergeblich?

Es nimmt ja nach der hier gezeigten Breite, Tiefe und der Fülle der revolutionären Aktivitäten Wunder, wie wenig positiven Widerhall die Märzrevolution und der Weg dorthin in den deutschen Geschichtsbüchern und vor allem im deutschen Gedenken und gemeinsamen Erinnern gefunden hat. Stattdessen neigt man auch heute noch dazu, die politischen Bemühungen dieser Zeit als „laienhaft" oder „Professorenparlament" lächerlich zu machen und die Bürger damals einseitig als weltabgewandte „Biedermeier" abzuqualifizieren.

Wem, wenn nicht den Feinden der Demokratie, nützt es, wenn man in den damaligen Spott der Gegner über die Zusammensetzung und den Erfolg der Nationalversammlung lästernd einstimmt:

„*Dreimal 100 Advokaten*
– Vaterland, du bist verraten;
dreimal 100 Professoren
– Vaterland, du bist verloren!"?

Hätte man nicht bei der Errichtung der Bundesrepublik im Jahr 1949 und beim Fall der Berliner Mauer 1989 viel stolzer an diese frühe demokratische Erhebung 100 bzw. 140 Jahre zuvor anknüpfen können? Doch ließ man es öffentlich bei der halbherzigen Übernahme der Farben Schwarz-Rot-Gold in Ost und West und der dritten Strophe des Deutschlandliedes im Westen bewenden, aus Angst, die ersten beiden Strophen, könnten als Machtanspruch missverstanden werden, obwohl sie in Wahrheit die Ohnmacht und Entbehrung dieser revolutionären Kämpfe beschreiben.

Dabei haben, was vielen heute gar nicht bewusst ist, sowohl die Weimarer Verfassung von 1919, als auch die Verfassung der Bundesrepublik im Jahr 1949 wesentliche Teile der Paulskirchenverfassung von 1849 als Vorbild übernommen. Warum spricht man nur so leise darüber? Hat man sich dieser damit verbundenen bürgerlichen Erhebung damals geschämt?

Der Grund für diese Geschichtsvergessenheit ist einfach: Wie wir als Schüler bald bemerkt haben, waren die meisten Lehrer und auch viele Politiker der ersten Jahre nach dem Zweiten Weltkrieg ja immer noch heimliche Nazis oder Deutsch-Nationale, und die hatten ja für die Demokratie oft nur Verachtung und Spott. Ihnen lag deshalb auch bewusst daran, die revolutionäre Zeit des Biedermeier als eine Karikatur darzustellen und über die tatsächliche große Reichweite der demokratischen Bewegung Stillschweigen zu bewahren.

Außerdem herrscht in Deutschland schon seit jeher eine heimliche Furcht vor demokratischen und revolutionären Regungen und dem angeblich leicht zu entfesselnden Mob. Mit Martin Luthers Lehre von den zwei Herrschaftsweisen Gottes, nach denen der Mensch nur im Gewissen und Glauben völlig frei ist, hat man gelernt und verinnerlicht, dass jeder *„der Obrigkeit untertan zu sein hat, die Gewalt über ihn hat"* (Römer 13). *„Denn es ist keine Obrigkeit außer von Gott; wo aber Obrigkeit ist, ist sie von Gott angeordnet."*

So fand der revolutionäre und demokratische Geist auch in der Kirche immer nur unsicheren Widerhall, und jeder Kampf gegen Unrechtregime war von vornherein mit moralischen Skrupeln behaftet, wie sich ja dann leider auch im allzu schwachen Widerstand gegen HITLER zeigte. Die breite Masse waren unkritische Mitläufer.

Abitur in den entscheidenden Tagen der Erhebung

Fragen wir also: Wie mag JOACHIM CHRISTOPH WILHELM TÄGERT sein Leben und diese revolutionäre Zeit empfunden haben, als er genau in diesen Tagen der zu Ende gehenden „Märzrevolution" 1848–1849 in Greifswald an der alten Ratsschule von 1561 sein Abitur macht?

Seit dem Jahr 1820 war diese „Gelehrten"-Schule zum Gymnasium umgewandelt worden. Der Schulabschluss führte zur Hochschulreife. Hatte diese Schule schon vorher ihren Schwerpunkt in Mathematik, Deutsch, Geschichte und Naturwissenschaften, so war genau im Revolutionsjahr 1848, dem Zeittrend und der alten Franckeschen Intention folgend, eine eigene Realabteilung angeschlossen worden, die ihren Schwerpunkt bei den „Realien", also den naturwissenschaftlichen Fächern, setzte. Hier schlug das Herz von WILHELM TÄGERT, hier glänzte er. Doch was erlebte der Schüler gleichzeitig von den dramatischen Stunden der Politik mit?

Die Revolution hatte am 18. März 1848 in BERLIN mit einem erfolgreichen Barrikadenkampf begonnen. Um einzulenken hatte der preußische König eine umfassende Liberalisierung seines Landes in Aussicht gestellt. Am 31. März 1848 hatte in FRANKFURT das „Vorparlament" aus 574 Honoratioren aus Deutschland und Österreich seine Tagung begonnen, um die Versammlung des ersten frei gewählten Nationalparlaments vorzubereiten. 809 Abgeordnete hatten sich dann in 230 Sitzungen des Parlaments ein Jahr lang zur Lösung der Mammutaufgaben über alle politischen Grenzen hinweg abgequält und zusammengefunden: Sie verfolgten das gemeinsame Ziel, die nationale Einheit Deutschlands zu verwirklichen und eine gemeinsame Verfassung zu erarbeiten. Das alles erlebt WILHELM TÄGERT als aufgeweckter Schüler in Gesprächen im Unterricht oder auf dem Pausenhof oder aus Informationen der Zeitung mit.

Als er ein Jahr später am 29. März 1849, einem Donnerstag, in GREIFSWALD das Zeugnis der Reife ausgehändigt bekommt, das ihn nun zum Universitätsstudium berechtigt, da steht dieses Drama der ersten deutschen Demokratie gerade vor seinem Höhe- und Schlusspunkt: Die „Kaiserdeputation" ist unterwegs nach BERLIN, um den preußischen König, dessen Abneigung gegen das Parlament bekannt ist, doch noch zur Annahme der Kaiserwürde zu bewegen und damit ein Symbol der nationalen Einheit zu schaffen.

WILHELM TÄGERT ist zu diesem geschichtsträchtigen Zeitpunkt, der über die nächsten 100 Jahre deutscher Geschichte entscheidet, gut 18 Jahre und drei Monate alt. Damit ist er jetzt zwar „mündig", aber nach den damaligen Gesetzen noch nicht volljährig.

Damit hat er auch mit der Wahl zum Paulskirchen-Parlament persönlich nichts zu tun. Denn das Wahlrecht durften nur „volljährige selbstständige Männer" ausüben. Alle, die in Preußen damals jünger sind als 21 Jahre, in Oldenburg sogar jünger als 24 Jahre, bleiben außen vor, ebenso alle, die keinen eigenen Hausstand nachweisen können, die also z.B. noch als Handwerker bei ihrem Meister wohnen, und alle, die von einer Armenunterstützung leben. Auch die Frauen haben damals ein Wahlrecht. Bis zum demokratischen Wahlrecht unserer Zeit für alle mündigen Bürger ab 18 Jahren ist es also noch ein ziemlich weiter Weg!

Was man weiter sagen muss: JOACHIM CHRISTOPH WILHELM TÄGERT war als junger Mann auch kein Revolutionär. Er war viel zu sehr eingebunden in die Mitverpflichtung für seine verwaisten Geschwister und in den Tugendrahmen seines Herkommens als protestantischer Küster- und Lehrersohn. Außerdem musste er schauen, nicht nur die Schulbildung, sondern auch das Studium, das er sich trotz äußerster wirtschaftlicher Not vorgenommen hatte, möglichst rasch abzuschließen, um sich bald im Beruf selbst seinen Lebensunterhalt verdienen zu können.

Politisch bewegte Studenten

Sicher werden WILHELM die aufregenden politischen Bewegungen in seiner Schüler- und ersten Studentenzeit interessiert haben; ja, sie mögen ihn als maßgebliche Initiative des Bildungsbürgertums, zu dem er selbst hinstrebte, sogar begeistert haben.

Die Universität GREIFSWALD war die viertälteste deutsche Universität, nach Rostock die zweitälteste im Ostseeraum und, nach der „preußischen Eingemeindung", die erste Universität Preußens überhaupt. Diese höchste Bildungseinrichtung im Staate wurde entsprechend großzügig behandelt und mit Samthandschuhen angefasst und hatte auch ein reges Studentenleben.

Die zahlreichen Studentenverbindungen fochten nicht nur scharfe Mensuren, sondern diskutierten auch politische Fragen. Weil sie für demokratische Strukturen und die Einheit Deutschlands eintraten, waren diese Verbindungen seit den „Karlsbader Beschlüssen" eigentlich verboten, lebten aber gleichwohl trotzdem munter fort. Viele andere Studenten dieser und der nachfolgenden Generationen gehörten ganz selbstverständlich einer solchen „schlagenden Verbindung" an.

Das Verbindungsleben war hartnäckig; es überstand alle Kriege und Umwälzungen und lebte auch im 20. und 21. Jahrhundert fort. Auch mein Vater war Mitglied einer schlagenden Verbindung im „Weinheimer Seniorenverband"; er trug an Stirn und Wange seine deutlichen Fechtnarben, was uns aber angesichts seiner menschlich sonst integeren Haltung nicht weiter störte. Ich selbst, sowie auch später mein jüngster Bruder WERNER, wandten uns aber bewusst einer nichtschlagenden Studentenverbindung zu.

Heute werden in GREIFSWALD in der Öffentlichkeit die Nachfolgeverbindungen insbesondere der Burschenschaften gern als reaktionär und „rechtsgerichtet" angesehen und deshalb vielfach angegriffen und bekämpft. Das kann seine Ursache darin haben, dass einige Studentenverbindungen ihre historischen, demokratisch-revolutionären Wurzeln vergessen haben und nur noch ihre nationale Gesinnung oder einen abgestandenen Männerkult zur Schau tragen, sehr zum Leidwesen anderer zeitgemäßer Verbindungen oder sogar von zaghaft empor sprossenden Damenverbänden, denen auf diese Weise die Werbung von studentischem Nachwuchs erschwert wird.

Damals zehrte GREIFSWALD immer noch von der Liberalität der „guten alten" schwedischen Zeit und sah sich als „Kulturbrücke" nach Skandinavien. So war es auch kein Wunder, dass sich viele Studenten mutig für eine entsprechende Liberalisierung auch in Deutschland einsetzen und sich damit der staatlichen Verfolgung aussetzen.

Im Jahr 1834, am Höhepunkt der "Demagogenverfolgung", werden viele Greifswalder Studenten verhaftet und angeklagt. Etwa 60 erhalten langjährige Freiheitsstrafen. Viele Studenten beteiligen sich auch an den revolutionären Bewegungen des Jahres 1848. Mehrere Greifs-

Heute als reaktionär kritisiert: *Studentisches Fechten in GREIFSWALD um 1900*

Liberale Lehrstätte seit 1456: Universität GREIFSWALD (historische Aufnahme)

walder Professoren haben sich als Abgeordnete in die Preußische und die Deutsche Nationalversammlung wählen lassen und erleben traurig auch ihr Ende mit.

Allerdings hatte es der Spott der Gegner über die Frankfurter Nationalversammlung den Jüngeren und den Bürgern aus den unteren Schichten nicht immer leicht gemacht, sich mit diesem demokratischen Projekt zu identifizieren. Wenn sie es ein „Professorenparlament" nannten, wollten sie darauf anspielen, dass dieses Gremium fast nur aus Leuten bestand, die gutsituiert waren und gehobener Stellungen hatten.

Tatsächlich hatten 95% der Mitglieder der Nationalversammlung Abitur, dreiviertel von ihnen waren „Studierte", davon die Mehrzahl Juristen, Germanisten, Historiker und auch viele Schriftsteller. Viele Abgeordnete standen im höheren Staatsdienst, es gab fast keine Handwerker und Bauern. Der Parlamentarier ROBERT BLUM, von dessen standrechtlicher Erschießung am 9. November 1848 WILHELM wie die meisten Bürger Pommerns aus der Stralsunder Zeitung erfuhr, stammte als einer der wenigen aus ganz ärmlichen handwerklichen Verhältnissen.

Aber obwohl das Paulskirchenparlament ein Oberschichtprojekt war und das, was in FRANKFURT verhandelt wurde, für viele Greifswalder weit weg war, sind doch viele Bürger vom sang- und klanglosen Ende enttäuscht. Auch WILHELM TÄGERT ist ernüchtert, als er in den Tagen nach seinem Abitur erfährt, dass König FRIEDRICH WILHELM IV. am 4. April 1894 die ihm angetragene Kaiserkrone für eine parlamentarische Erbmonarchie so entschieden zurückgewiesen und auch den Weg für seinen möglicherweise flexibleren Bruder FRIED-RICH III., den späteren „99-Tage-Kaiser", nicht freigemacht hat.

Traurig müssen alle mit ansehen, dass bereits am 31.Mai 1849 das erste deutsche Parlament seine Arbeit einstellt. Die rückwärts gewandten Herrscher und ihre Vollstrecker haben in ihrem Anschlag auf die junge Demokratie gesiegt, sie haben die Demokratie praktisch mit ihrem Militärputsch beseitigt.

Zwar seien die meisten Preußen in ihren Herzen Revolutionäre gewesen, so glaubt man heute feststellen zu können; dennoch haben sie sich aufgrund ihrer Erziehung, der herrschenden kirchlichen Moral und des äußeren Zwanges allzu schnell von dem massiven Auftreten ihrer Regierung einschüchtern lassen.

Auch für den jungen Studenten WILHELM TÄGERT gilt, dass er in seinen Gedanken meist mehr mit der Welt der aufkommenden Naturwissenschaften beschäftigt war, die es ihm angetan hatte, als mit Politik.

Obwohl er nebenbei Geld für seinen Lebensunterhalt verdienen muss, bemüht er sich zu jener Zeit, sein Studium straff zu organisieren und so rasch wie möglich abzuschließen. Bereits am 21. April 1853, also genau acht Semester nach Studienbeginn, kann er die Prüfung zum Lehramt am Gymnasium „pro facultate docendi", wie wir sahen, mit großem Erfolge ablegen.

Während dieser ganzen Zeit hatte er einen wichtigen Gönner und Förderer im Rücken. Wahrscheinlich schon in der Zeit, als JOACHIM CHRISTOPH WILHELM als Schüler am Gymnasium war, spätestens aber seit seiner Einschreibung an der Universität von GREIFSWALD, hat sich der oben genannte Fürst WILHELM MALTE ZU PUTBUS, der auch Kanzler der Universität war, des jungen Mannes angenommen. Er war ihm nicht nur als Fürsorgefall der Waisenstiftung aufgefallen, sondern der Fürst hatte bei diesem großgewachsenen schlanken Burschen auch die hervorragende Bildung wahrgenommen und seine auffallende menschliche Ausstrahlung empfunden, die einiges erwarten ließ.

Im Banne der Francke'schen Pädagogik

Bereits im Jahr 1849 hatte Fürst WILLHELM MALTE ZU PUTBUS, wie wir sahen, den ältesten der TÄGERT-Geschwister, CARL AUGUST HERMANN, als Küster und Schullehrer in seine Nähe in den Putbuser Vorort KASNEVITZ auf der Insel Rügen gerufen.

Gleich nachdem der Zweitälteste, JOACHIM CHRISTOPH WILHELM TÄGERT, in Greifswald sein Studium abgeschlossen hat, verabredet der inzwischen 70-jährige Fürst mit diesem jüngeren Bruder Carls die Organisation seines Probejahres als Junglehrer. Die erste Hälfte soll WILHELM am gleichen Gymnasium in GREIFSWALD absolvieren, an dem er zuvor als Schüler ausgebildet worden war. Bei entsprechender Bewährung soll er die zweite Hälfte dieses Referendariats in einer besonderen Stellung an einer ganz besonderen Einrichtung vollenden, nämlich als „interimistischer Adjunkt" am Pädagogium zu PUTBUS.

Das „Pädagogium" von Putbus – ein neuartiges Bildungsprojekt nach Franke'schem Muster

Fürst MALTE, der seiner Zeit sehr aufgeschlossen gegenüberstand, wollte nicht nur mit seiner schicken Residenz glänzen, deren Ausbau er 1808 begonnen hatte. Sondern er suchte auch den weltanschaulichen, politischen und wirtschaftlichen Umbrüchen dieser Zeit sehr offensiv zu begegnen.

Er gehört mit zu denen, die sich damals durch die Hallesche Pädagogik von AUGUST HERMANN FRANCKE und seinen Schülern und Nachkommen inspirieren lassen. Sie alle messen nicht nur der Theologie, sondern auch der Pädagogik und insbesondere der Beschäftigung mit den „Realien" große Bedeutung zu. Mit zwei angesehenen Männern dieser Halleschen Anstalten, die für die Bildung des 18.und 19. Jh. so bedeutsam war, nimmt Fürst MALTE unmittelbar persönlichen Kontakt auf, mit FERDINAND HASENBALG und FRANZ ANTON NIEMEYER.

Im Jahr 1816 war der Organisten- und Lehrerssohn HASENBALG als Lehrer an das Gymnasium nach STRALSUND auf das Festland gegenüber der Insel RÜGEN berufen worden und wohl in seiner Eigenschaft als Pädagoge auch dem Fürsten MALTE bekannt geworden, denn zu der Zeit absolvierten die Kinder der gehobenen Bürgerschicht der Insel RÜGEN ihre gymnasiale Weiterbildung noch auf dem Festland.

HASENBALG, bis zum Jahr 1810 Schüler der Domschule zu HALBERSTADT, hatte an der Lutheruniversität zu HALLE ein Theologiestudium begonnen, es aber aus finanziellen Gründen zunächst unterbrechen müssen. Nachdem er sich zwischenzeitlich als Hauslehrer und dann als Offiziersanwärter verdingt und u.a. auch an der Schlacht von WATERLOO teilgenommen hatte, hatte er im Jahr 1816 sein Studium als cand. theol. abschließen und im gleichen Jahr die Lehrerstelle in STRALSUND übernehmen können. Er hält in den folgenden Jahren die Verbindung zur Universität HALLE aufrecht und wird dort im Jahr 1820 zum Doktor der Philosophie promoviert. Im Jahr 1828 wird er Professor und vier Jahre später Konrektor des Stralsunder Gymnasiums.

Er ist der eine der beiden Gesprächspartner für Fürst MALTE bei den Überlegungen zur Verbesserung der Pädagogik. Ein „Pädagogium" nach dem Vorbild der traditionsreichen Einrichtung gleichen Namens in HALLE soll auf der Insel RÜGEN mitten im Bereich der neuen Residenz des Fürsten entstehen, eine hochmoderne Einrichtung zur Ausbildung für Knaben aus dem Adel und dem gehobenen Bürgertum, und ihm angegliedert ein „Alumnat", also ein Schülerheim, in dem auch auswärtige Schüler angemessen untergebracht werden können.

Der andere Partner ist der Jurist FRANZ ANTON NIEMEYER (1790-1867), ebenfalls ein Mann des Hallenser Geistes, der als jungen Mensch ein solches „Pädagogium" unter Leitung seines Vaters in HALLE durchlaufen hat. Damit spielt Fürst MALTE ZU PUTBUS zugleich Schicksal, denn dieser Mann, ein Ur-Ur-Enkel von AUGUST HERMANN FRANCKE, dem Gründer der Halleschen Anstalten, wird zum zukünftigen Schwiegervater von WILHELM TÄGERT und ist damit

Geschickter Jurist und Konsistorialrat:
FRANZ ANTON NIEMEYER in GREIFSWALD
(Gemälde von WILHELM TITEL)

auch einer der direkten Vorfahren aller heutigen TÄGERT/TAEGERT.

Dieser FRANZ ANTON ist ein gebildeter und integerer Menschenfreund und ein diplomatischer und geschickter Organisator, der es schon von seinem Elternhaus her gewohnt ist, Kontakte zu pflegen und viele weitreichende Beziehungen zu haben. Seine geniale Mutter AGNES WILHELMINE hatte dieses Haus zum wichtigsten gesellschaftlichen Treff Halles gemacht hatte (mehr dazu s.u.).

Er sieht mit seiner „revolutionären Frisur" auf dem überlieferten Gemälde des Pastorensohns und Zeichenlehrers der Greifswalder Universität WILHELM TITEL, das ich als 17-Jähriger im Hause der Niemeyers in HAMBURG fotografieren konnte, ein bisschen wie eine Mischung aus BEETHOVEN und NAPOLEON aus.

FRANZ ANTON NIEMEYER ist ein Sohn des Rektors und „zweiten Gründers" der Halleschen Anstalten, des Theologen AUGUST HERMANN NIEMEYER (1754–1828), der wiederum der Urenkel des eigentlichen Gründers dieser Anstalten AUGUST HERMANN FRANCKE ist.

Nachdem also auch dieser AUGUST HERMANN FRANCKE zu den direkten Vorfahren von WILHELM TÄGERT und seinen Nachfahren zählt und durch seine Persönlichkeit und sein bedeutsames Werk großen Einfluss auf ihn hatte, sei an dieser Stelle ein Blick auf die Person Franckes und sein Werk gestattet.

AUGUST HERMANN FRANCKE: Ein Gelehrter findet zum Pietismus

In dieser Darstellung über die Persönlichkeit und das Werk Franckes lehne ich mich gern an das auf S. 61 erwähnte Referat der Halleschen Expertin BRIGITTE KÖTHER an. Sie preist AUGUST HERMANN FRANCKE (1663-1727) als einen *„beseelten Christen"*, und nennt ihn einen Theologen *„von außerordentlicher Überzeugungskraft"*, einen *„nach innerer Berufung"* handelnden Pädagogen und auch weitsichtigen Organisator, der *„in etwa 30 Jahren unermüdlicher Tätigkeit in Halle zum allgemeinen Wohle der Armen, der Waisen, der heranwachsenden Jugend ein Lebenswerk geschaffen, das seinesgleichen sucht und soziale, kulturelle, pädagogische, geistlich-theologische und wissenschaftliche Impulse nicht nur in deutsche Lande und europaweit, sondern nach Übersee und bis nach Indien ausstrahlte."*

AUGUST HERMANN FRANCKE stammt aus Norddeutschland von der „Waterkant". Er wird am 22. März 1663 als vorletztes von sieben Kindern eines Thüringer Kirchenjuristen und einer Lübecker Bürgermeisterstochter in der Hansestadt LÜBECK geboren. Weil sein Vater als Hof- und Justizrat an den Hof des Fürsten

Ungeahnte Fernwirkung: AUGUST HERMANN FRANCKE (Gemälde aufgenommen 1958 von Jürgen Taegert im Haus Niemeyer in Hamburg)

ERNST DES FROMMEN von Sachsen-Gotha-Altenburg berufen wird, gelangt seine Familie nach GOTHA. Dort stirbt sein Vater, als AUGUST HERMANN sieben Jahre alt ist.

Bereits mit 15 Jahren erlangt der begabte Schüler nach intensivem Privatunterricht und Besuch des gut beleumdeten Gothaer Gymnasiums die Universitätsreife; er beginnt in ERFURT und KIEL das Studium der Theologie. Im Jahr 1685 wird er Magister und habilitiert sich in Hebräischer Grammatik, um an der philosophischen Fakultät in LEIPZIG biblisch-philologische Vorlesungen zu halten. Er gründet dort mit weiteren sieben Magistern ein „Collegium philobiblicum," einen Kreis, in dem man sich regelmäßig in lateinischer Sprache wissenschaftlich über die Auslegung von Bibeltexten unterhält.

Durch die Bekanntschaft mit PHILIPP JAKOB SPENER (1635-1705) lernt FRANCKE mit „Pia Desideria" – „Fromme Wünsche" das im Jahr 1675 verfasste Reformprogramm des lutherischen Pietismus kennen. Es prägt sich ihm tief und überzeugend ein.

SPENER beklagt den Zustand des gegenwärtigen Luthertums, das seinerzeit in dogmatischen Formeln erstarrt ist, und die geringe geistliche Ausstrahlung seiner Glieder und fordert eine lebendige Erneuerung. Statt verkopfter Lehre mahnt dieser Pietismus eine verinnerlichte „Herzensfrömmigkeit" an, verbunden mit praktischer christlicher Betätigung und enger Gemeinschaft der Glaubenden.

SPENER ruft die Anhänger eines solchen verinnerlichten Glaubens zur „Heiligung" des täglichen Lebens auf. Dazu gehört auch die bewusste Distanz zu weltlichen Vergnügungen. Erbauliche Versammlungen, bei denen ausdrücklich auch „Laien" mitarbeiten, sollen die Bibelkenntnis verbessern. Die Predigten im Gottesdienst sollen weniger auf das Glaubenswissen, als vielmehr auf die Erweckung und Erbauung des inneren Menschen ausgerichtet sein.

Durch Erweckung zum glutvollen tätigen Glauben

Ein persönliches Bekehrungserlebnis bestärkt FRANCKE, sich mit Leib und Seele dem Pietismus zu verschreiben: Als er im Jahr 1687 auf Vorschlag seines Onkels nach LÜNEBURG geht, um dort seine biblischen Studien zu vertiefen, gerät er bei einer Predigtausarbeitung über einen Text aus dem Johannes-Evangelium (Joh. 20,31) in eine existenzielle Krise.

In diesem Kapitel der Ostergeschichte, das vom Zweifel des Jüngers THOMAS erzählt, stolpert FRANCKE über das Wort des Evangelisten JOHANNES, die sieben großen Wundergeschichten in seinem Evangelium seien aufgeschrieben, *„damit ihr glaubt, das Jesus der Christus ist, der Sohn Gottes, und damit ihr durch den Glauben das Leben habt in seinem Namen."*

FRANCKE ist bestürzt und fragt sich selbstkritisch nach der Echtheit und Tiefe seines eigenen Glaubens. Nach acht Jahren Studium scheint ihm dieser Glaube unter den Fingern zu zerrinnen. Seine tiefen Zweifel, die sogar soweit gehen, dass er die Existenz Gottes und den Wahrheitsanspruch des Christentums infrage stellt, bringt er im Gebet vor Gott – und erlebt plötzlich eine „Antwort", eine völlige Wandlung. Überströmt von Freude und Gottvertrauen sind seine Zweifel wie hinweggefegt, *„wie man eine Hand umwendet".*

Seine Bekehrung trägt typisch neuzeitliche Züge: Bewegt von der Anfechtung des damals hervorbrechenden Atheismus und von der Erkenntnis über den Pluralismus der Religionen, erhält er Gewissheit durch eine persönliche göttliche Erfahrung.

Nun will FRANCKE auch der Welt einen lebendigen, aktivierenden und befreienden Glauben predigen. Und er will seinen ganz persönlichen Beitrag leisten, die Welt zu verwandeln durch die Verwandlung des Menschen.

Er findet über die Universitätsstudenten hinaus auch bei den Leipziger Bürgern rasch zahlreiche Anhänger. Doch gerät er mit seiner eher strengen Sittenpredigt bald mit der Obrigkeit in Konflikt, für die allein die überkommene Glaubenslehre lutherisch-orthodoxer Prägung zählt. FRANCKE muss LEIPZIG verlassen.

In ERFURT, wo er anschließend Pfarrer wird, ergeht es ihm ähnlich; die in der altlutherischen orthodoxen Lehre verharrende Gemeindeleitung setzt ihn ab. Zu diesen Konflikten trägt auch Franckes eher schroffe und angriffslustige, ja fast herrschsüchtig erscheinende energische Art bei.

So wird FRANCKE schließlich am 22. November 1691 Pfarrer an der eher ungeliebten St. Georgengemeinde von GLAUCHA, die unmittelbar an die alten Stadtmauern im Südwesten von HALLE angrenzt. Später übernimmt er auch die Ulrichskirche. Zugleich erhält er an der gerade vom brandenburgischen Kurfürsten FRIEDRICH III. gegründeten Universität HALLE eine Berufung zum Professor für Griechisch und orientalische Sprachen.

Hier an der Universität HALLE wirkt FRANCKE nun zusammen mit den zwei angesehenen Gelehrten CHRISTIAN THOMASIUS (1655-1728) und CHRISTIAN WOLFF (1679-1754). Der bekannte Jurist THOMASIUS, ein Wegbereiter der Frühaufklärung, war vehement für die Beendigung der Hexenprozesse eingetreten. WOLFF ist Universalgelehrter und Philosoph der Aufklärung. Diese drei Berufungen erweisen sich zumindest anfangs als Glücksfall: Binnen weniger Jahre entwickelt sich die Universität HALLE zur führenden Bildungsstätte der deutschen Aufklärung und des Pietismus.

Als im Jahr 1701 der preußische Fürst FRIEDRICH III. sein Kurfürstentum zum Königreich Preußen erhebt und er sich selbst zum König FRIEDRICH I. von Preußen krönt, entsteht eine weit reichende Symbiose von „Thron und Altar": Der König fördert großzügig die Kultur und Wissenschaft und hat stets auch ein offenes Ohr für die pädagogischen Einrichtungen, die AUGUST HERMANN FRANCKE ab der Jahrhundertwende in HALLE errichtet. Und andererseits:

Auch BERLIN und sein preußischer Herrschaftssitz profitieren vom fortschrittlichen Geist der Halleschen Pädagogik und einem wiederbelebten lutherischen Glauben, dessen Anhänger treu zum Königshaus stehen. Seitdem werden in ganz Preußen bevorzugt Hallesche Pädagogen und Theologen eingesetzt.

Doch zunächst kümmerte sich FRANCKE um seine arme und verelendete Pfarrgemeinde in GLAUCHA. Er empfindet sein Amt nicht als Entsendung in eine „Strafgemeinde", sondern als eine „Fügung Gottes". Dabei ist die Ausgangssituation für einen bekehrten Pietisten eher abstoßend.

Sein Vorgänger war wegen Ehebruchs und anderer Verfehlungen abgesetzt und inhaftiert worden. Und von den rund 200 Häusern des Ortes waren 37 Bierschenken und „Tanzhäuser", zu *„denen die Hallenser scharenweise zogen".* Ihren Lebensunterhalt verdienen die Einwohner hauptsächlich durch die Herstellung von Stärke und Branntwein sowie durch Bierausschank. So herrschte in Franckes Pfarrbezirk eine *„krasse Unwissenheit in Glaubensfragen und weitgehende sittliche Verwahrlosung".*

Zudem hatte in den Jahren 1681/82 die Pest in HALLE gewütet und viele Menschen dahingerafft. Auch die Einwohnerzahl Glauchas ist dramatisch von 1.200 auf 744 gesunken.

Außerdem haben zwei Stadtbrände das allgemeine Elend weiter vermehrt. So gibt es im Ort zahlreiche verwaiste Kinder; niemand kümmert sich um sie. Die bisherige lutherisch-orthodoxe Geistlichkeit predigt über die Köpfe der Betroffenen hinweg ihre „reine christliche Lehre" und bemüht sich nicht weiter um die Not der Menschen.

Diesen himmelschreienden Missstand empfindet FRANCKE als eine große Herausforderung, er beginnt sein bedeutendes Werk der tätigen Nächstenliebe in einer „konzertierten Aktion" aus klarer Predigt, eingehender Seelsorge und diakonischer Tätigkeit.

Von der Kanzel her versucht er, auf seine verwilderte Gemeinde moralisch einzuwirken und sie zur Änderung ihres Lebens zu bewegen. Im Alltag kümmert er sich sofort um die verwaisten Kinder: Er verschafft ihnen eine warme Mahlzeit; er entwirft Projekte, um sie zu erziehen und zu bilden, weil er der Überzeugung ist, dass eine zum Glauben erweckte, gebildete Persönlichkeit in der Lage ist, das Elend zu überwinden.

„Vier Taler und 16 Groschen" als Startkapital für einen Sozialkonzern

Zum Symbol seines Gottvertrauens angesichts eines scheinbar uferlosen Projektes wird eine kleine Spende von 4 Talern und 16 Groschen, die FRANCKE zu Ostern 1695 in der Kollekte seiner Kirche vorfindet. Zum Vergleich: Einem Arzt muss man für seinen ersten Besuch seinerzeit 1/2 Taler zahlen. Als Schulgeld muss ein Lateinschüler jährlich 2 Taler zahlen. Ein Pfund Rindfleisch konnte 1/10 Taler kosten, aber ein paar Damenschuhe einen ganzen Taler.

Nehmen wir also einmal an, ein Taler entspräche heute einem Wert von 50

Euro. Dann hat FRANCKE also jetzt einen „Grundstock" von etwa 250 € für seine Projekte. Ihn hat das ermutigt. Er schreibt später darüber:

"*Als ich dieses in die Hände nahm, sagte ich mit Glaubens-Freudigkeit: das ist ein ehrlich Capital, davon muss man etwas rechtes stiften; ich will eine Armen-Schule damit anfangen*".

So wird dieses wenige Geld tatsächlich zur inzwischen sagenumwobenen finanziellen Grundlage, mit der FRANCKE die konstruktive Phase einer umfassenden Bautätigkeit beginnt. Noch im gleichen Jahr (!) 1695 kann er eine Armenschule eröffnen, Daraus erwachsen bald weitere schulische Einrichtungen, so die Lateinschule, die noch heute nach mehr als 300 Jahren fortbesteht und jetzt den Namen „Landesgymnasium Latina August Hermann Francke" trägt.

Für Schüler aus zahlungskräftigeren Häusern entstehen damals auch das „Königliche Pädagogium" für die Knaben und das „Gynäceum" für die Mädchen. Hier werden seinerzeit auch Studenten der Universität zum Unterricht herangezogen und verdienen sich auf diese Weise ihren eigenen Unterhalt. Das nachdenkenswerte Hallesche Bildungskonzept, das an diesen Schulen vertreten wird, könnte man in einer kurzen Formel so darlegen:

„Persönlichkeit durch Glauben, Erfolg durch Bildung."

Bereits im Juli 1698 kann FRANCKE den Grundstein für sein meist erstrebtes Projekt legen: zum Bau des Waisenhauses. Ein großzügiges Geldgeschenk des Königshauses dient als Starthilfe; ein kurfürstlich-preußisches Privileg garantiert dem Projekt die juristische Grundlage und gewährt Steuervergünstigungen. Bereits drei Jahre später kann der stattliche Bau, den einige Kritiker damals zunächst als überdimensioniert empfinden, eingeweiht werden. Eine angebrachte Holzplatte mit goldener Aufschrift soll an den Stifter und seine Motivation erinnern:

Fremdling! was du erblickst
hat Glaube und Liebe vollendet.

Ein noch nie dagewesener kirchlicher Sozial-Konzern: Die Franckeschen Stiftungen im Jahr 1749

Ehre des Stiftenden Geist, glaubend und liebend wie Er.

Viele Menschen sind durch diese Einrichtungen als Schüler gegangen, die es später zu bedeutsamem Ruf brachten.

Anschließend entstehen weitere Einrichtungen und Wirtschaftsunternehmen, z.B. auf dem Gebiet der Land- und Forstwirtschaft, welche die Versorgung der Waisenkinder, Schüler, Studenten und Mitarbeiter sicherstellen sollen. Im Jahr 1698 nehmen die Buchdruckerei und drei Jahre später der Waisenhausverlag ihre Arbeit auf. Sie verlegen und drucken neben den religiösen Schriften Franckes und Speners auch Werke anderer Pietisten.

Schon im Jahr 1700 können auf der Leipziger Herbstmesse Druckerzeugnisse des Waisenhauses im Wert von 4.582 Talern verkauft werden. Kurz darauf kann in BERLIN die erste Buchfiliale in Anwesenheit Franckes eröffnet werden, weitere Filialen entstehen in LEIPZIG und FRANKFURT am Main. Im Geschäftsjahr 1717 erbringen die Reingewinne aus dem Verlags- und Buchgeschäft 2.500 Taler jährlich für den Unterhalt des Waisenhauses!

Im Jahr 1700 wird das Hauptgebäude am Franckeplatz vollendet. Es zeigt an der Giebelfront zwei Adler, die auf die

Gott lebt noch: Adlermotiv und Jesajaspruch am Haupthaus von „Franckens Stiftungen"

Sonne zufliegen. Ein reliefartiges geschwungenes Banner trägt den Leitspruch von AUGUST HERMANN FRANCKE aus dem Profeten Jesaja 40,31:

„Die auf den Herrn harren, kriegen neue Kraft, dass sie auffahren mit Flügeln wie Adler, dass sie laufen und nicht matt werden, dass sie wandeln und nicht müde werden."

Mission nach innen und außen

Ein konsequentes, bahnbrechendes Werk ist seit dem Jahr 1710 das Unternehmen der „Cansteinschen Bibelanstalt", die durch geringe Preise den Erwerb einer eigenen Bibel auch für arme Menschen ermöglichen soll. Ein modernes Druckverfahren mit einem wiederverwendbaren stehenden Drucksatz ermöglicht ein wesentlich kostengünstigeres Arbeiten.

Zwei Jahre später kann die erste Ausgabe des Neuen Testaments zum sensationellen Preis von 2 Groschen, vergleichsweise 2 €, erscheinen, die ganze

Bibel ist für anfangs 6, später für 10 Groschen erhältlich. Eine moderne Waisenhaus-Orthographie sorgt für die Förderung der deutschen Sprachkultur.

Franckes Vorstellungen von einem weltweiten Heilsangebot des Christentums erfüllt die Druckerei des Waisenhauses, indem sie Druckschriften durch Weltreisende auch in MOSKAU und sogar in Sibirien und anderen Gebieten Russlands verteilen lässt. Auch Zar PETER DER GROßE wird so auf Franckes Reformwerk aufmerksam und schickt Abgesandte nach Preußen, um an Ort und Stelle Erfahrungen zu sammeln. So lässt FRANCKE im Jahr 1703 für seine Waisenhausdruckerei sogar kyrillische Drucktypen anschaffen und erlernt selbst die russische Sprache.

Als Professor für orientalische Sprachen an der Universität geht sein Blick auch zu den orientalischen Nationalkirchen, wie z. B. der koptischen, äthiopischen und armenischen. FRANCKE will auch sie im Geiste eines bibelorientierten Christentums erneuern. Im Jahr 1720 kann eine hebräische Bibelausgabe auch für den wissenschaftlichen Gebrauch veröffentlicht werden. In Franckes „Collegium orientale theologicum", dem ersten wissenschaftlichen Institut auf deutschem Boden, lernen zwölf sprachbegabte Studenten neben Hebräisch auch die orientalischen Sprachen Chaldäisch, Syrisch, Samaritisch, Arabisch und Äthiopisch.

Nachdem das pietistische Wirken auch in Westeuropa Aufmerksamkeit erregt hatte, war es auch am Ende des 17. Jahrhunderts in der Anglikanischen Kirche zu Erneuerungsbestrebungen gekommen, die dem deutschen Pietismus ähnelten. So erscheinen Franckes Schriften nun auch in englischer Sprache. Es kommen so viele junge Engländer zur Ausbildung nach HALLE, dass die Unterbringungsmöglichkeiten auf dem Gelände der Waisenhausanlage erweitert werden müssen. Deshalb wird dort im Jahr 1711 das „Englische Haus" errichtet.

Auch auf die nordamerikanischen Kolonien dehnt sich der Einfluss des Halleschen Pietismus aus. Nach dem Vorbild des Waisenhauses in HALLE werden dort ähnliche Einrichtungen gegründet und geführt. Finanzielle Zuwendungen aus Übersee für HALLE sind keine Seltenheit.

Geradezu spektakulär verläuft dann Franckes internationales Projekt einer indischen Mission. FRANCKE erfüllt ein Ersuchen des dänischen Königs FRIEDRICH IV. (1671-1730) und entsendet zwei fähige junge Theologen über Kopenhagen nach Indien, BARTHOLOMÄUS ZIEGENBALG (1682-1719) und HEINRICH PLÜTSCHAU (1677-1746). Sie erlernen vor Ort die malabarische Landessprache und beginnen, nach Halleschem Vorbild das erste evangelische Missionswerk aufzubauen. Es entstehen Schulen, auch für Mädchen, ein absolutes Novum in diesem Lande! Die heutige Evangelisch-lutherische Tamilenkirche geht auf Franckes Missionsbestrebungen zurück.

Eine Naturaliensammlung für Unterrichtszwecke stellt in HALLE viele exotische Fundstücke aus aller Welt zur

Schau. Internationales Schrifttum mit Erfahrungen aus aller Herren Länder sammelt sich auch in der riesigen Bibliothek, die FRANCKE einrichten lässt.

Die Franckeschen Anstalten beschäftigen sich auch mit dem Gesundheitswesen. Bereits im Jahr 1701 gelingt dem von FRANCKE gewonnenen Arzt und Apotheker CHRISTIAN FRIEDRICH RICHTER (1676 - 1711) die Herstellung der „Essentia dulcis Hallensis"; sie wird wegen ihrer Bestandteile, aber auch wegen ihres einträglichen Erfolges „Goldtinktur" genannt. RICHTER gab an, dass sie aus einem im Weingeist aufgelösten feinen purpurroten Golde bestehe, was aber von Kritikern und Neidern bezweifelt wurde. Dieses begehrte Medikament dient seinerzeit als Heilmittel gegen Entzündungen aller Art, Krämpfe und Epilepsie. Die Basisstoffe kommen aus Übersee.

Regelrechte „Medikamentenexpeditionen" bringen dem Waisenhaus beachtliche finanzielle Gewinne und lassen die Hallesche Apotheke zu einer sehr profitablen Einrichtung werden. Auch als Händler für Gold, Silber, Kupfer, Kaffee, Wein, russischen Kaviar und türkische Teppiche betätigt sich dieser Sozialkonzern mit seinen internationalen Beziehungen.

Sowohl solche selbst erwirtschafteten Mittel, als auch reichlich eingehende Spenden ermöglichen den Bau weiterer mächtiger Gebäude. So entstehen u.a. im Jahr 1709 ein dreistöckiger Fachwerkbau für Waisenmädchen und die Mädchenschule und ab 1711–1713 der Neubau des Pädagogiums. Im Jahr 1715 kann sogar ein Brauhaus in Betrieb genommen werden.

Das größte Gebäude der Anstalten mit sechs Eingängen, zugleich der größte Fachwerkbau Europas, wird das sechsgeschossige „Lange Haus" zur Unterbringung der wachsenden Zahl von Schülern. Im Jahr 1721 beginnt ferner der Bau eines Krankenhauses, das Waisenkinder, mittellose Schüler und Studenten aufnehmen soll.

Zwischen 1726 und 1728 entsteht das moderne Bibliotheksgebäude, welches heute als der älteste noch existierende Bibliothekszweckbau Deutschlands gilt. Seine „Kulissenbibliothek" nach englischem Vorbild kann bei Führungen bestaunt werden.

Im Todesjahr Franckes 1727 werden 1.725 Kinder von 106 Lehrern an den deutschen Schulen unterrichtet, 400 Schüler an den lateinischen Schulen von 32 Lehrern und drei Inspektoren und 82 Zöglinge am Pädagogium Regium von 27 Lehrern und einem Inspektor. Im Waisenhaus sind zu dieser Zeit 100 Jungen und 34 Mädchen mit zehn Erziehern untergebracht. An den Freitischen werden damals täglich 255 Studenten und 150 arme Schüler verpflegt. Zusammen mit den Mitarbeitern in den Wirtschaftseinrichtungen bieten die Stiftungen zu dieser Zeit Raum für über 3.000 Personen, von denen viele voll versorgt werden müssen.

Am Ende des 240 m langen Lindenhofes, an dem sich beidseitig die historischen Gebäude aufreihen, steht seit

Geschaffen vom königlichen Hofbildhauer CHR. DANIEL RAUCH: Francke als Kinderfreund, Denkmal in Halle 1829

dem Jahr 1829 das bekannte Denkmal für den Schöpfer dieses beeindruckenden barocken Gebäude-Ensembles. CHRISTIAN DANIEL RAUCH (1777-1857), einer der bedeutendsten und meist beschäftigten Bildhauer des Klassizismus, hat die Bronze-Skulptur geschaffen. Sie zeigt AUGUST HERMANN FRANCKE, zwischen einem Knaben und einem Mädchen stehend, im Gestus eines Übervaters, der die Kinder auf Gott verweisen will. Auf dem von KARL-FRIEDRICH SCHINKEL geschaffenen Sockel findet sich die Inschrift: *"Er vertraute Gott."*

Franckes „Pädagogium regium" als Vorbild für Putbus

Kehren wir nach diesem Überblick über das Entstehen und dynamische Wirken des Halleschen Pietismus nach PUTBUS zurück. Das Pädagogium, das Fürst MALTE hier errichten will, soll nach dem Vorbild des „Pädagogium regium" in HALLE entstehen. FRANCKE hatte diese Einrichtung im Jahr 1697 als Krone seiner Anstalten für die Unterrichtung von Kindern der Oberschicht aus Adel und vermögenden Bürgerhäusern zur Vorbereitung auf das Universitätsstudium aufgebaut. Diese Schule in HALLE war zu einer der berühmtesten protestantischen Gelehrtenschulen im 18. Jh. geworden und diente in der Folgezeit als Modell für 10 weitere Anstalten dieses elitären Zuschnitts in ganz Deutschland.

Diese „Pädagogia" sollten nach dem Willen ihres ersten Schöpfers einen vierfachen Zweck erfüllen, nämlich *„die Jugend in der wahren Gottseligkeit, in nötigen Wissenschaften, zu einer geschickten Beredsamkeit und zu äußerlich wohlanständigen Sitten erziehen"*. Der Lehrplan war weitgehend dem der „Lateinischen Schule" gleich, die auch Kinder aus anderen Schichten besuchen konnten. Der hauptsächliche Unterschied zwischen den Schularten betraf die Kosten und den Sachaufwand.

Breiten Raum nahm das Erlernen der griechischen, lateinischen und hebräischen Sprache ein, doch auch die Beschäftigung mit den „Realien" hat ihren wichtigen Platz. Ein Ballspielplatz und

„Hortus medicus" in Halle: Die Jugend an die Naturerkenntnis heranführen (Zeichnung 1720)

ein „Hortus Medicus", also ein Garten, der die Jugend an die Naturerkenntnis heranführen soll, ergänzen in HALLE die Konzeption dieser Einrichtung, die nun auch Modell für PUTBUS werden soll.

Fürst MALTE zu Putbus hatte sich mit FERDINAND HASENBALG und FRANZ ANTON NIEMEYER bewusst zwei pädagogische und kirchliche Fachleute als Berater gesucht, die in direkter Nachfolge der Franckeschen Pädagogik standen und ihre Ideen nun vier Generationen später in einer veränderten Zeit umsetzen sollen.

Im Einvernehmen mit dem Kirchlichen Konsistorium hatte Fürst MALTE, der von Amts wegen auch Kanzler der Greifswalder Universität war, den Ur-Ur-Enkel von AUGUST HERMANN FRANCKE, FRANZ ANTON NIEMEYER, im Jahr 1823 zur Leitung des juristischen Lehrstuhls nach GREIFSWALD rufen lassen.

Beide zusammen, HASENBALG als Pädagoge, und NIEMEYER als gebildeter juristischer Praktiker mit seinen weitreichenden Verbindungen zum Adel, zu Kauf- und Finanzleuten und zum Königshaus, helfen dem Fürsten, sein ehrgeiziges Schulprojekt auf der Insel RÜGEN umzusetzen. Die Finanzierung erweist sich in der Praxis dann aber als doch sehr schwierig. Denn die preußischen Behörden begegnen diesem Vorhaben der Elitebildung zwar mit Wohlwollen, bedauern aber, keine Mittel zur Verfügung stellen zu können.

So rät NIEMEYER im Jahr 1830 dem Fürsten, sich direkt an das preußische Königshaus zu wenden, mit dem Niemeyers Hallesches Elternhaus ja persönliche Verbindungen hatte. MALTE solle dem König dieses Projekt anbieten; er könne sich damit als „Patron" profilieren. Nebenbei solle der Fürst aber als „Köder" anbieten, den Bau der als notwendig erachteten Gebäude selbst zu finanzieren. Den Staat wiederum solle er bitten, die Bezahlung der Lehrergehälter zu übernehmen. Dieser Ratschlag erweist sich als vorausschauend und klug.

Die Bauarbeiten für das großzügige Projekt können tatsächlich schon im Jahr 1833 beginnen. Sie überzeugen den preußischen König von der Ernsthaftigkeit des Ansinnens von Fürst MALTE. So erklärt der Monarch sich im Jahr 1835 tatsächlich bereit, das Patronat der Lehranstalt zu übernehmen. Und er schießt sogar zu den Baukosten von 30.000 Talern, die ja eigentlich Fürst MALTE allein übernehmen wollte, die Hälfte dazu. Auch die andere Hälfte der Kosten wird dem Fürsten honoriert: Der Fürst darf nach eigenem Ermessen „Freistellen" auf Kosten des Königshauses an hoffnungsvolle Kandidaten vergeben.

Bereits im Jahr 1836 kann das großzügig gebaute „Pädagogium", das nun ehrerbietig nicht mehr „fürstlich" sondern „königlich" genannt wird, eingeweiht werden. Es wird dem kirchlichen Konsistorium der Provinz Pommern unterstellt, dem FRANZ ANTON NIEMEYER als Direktor vorsteht. Aufsicht führt ein Kuratorium unter Leitung des Fürsten. Als jährliches Schulgeld müssen die Bessergestellten einen Betrag von 200 Taler aufbieten.

Das Alumnat kann zunächst maximal 60 Schüler aufnehmen, davon die Hälfte auf „Beneficiatenstellen"; das sind Plätze für minderbemittelte Schüler, die nur 80 Taler an Kost- und Schulgeld zu entrichten haben.

Das neue Pädagogium erregt großes Aufsehen und wird ein Erfolg. Im ersten Jahr sind zwar „nur" 37 Schüler eingeschrieben; ihre Zahl steigert sich aber stetig auf schließlich durchschnittlich 150 Schüler, davon sind etwa die Hälfte im Alumnat untergebracht. Die Mehrzahl der Schüler stammt von der Insel Rügen und aus der übrigen Provinz Pommern.

Andere kommen aus Mecklenburg, BERLIN oder anderen deutschen Städten.

Nach guter Hallescher Tradition hat Fürst MALTE dem Pädagogium seine rund 10.000 Bände umfassende Bibliothek vermacht; sie wird aber leider zu Weihnachten 1865 bei einem großen Schlossbrand ein Raub der Flammen.

FERDINAND HASENBALG ist der erste Direktor dieser neuen Einrichtung, ihm werden zwei Oberlehrer, vier Adjunkten und drei technische Lehrer zur Seite gestellt. Damit nimmt das Schicksal für unsere Vorfahren seine ganz eigene Wendung. Denn Fürst MALTE gibt, wie oben schon angedeutet, dem jungen WILHELM TÄGERT die Chance, sich in dieser inzwischen gut eingeführten schulischen Einrichtung auf der Insel RÜGEN zu bewähren.

Der Fürst überträgt WILHELM 1853 vertretungsweise für ein halbes Jahr eine dieser vier Adjunkten-Stellen, die eigentlich erst Lehramtsanwärtern nach dem Probejahr vorbehalten waren.

Bewährungszeit für Junglehrer Wilhelm Tägert: Unter Obhut von Fürst MALTE am Pädagogium PUTBUS (Lithografie 1839)

Damit hat der junge Lehrer WILHELM TÄGERT erstmals auch eigene ordentliche Einkünfte: Mit Einberechnung freier Station erhält er als Vergütung während des Probejahrs einen Gesamtbetrag von 600 Talern, das entspricht nach heutigem Wert Einkünften von etwa 1.500 € im Monat. Davon kann er als Single schon ganz gut leben.

Der „Francke-Hype" wird zum Schicksal

So ist es letztlich die Fernwirkung der Arbeit des Gründers der Halleschen Anstalten AUGUST HERMANN FRANCKE selbst, die hier für alle damals Beteiligten auf originelle Weise zum Schicksal wird.

Nicht nur, dass ja schon der Schwenk der Berufs- und Lebensrichtung im Jahr 1784 vom damaligen Hallenser Theologen THEOPHIL PIPER beeinflusst gewesen war, als JÜRGEN JOCHIM TÄGER vom Schuhmacherhandwerk zur Pädagogik wechselte (vergl. das Büchlein „Vom Tropfhäusler ..."). Sondern durch die großzügige Entscheidung des Fürsten von PUTBUS kommt es gleich mehrfach zur erneuten Berührung und Einflussnahme durch diese Geistesrichtung Hallescher Theologie und ihrer Vertreter. Wie wir sahen, waren ja alle drei Initiatoren des Putbuser Pädagogiums durch Franckes Schule in HALLE geprägt. Sie folgten der Halleschen Pädagogik, die inzwischen überall in Deutschland ihren festen Platz hatte und auch auf dem neuen Pädagogium in PUTBUS in einen ordentlichen Lehrplan umgegossen worden war.

Dazu verschoss aber auch Amor seine Pfeile, die nun den Junglehrer WILHELM TÄGERT trafen. Es ging um nicht weniger als die aparte Tochter seines obersten Chefs, der das kirchliche Konsistorium der Provinz Pommern leitete und dem auch das Pädagogium in Putbus unterstand, FRANZ ANTON NIEMEYER. Diese Tochter entstammte ja durch die Abkunft ihres Vaters der direkten Linie von AUGUST HERMANN FRANCKE.

Mit ihrer Geburt und der Bekanntschaft zu WILHELM TÄGERT hatte es folgende Bewandtnis:

Nachdem Niemeyers erste Ehefrau LUISE, geb. MITGAU, nach nur siebenjähriger Ehe im Alter von erst 33 Jahren im Kindbett ihres sechsten Kindes verstorben war, hatte der Witwer drei Jahre später, im Jahr 1825, in zweiter Ehe GABRIELE V. HASELBERG, die Tochter des Greifswalder Oberappellationsgerichtspräsidenten PETER GABRIEL V. HASELBERG, geheiratet. FRANZ ANTON und GABRIELE NIEMEYER hatten miteinander drei weitere Kinder, unter ihnen die hübsche Tochter FRIEDERIKE, die am 4. Oktober 1833 in GREIFSWALD geboren war. Sie war in der Nikolaikirche unter der Assistenz von Küster PAUL TÄGERT, dem Vater von WILHELM, auf den Namen FRIEDERIKE ERNESTINE LEOPOLDINE NIEMEYER getauft worden.

WILHELM TÄGERT war zu der Zeit knapp 3 Jahre alt. Die beiden kannten sich also aus ihrer Kindheit. Sie waren dann womöglich sogar in den Unterklassen der Greifswalder Bürgerschule beieinander, wo Wilhelms Vater bis zu seinem allzu frühen Tod 1840 als zweiter Lehrer tätig war.

Doch zu dieser frühen Zeit hatte man wohl weder ein Auge, noch Zeit und Interesse füreinander. Auch trennte die beiden ja nicht nur der Alters-, sondern auch der große Standesunterschied. WILHELM ist schließlich „nur" Küster- und Lehrersohn, während FRIEDERIKE immerhin die Tochter eines Universitätsprofessors und Konsistorialrats mit einem ellenlangen bedeutsamen Stammbaum noch über AUGUST HERMANN FRANCKE hinaus bis zu Nachkommen LUTHERS ist. Und ihre Mutter GABRIELE

Schwedischer Adel: Friederike Tägerts Mutter GABRIELE NIEMEYER, geb. V. HASELBERG, als Witwe (Daguerreotypie wohl nach 1867)

V. HASELBERG kommt aus dem Adel. Ihrem Vater PETER und seinem Bruder LORENZ hatten die Schweden im Jahr 1810 den Adelstitel verliehen. Leider haben wir ein Bild von dieser Mutter Friederikes erst aus der Zeit nach ihrer Verwitwung 1867, da die Fotografie damals noch in den Kinderschuhen steckte.

Inzwischen ist diese FRIEDERIKE fast 20 Jahre alt. Und der in seiner äußerlichen Erscheinung wegen seiner Körpergröße imposante, gut aussehende WILHELM TÄGERT, der schon länger ein Auge auf sie geworfen hat, wagt es nun, im Besitz erster eigener Einkünfte in einem aussichtsreichen Beruf, um ihre Hand anzuhalten. Sein Werben bleibt bei dieser gebildeten „höheren Tochter" und ihren Eltern nicht ohne Erwiderung.

Vater FRANZ ANTON, der zukünftige Schwiegervater, wird zugleich auch ein wohlmeinender Vaterersatz für den früh verwaisten WILHELM. Er akzeptiert den jungen Mann, der sich bis dahin weitgehend allein, aber zielstrebig durchs Leben geschlagen hat.

In der damaligen Zeit überstürzt man solche weitreichenden Entscheidungen wie das Heiraten natürlich nicht. WILHELM steht ja mit seinen 22 Jahren noch ganz am Anfang seines Berufsweges; und es gilt ja immer auch, die Zukunftsaussichten und Standesinteressen mit abzuwägen. WILHELM will also erst einmal beweisen, dass er dieser Braut auch würdig ist.

Ein Prüfstein für die junge Liebe

Und so vergehen noch einige Jahre, in denen WILHELM TÄGERT sich nun, nach seinem erfolgreichen Probejahr, das er je zur Hälfte am Greifswalder Gymnasium und im Pädagogium in PUTBUS absolviert hat, zunächst als Lehrer, dann als Oberlehrer im fernen CÖSLIN-KÖSLIN seine Sporen verdient. Auch will er dem Schwiegervater in spe seine Tüchtigkeit beweisen, er strebt seine Promotion an.

Zwischen Greifswald und Köslin

Die preußische Regierung hat WILHELM zu Ostern des Jahres 1854 auf seine erste „richtige" Stelle als Lehrer an das „Königliche und Stadtgymnasium mit Realschule" nach KÖSLIN berufen. Diese heute noch bestehende Schule war damals ein reines Jungengymnasium und für den gesamten Einzugsbereich der preußischen Provinz Pommern östlich der Oder zuständig. Der neu eröffnete Realschulzweig gibt seinerzeit dem Junglehrer WILHELM TÄGERT die besondere Gelegenheit, sein Können und seine persönlichen Interessen in den naturwissenschaftlichen Fächern zu beweisen.

Doch dieser Ortswechsel von GREIFSWALD nach KÖSLIN wird zugleich zu einem harten Prüfstein für die junge Liebe. Denn immerhin liegen jetzt über 300 km zwischen beiden Verlobten. Wenn sie sich sehen wollen, müssen sie einige Reisestrapazen auf sich nehmen.

Der slawische Name ‚po more' bedeutet „Land am Meer". Das traf für die Lage dieser hübschen Stadt, die heute KOSZALIN heißt und in Polen liegt, zu; sie liegt tatsächlich, geschützt von einer Nehrung, an der Ostsee, die WILHELM von Kindesbeinen an vertraut ist. Die landschaftlich reizvolle Lage und das prächtige barocke Ortsbild trösten aber über die Entfernung nicht hinweg.

Zwar ist das Reisen zu dieser Zeit nicht mehr so zeitaufwendig, wie noch 70 Jahre zuvor, als Wilhelms Urgroßvater JÜRGEN JOCHIM TÄGER von TRIPKAU nach GREIFSWALD aufbrach; da schaffte die Postkutsche noch nicht mehr als 20—30 km pro Tag. Bei einem so gemächlichen Tempo wäre WILHELM jedesmal mindestens 10 Tage lang unterwegs gewesen, um seine Braut zu sehen. Das wäre also allenfalls in den großen Ferien möglich gewesen. Jetzt ging es auch mit der Post schon um einiges schneller.

Allerdings ließ die eigentliche bahnbrechende Erfindung für den Straßenverkehr, die sich dem schweizerischen Arzt ERNEST GUGLIELMINETTI verdankt, nämlich die Straßen zu teeren und damit staubfrei und eben zu machen, noch weitere 50 Jahre auf sich warten. Doch auf zumindest befestigten und dank mi-

Ein harter Prüfstein für die junge Liebe: Über 320 km, oder drei Tagesreisen mit der Postkutsche von KÖSLIN nach GREIFSWALD! Die hier bereits eingezeichnete Eisenbahn wird gerade erst gebaut und in den hier angegeben Jahren zwischen 1843 und 1867 eingeweiht.

litärstrategischer Überlegungen verbreiterten, zum Wind- und Sonnenschutz mit Alleebäumen überrankten Straßen erzielten die immer noch pferdebespannten Postkutschen enorme Tempogewinne und schafften jetzt rd. 100 km an einem Tag.

Doch selbst diese höhere Geschwindigkeit bedeutete, von KÖSLIN nach GREIFSWALD immer noch drei Tagereisen unterwegs zu sein und dazu die Notwendigkeit, zwei unbequeme und kostspielige Übernachtungen in Zwischenstationen in Kauf zu nehmen. Hoffnung auf ein noch rascheres Vorankommen gibt aber nun die Eisenbahn.

Erwartungen und Ängste bei der ersten Nutzung der Eisenbahn

Bereits am 7. Dez. 1835 hat die private „Ludwigs-Eisenbahn-Gesellschaft" auf der Linie von NÜRNBERG nach FÜRTH für das staunende Publikum den ersten deutschen Eisenbahnverkehr mit Dampfkraft für den Personen- und Güterverkehr eröffnet. Die Passagiere lassen sich berauschen von der Geschwindigkeit von bereits 65 km/h, mit der diese ersten Züge dahinrasen; sie achten nicht der Risiken und Nebenwirkungen, die ihnen manche Mediziner und Eisenbahnkritiker prophezeien. Meldungen von spektakulären Unfällen halten die Welt seitdem immer wieder in Atem.

Es ist der preußische Prinz FRIEDRICH WILHELM, der nachmalige „99-Tage-Kaiser", der im Jahr 1851 persönlich in das erste schwere Eisenbahnunglück verwickelt wird, das den deutschen Personenverkehr trifft und bei dem Menschenleben zu beklagen sind. Der Prinz studiert zu dieser Zeit Jura in BONN. Er war zu Jahresanfang auf der vier Jahre zuvor eröffneten Stammstrecke der Köln-Mindener Eisenbahngesellschaft über HANNOVER weiter nach BERLIN gefahren, um an den Feierlichkeiten zum 150. Jubiläum des preußischen Königtums teilzunehmen. Am Abend des 20. Januar hatte er vom Anhalter Bahnhof in BERLIN aus die Rückreise angetreten, war die Nacht über durchgefahren und hatte in MINDEN den Zug gewechselt.

Der Prinz reist nun mit hohen Offizieren zusammen weiter und sitzt im vierten Wagen des Zuges in einem reservierten Abteil. Der Zug wird von einer Stevenson-Dampflok mit Namen „Gütersloh" gezogen. Sie ist von ähnlichem Typ wie der Nürnberger „Adler" und verfügt zwischen zwei kleineren Laufrädern pro Seite nur über eine angetriebene Achse. Um eine höhere Leistung zu erzielen, hat man sie aber, bei gleichem Radstand, mit einem längeren Kessel versehen. Das erweist sich aber nun als fataler Fehler, denn einem Pendel gleich kann die Lok bei höherem Tempo ins Schlingern kommen.

In den insgesamt 10 Wagen sind viele Reisende unterwegs, darunter etliche Besucher einer Pferdeauktion. Als der Zug hinter BIELEFELD auf freier Strecke seine Höchstgeschwindigkeit von wohl über 70 km/h erreicht, bringt die Unwucht der einzigen Treibachse die

Der zukünftige Kaiser kommt glimpflich davon: Eisenbahnunglück bei BIELEFELD 1851 als nicht ganz korrekte Zeitungslithographie

Lok gefährlich ins Schwanken und lässt sie schließlich entgleisen. Sie stürzt die Böschung des Bahndamms hinab und reißt den Tender und zwei weitere Wagen mit. Der Lokführer und sein Heizer werden unter den Fahrzeugen begraben und erdrückt, ebenso, als drittes Todesopfer, der amerikanische Botschafter, der im ersten Wagen saß und sich auf der Heimfahrt zu seiner Hochzeitsreise befand.

Der vierte Wagen mit den „hohen Herrschaften" an Bord ist auch umgestürzt, aber zum Glück auf dem Bahndamm liegengeblieben. Die übrigen Wagen hatte der Zugführer mit einem kräftigen Ruck an der Handbremse abreißen lassen und zum Stehen bringen können.

Der Prinz kann sich mit seinen Gefährten durch das Fenster nach oben aus dem zertrümmerten Fahrzeug befreien. Er blutet stark am Kopf, aber scheint sonst unverletzt.

Die königliche Familie atmet auf. Sie lässt mit Gottesdiensten in ganz Preußen für die Errettung ihres Sohnes danken und stiftet der neu gebauten Martin-Luther-Kirche von GÜTERSLOH, die nahe am Unglücksort liegt, einen aus Zinn gegossenen Taufengel.

Dank für Bewahrung beim Eisenbahnunglück: Taufengel für die Lutherkirche GÜTERSLOH

In der Folgezeit gehen immer wieder Meldungen von Zugunglücken durch die Presse und verstärken die Angst vieler Reisender vor dem neuen Verkehrsmittel. Noch eine Generation später lässt THEODOR FONTANE mit seiner Ballade „Die Brücke am Thay" Leser und Hörer erschauern, um vor dem Fluch der Technik zu warnen: Er schildert in hintergründigen Szenenwechseln den Absturz eines ganzen Zuges im Sturm mit der zusammenbrechenden Brücke des Firth of Thay und stilisiert dieses Unglück gar hoch zu einem Menetekel des Fortschrittswahns – „Tand, Tand ist das Gebilde von Menschenhand".

Doch lassen sich die Bahn-Enthusiasten von solchen Schreckensnachrichten nicht beeindrucken. Auch erkennen die Regierungen, insbesondere Preußen mit seinem Generalstabschef HELMUT VON MOLTKE an der Spitze, bald den strategischen Nutzen der Bahn für die moderne Kriegsführung: Große Truppenkontingente mitsamt Material lassen sich so rasch über enorme Distanzen hinweg verlegen. Bereits im zweiten Jahr der Märzrevolution 1848/49 hatte Preußen, wie oben berichtet, einen ersten „erfolgreichen" Eisenbahntransport seiner Truppen nach Südwestdeutschland durchgeführt, um die badischen und pfälzischen Revolutionäre niederzuschlagen. Auch die strategischen Erfolge Preußens mit seinen Verbündeten gegenüber Österreich samt Bayern auf der anderen Seite im Jahr 1866 im letzten Bruderkrieg der Deutschen sind damals in hohem Maße den raschen Eisenbahntransporten der Truppen und des Materials zu verdanken.

Stettiner Bahnhof im Norden Berlins, bereits im Jahr 1843 eröffnen können. Doch diese Linie nutzt WILHELM TÄGERT vorerst wenig, denn der geplante Weiterbau der Geleise östlich der Oder nach DANZIG erreicht KÖSLIN erst im Jahr 1859, also sechs Jahre, nachdem er dort seine Stelle angetreten hat.

Hoffnungsträger Eisenbahn: Personenzug bei KÖSLIN am Gollenbergdurchstich nach der Einweihung 1859, Gemälde 1909

Doch nicht nur für die Militärs und die Regierungen und die boomende Wirtschaft, sondern auch für das breite Publikum wird das bequeme Bahnreisen immer interessanter. Obwohl die Fahrpreise wegen der von weither heranzuschaffenden Kohle horrend sind, sprießen rasch überall solche Eisenbahngesellschaften aus dem Boden und werben bei den Bessergestellten für den Erwerb von Anteilen zum Bau immer weiterer Strecken. Eine solche Trasse hat in Preußen auch die Berlin-Stettiner Eisenbahngesellschaft, ausgehend vom neuen

Der westliche Zweig über PASEWALK nach GREIFSWALD kann erst ab dem Jahr 1863 befahren werden. Die fehlende Verbindungsspange von 40 km zwischen beiden Strecken von Pasewalk nach Stettin wird noch vier Jahre später fertig.

So muss WILHELM noch einige Zeit regelmäßig die aufwendige Kutschenfahrt auf sich nehmen, um seine Braut zu sehen und bei seinem Doktorvater in GREIFSWALD vorzusprechen. Im Jahr 1857 wird er als 27-Jähriger zum Dr. phil. promoviert.

Musiklehre beim damaligen Meister der Balladen CARL LOEWE in Stettin

WILHELM nutzt die Gelegenheit seiner regelmäßigen Postkutschenreisen nach GREIFSWALD, die ohnehin mit der Notwendigkeit zur Übernachtung verbunden sind, um sich bei Stettins berühmten Musikdirektor CARL LOEWE (1796-1869) musikpädagogisch ausbilden zu lassen. Im Jahr seiner Promotion 1857 holt er bei LOEWE die Prüfung für die Lehrbefähigung zur Erteilung des Gesangsunterrichts am Gymnasium nach.

LOEWE, Sohn eines Kantors und Organisten aus LÖBEJÜN bei KÖTHEN und hochmusikalischer Sproß einer alten Theologenfamilie, galt in seiner Zeit als einer der begabtesten, geistig bedeutendsten und vielseitig gebildetsten unter den deutschen Tonkünstlern. GOETHE zog ihn als Liedvertoner BEETHOVEN vor; sein „Erlkönig" oder „Zauberlehrling" ragen unter Loewes rd. 400 vertonten Balladen noch heute besonders heraus, daneben werden auch „Heinrich der Vogler" nach JOH. NEP. VOGL, „Die Uhr" von JOH. GABR. SEIDL oder „Archibald Douglas" von THEODOR FONTANE immer wieder gern gesungen und gehört.

Doch stellen diese Balladen, die damals als Sensation betrachtet wurden und für deren Schöpfung LOEWE berühmt war, nur einen kleinen Ausschnitt seines umfangreichen musikalischen Schaffens dar. Als WILHELM TÄGERT bei dem schon 60-Jährigen Unterricht nahm, lag ein ereignisreiches und fruchtbares Leben hinter LOEWE.

Musiklehrer für WILHELM TÄGERT: CARL LOEWE

Als Knabe hatte LOEWE sich mit einem Stipendium des jüngsten Napoleon-Bruders und Königs von Westfalen JÉRÔME BONAPARTE, zu dessen Herrschaft auch HALLE gehörte, an der Lateinschule der Franckeschen Anstalten weiterbilden lassen und anschließend beim berühmten Universitäts-Musikdirektor DANIEL GOTTLOB TÜRK (1750-1813) viele Jahre lang gründlichen Musik- und Kompositionsunterricht nehmen können. Er hatte Türks ganz besondere persönliche Freundschaft genossen und als Knabensänger öffentlich geglänzt.

Nach dieser Musikausbildung hatte LOEWE Theologie studiert, wobei er auch, wie wir wissen, theologische und philosophische Vorlesungen bei unserm Vorfahren und damaligen Kanzler der Universität Halle, AUGUST HERMANN NIEMEYER, hörte und sich gern unter die Schar illustrer Gäste im Niemeyerhaus mischte (mehr dazu s.u.). Die Theologie ist CARL LOEWE zeitlebens wichtig geblieben. So hat er auch später immer wieder Predigtdienste an verschiedenen Kirchen übernommen.

Nach einer musikalischen Prüfung als Kirchen- und Schulmusiker bei dem Berliner Musikpädagogen und Komponisten CARL FRIEDRICH ZELTER (1758-1832), einem besonders vertrauten Freund GOETHES, war LOEWE die Stelle als Organist und Kantor an der Stettiner Jakobikirche übertragen worden. Zugleich wirkte er 46 Jahre lang als Gymnasiallehrer und städtischer Musikdirektor in STETTIN. Er gründete den Pommerschen Chorverband und veranstaltete mit ihm zahlreiche Musikfeste.

LOEWE hatte in seiner Zeit auch einen guten Ruf als Dirigent, Pianist und Konzertsänger. Er war Ehrendoktor der Universität Greifswald und Mitglied der Berliner Akademie der Künste. Ein umfangreicher Katalog an musikalischen Werken aus Loewes Feder, die man heute leider nur noch selten hört, begeisterte damals die Musikwelt, darunter 17 geistliche Oratorien, sechs Opern, zwei Sinfonien und zwei Klavierkonzerte, sowie Kantaten und manche kammermusikalischen Werke.

LOEWE gab seinerzeit für das Gymnasium auch eine „Gesanglehre" heraus und erarbeitete für das pommersche Lehrerseminar, in welchem ihm der musikalische Unterricht gleichfalls übertragen wurde, eine „Clavier- und Generalbaßschule" in mehreren Auflagen.

Dies war auch der musikalische Bereich, in dem sich WILHELM TÄGERT in den 50-er Jahren des 19. Jh. bei CARL LOEWE gründlich ausbilden ließ. Nun konnte WILHELM wirklich den gesamten Fächerkanon eines damaligen Gymnasiums abdecken und die Schüler praktisch in jedem Fach unterrichten. Und als er später Rektor des Siegener Gymnasiums wurde, war es ihm so möglich, jeden seiner Lehrer auch fachlich prüfen und würdigen zu können.

Seitdem gehört auch Musik zur Praxis der Tägertschen Familie und ihrer Nachfahren, eine Betätigung, die wohl von allen Tägerts/Taegerts geschätzt und mehr oder minder intensiv auch persönlich betrieben wird, egal welcher Fachrichtung man sonst anhängt. Ich werde nie vergessen, wie auch mein Vater LUDWIG, der ansonsten Ingenieur und Naturwissenschaftler durch und durch war, doch ganz gern die Geige zur Hand nahm und mit mir am Klavier Duette von BACH, BOCCERINI oder MOZART spielte.

Im Herzen von Hinterpommern, in der Heimat der Kaschuben

Es war der April 1854 gewesen, als WILHELM TÄGERT seine Stelle als Lehrer am Königlichen und Stadt-Gymnasium von KÖSLIN angetreten hatte, wie sich aus seinem Personalbogen ergibt, der in den alten Archiven erhalten geblieben ist. Sein vorauslaufendes Probejahr hatte er zunächst am Gymnasium GREIFSWALD begonnen und dann in PUTBUS auf Rügen bei Fürst MALTE vom 1.Okt. 1853 – 1. April 1854 als „interimistischer Adjunct", d.h. als pädagogische Vertretung vollendet.

Der „Pommersche Schmetterling": Der östliche Flügel „Hinterpommern" gehört heute zu Polen

Seit diesem Jahr 1854 hatte WILHELM TÄGERT in dieser pommerschen Stadt, die man seinerzeit noch CÖSLIN schreiben konnte, seinen Wohnsitz. Auf den Zeitpunkt 1854 wurde auch sein „Besoldungsdienstalter" festgesetzt, das als Berechnungsgrundlage für seine Bezüge als Beamter diente.

KÖSLIN war damals Hauptstadt der preußischen Provinz Pommern. Der Spottvers aus den Freiheitskämpfen der Revolution von 1848 auf den Herrscherbesuch erinnert noch an die damalige Doppelstruktur dieses Landstrichs in Vorder- und Hinterpommern:

„Wardst Du im vordern Pommern freundlich aufgenommen, / schallt aus dem hintern dir ein donnerndes Willkommen."

Den zwei Flügeln eines Schmetterlings gleich schmiegen sich die beiden Teile Pommerns von zwei Seiten her an die Oder, die gewissermaßen den Leib dieses Schmetterlings bildet. Diese beiden Flügel wirken sehr ungleich, der linke wie angesengt und rudimentär. Es ist der Teil mit RÜGEN und GREIFSWALD im Zentrum, der erst nach dem Ende der schwedischen Herrschaft mit dem Wiener Kongress an Preußen gekommen war, den man heute „Vorpommern" nennt.

„Hinterpommern" dagegen ist gewissermaßen der rechte, voll ausgebildete Flügel dieses Schmetterlings, der östliche Teil Pommerns jenseits der Oder bis DANZIG-Westpreußen. In seiner dünn besiedelten Moränenlandschaft wohnten ursprünglich Slawen. Die pommerschen Herzöge hatten aber seit dem 13. Jahrhundert deutsche Siedler zur Kolonialisierung des weiten Landes angeworben.

Die slawische Bevölkerung hatte sich zunehmend der deutschen Sprache und Kultur geöffnet. So waren diese Hinterpommern ethnisch gesehen ein Mischvolk. Viele hinterpommersche Familien, die dort bis zu ihrer Vertreibung 1945 ansässig waren, haben slawische Wurzeln.

Im östlichsten Landesteil hielt sich die slawische Bevölkerungsgruppe der Kaschuben bis in die Neuzeit. Ihnen hat der Rigaer Dichter WERNER BERGENGRUEN mit seiner bezaubernden, im Jahr 1927 in einigen Zeitungen erschienenen Nachdichtung eines „kaschubischen Weihnachtsliedes" ein ergreifendes Denkmal gesetzt. In dieser nicht gereimten Poesie, deren deftiger Inhalt schon vorher bekannt und gern weitererzählt worden war, machen sich Menschen Sorgen um die Armut des Stalls von Betlehem und stellen dem „Kindchen" Jesus, wenn es in ihrem Land geboren worden wäre, ein ganz anderes, opulentes Zuhause in Aussicht. Da darf der neu geborene Jesus, statt im kalten Stall auf Heu, auf Daunen einem warmen Ofen liegen, mit festem Schuhwerk von roten Nagelschuhen an den Füßchen, und mit reichlichem und deftigem Essen gefüttert. Ein ganzes Buffet ausgesuchter Speisen soll dem Neugeborenen den Mund wässrig machen:

„*Kindchen, wie wir dich gefüttert hätten! Früh am Morgen weißes Brot mit Honig, frische Butter, wunder-weiches Schmorfleisch. Mittags Gerstengrütze, gelbe Tunke. Gänsefleisch und Kuttelfleck mit Ingwer, Fette Wurst und goldnen Eierkuchen, Krug um Krug das starke Bier aus Putzig ..."*

Aber am wichtigsten ist dem Kaschuben doch seine innige Frömmigkeit, die er dem Kinde anbietet: „*Sieh, wir wären alle fromm geworden ...*", und die Bereitschaft zu einem gottgefälligen Leben auch im Alltag.

Hier gründen die „kaschubischen Wurzeln" des Zweiges der Familie TÄGERT, die, nach dem allzu frühen Tod seiner ersten Frau FRIEDERIKE NIEMEYER, seither die Nachfahren aus WILHELM TÄGERTS zweiter Ehe mit EMMA KARKUTSCH prägen. Nach der Reformation hatte sich ein Teil der Kaschuben und der übrigen Slawen der evangelischen Kirche angeschlossen und sich dabei zunehmend dem Deutschtum assimiliert, während die Anhänger des Katholizismus sich seinerzeit polonisieren ließen.

Im westfälischen Frieden im Jahr 1648 war Hinterpommern dann an Brandenburg-Preußen gekommen und blieb bis zum Jahr 1945 ein Teil der preußischen Provinz Pommern. Heute ist das Gebiet als Folge des Zweiten Weltkrieges nach der Vertreibung der dort wohnenden Deutschen Bestandteil Polens und hauptsächlich von Umsiedlern der zwangsweisen Westverschiebung Polens

Deutsch-baltischer Arztsohn und Dichter:
WERNER BERGENGRUEN (gezeichnet von Margarethe Krieger)

82

aus Zentralpolen und der Ukraine besiedelt.

Die Geschichte der Tägerts, die in ihren Ursprüngen ja viel weiter westlich im Bereich der unteren Elbe begonnen hat, macht hier also jetzt einen großen geografischen Bogen. Nachdem sie mit der Übersiedlung von JÜRGEN JOACHIM TÄGER seit dem Jahr 1764 zunächst im vorderen Pommern spielte – also in dem Landesteil westlich der Oder mit GREIFSWALD, KEMNITZ und RÜGEN, der seit dem 30-jährigen Krieg unter schwedischer Oberhoheit stand und der erst 1815 an Preußen überging –, verlagern sich die Ereignisse nun mit dem Umzug von WILHELM TÄGERT nach KÖSLIN im Jahr 1854 für einige Jahrzehnte ins preußische Kernland nach Hinterpommern jenseits der Oder, um dann schließlich ab dem Jahr 1875 in umgekehrter Richtung ganz weit nach Westen zu führen, in die westlichen Bereiche Preußens nach SIEGEN.

Wo soll man also die landsmannschaftliche Heimat dieser Familie verorten? Sie sind eigentlich heimatlos, seitdem einst JÜRGEN JOCHIM TÄGER aus der Heimat seiner Väter an der Unterelbe nach GREIFSWALD aufgebrochen war.

Heirat in Köslin, im Zentrum von Hinterpommern

Heute ist KÖSLIN, das mitsamt Hinterpommern nach dem Zweiten Weltkrieg Polen zugeschlagen wurde, unter dem polnischen Namen KOSZALIN kreisfreie Großstadt mit über 100.000 Einwohnern und damit die zweitgrößte Stadt in der polnischen Woiwodschaft Westpommern. Nach den schlimmen Zerstörungen durch die Rote Armee in den letzten Kriegstagen des Zweiten Weltkrieges, in der rd. 40% der alten Bausubstanz vernichtet wurden, gilt die Stadt dank der umsichtigen Wiederaufbau- und Renovierungsmaßnahmen der Polen wieder als eine der schönsten Städte Pommerns.

Die alte Stadt *Cussalin war* 1266 im Rahmen der Ostbesiedlung nach lübschem Stadtrecht gegründet und das Umland von deutschen Bauern besiedelt worden. Nachdem ganz Pommern 1530 den Status des reichsunmittelbaren Herzogtums gewonnen hatte, war vier Jahre später die Reformation eingeführt worden; schon bald war KÖSLIN evangelischer Bischofssitz. Im westfälischen Frieden war die Stadt mitsamt Hinterpommern an das Kurfürstentum Brandenburg gefallen.

Die nunmehr preußische Stadt war im Jahr 1718 fast vollständig einem Brand zum Opfer gefallen, aber einige Jahre später wieder aufgebaut worden. Diese Stadt im Barockzustand trifft WILHELM TÄGERT bei seinem Umzug nach KÖSLIN an und unterrichtet hier nun fast 22 Jahre lang.

Zu dem Zeitpunkt, als WILHELM TÄGERT 1854 die Stelle am Königlichen und Stadt-Gymnasium von KÖSLIN antritt, weist die Stadt eine Zahl von rd. 11.000 Einwohnern auf, davon 1% Katholiken und 2,5% Juden, der Rest Evangelisch-Lutherische. Bis zum Ende des Zweiten Weltkrieges steigerte sich die Einwohnerzahl auf 33.000. Von 1848 bis

Langjährige Wirkungsstätte von WILHELM TÄGERT:
Königliches und Stadtgymnasium KÖSLIN

in die Gegenwart war KÖSLIN Sitz der Bezirksregierung.

Die Arbeitsbelastung ist für WILHELM TÄGERT in seinem neuen Amt naturgemäß in der Einarbeitungszeit sehr hoch. Auch bedeuten die regelmäßigen Postkutschenreisen zum Musikdozenten nach STETTIN und zum Doktorvater nach GREIFWALD, einen großen Umstand, weil ja die Bahnverbindung noch fehlt. Dennoch kann WILHELM bereits drei Jahre später seine Promotion zum Dr. phil. an der Greifswalder Universität zum guten Ende bringen. Daneben kann er auch seine Musikunterweisung bei Musikmeister CARL LOEWE in STETTIN erfolgreich abschließen.

So rückt nun auch die Möglichkeit zur Hochzeit mit seiner geliebten und geduldig wartenden FRIEDERIKE endlich in greifbare Nähe. Als promovierter Gymnasiallehrer hat WILHELM jetzt einen Status, mit dem er guten Gewissens beim Schwiegervater FRANZ ANTON NIEMEYER und damit in Greifswalds Oberschicht anklopfen kann.

Es ist die Greifswalder Hauptkirche St. Nicolai, die sich das junge Brautpaar ohne großes Fragen nun als Hochzeitskirche ausgesucht hat. Hier hat WILHELMS Vater PAUL bis zu seinem allzu frühen Tod als Küster gedient. Hier sind Braut und Bräutigam 29 bzw. 22 Jahre zuvor getauft worden.

Hier also nimmt am 18. März 1859 WILHELM TAEGERT aus der Hand seines Schwiegervaters FRANZ ANTON NIEMEYER seine Braut FRIEDERIKE entgegen. Unter dem strahlend weiß gestrichenen gotischen Gewölbe der mächtigen Backsteinkirche geben sich die Zwei ihr Jawort.

Und sie stellen sich dabei vor, dass die verstorbenen Eltern bzw. Schwiegereltern, der Küster PAUL TÄGERT und seine Frau ULRIKE, ihre helle Freude am Ringwechsel der jungen Leute gehabt hätten. Sie würden ihnen dabei jetzt vom Himmel zuschauen, wie es die Großeltern tröstend immer wieder den Kindern gesagt hatten, und würden ihnen freudig ihren Segen spenden.

Viele aus dem gehobenen Bürgertum von GREIFSWALD und KÖSLIN, aber auch viele Schüler der Gymnasien beider Städte, lassen es sich trotz teilweise weiten Anreise nicht nehmen, als gern gesehene Gäste dem festlichen Ereignis dieser kirchlichen Trauung beizuwohnen.

Hochzeit im ehrwürdigen Dom von GREIFSWALD: Ja-Wort in der Kirche des verstorbenen Vaters

Weibliche Bildung und Familienleben in der Goethezeit und im Biedermeier

Zum Zeitpunkt ihrer Heirat im März 1859 ist FRIEDERIKE NIEMEYER 25 Jahre alt. Sechs Jahre lang haben sie und ihr Bräutigam mehr oder minder geduldig auf dieses Ereignis warten müssen. Während dieser Zeit war WILHELM mit dem Unterrichten in KÖSLIN, der Vorbereitung seiner Promotion in GREIFSWALD und dem Musikunterricht bei Meister LOEWE in STETTIN voll ausgefüllt.

Man kann aber fragen, womit hat sich FRIEDERIKE in diesen sechs Jahren und überhaupt in der Zeit davor beschäftigt? Denn bis weit ins 19. Jh. hinein war es „höheren Töchtern" ja verwehrt, eine Ausbildung zu machen und auf Dauer einen Beruf zu ergreifen.

Heißt das, sie sitzt, als das jüngste von einst drei Kindern von FRANZ ANTON NIEMEYER und seiner Frau GABRIELE, geb. v. HASELBERG und von fünf älteren Stiefgeschwistern, zu Hause nur herum? Und wie wird ihr zukünftiger Alltag als verheiratete Frau aussehen?

Friederikes Großmutter – ein Lehrbeispiel für die heutige „Gender-Forschung"

Wir haben keine unmittelbaren Notizen über den Alltag und das eigene Empfinden von FRIEDERIKE TÄGERT, weder aus ihrer Zeit als unverheiratete „höhere Tochter" im Haus des Universitätsrektors und Konsistorialdirektors FRANZ ANTON NIEMEYER, noch als verheiratete Frau des Lehrers Dr. WILHELM TÄGERT. Wir sind aber in der glücklichen Lage, inzwischen vieles über das Leben der „höheren Töchter" damals aus historischen Arbeiten zu wissen. Auch können wir zum Vergleich einen tiefen Einblick nehmen in das Leben von Friederikes Großmutter AGNES WILHELMINE CHRISTIANE NIEMEYER, geb. KÖPKEN.

Denn genau diese Frage: Was taten die Frauen der gehobenen Bürgerschichten zur Zeit des Biedermeier im Alltag? ist durch die moderne „Genderforschung", die sich mit der gesellschaftlichen und sozialen Rolle der Geschlechter befasst, in der Gegenwart ganz neu aktuell geworden.

Am überraschendsten dabei ist sicher, dass diese Großmutter Friederikes, AGNES NIEMEYER, zu den inzwischen bekannten Forschungsobjekten gehört. So dient sie im 2008 erschienenen Buch „Gender-Geschichte/n, Ergebnisse bildungshistorischer Frauen- und Geschlechterforschung" gleich im ersten Kapitel als Beispiel, um nicht nur allgemein von der damaligen Rolle der Frau zu reden, sondern um ein Frauenleben im biedermeierlichen Bürgertum damals zu illustrieren! Auch in anderen pädagogischen Schriften gilt die Biografie dieser AGNES NIEMEYER inzwischen als modellhaftes Beispiel für das Leben von verheirateten Frauen aus den gehobenen Schichten in der Goethezeit.

In dem genannten Buch, das in Teilen auch als Google-Book zugänglich ist, geht die junge Bildungsforscherin JESSICA PIECHOCKI unter der Überschrift „Gebildete Geselligkeit im Leben der Agnes Wilhelmine Niemeyer in Halle an der Saale" dem Lebensinhalt der bürgerlichen Frauen an der Zeitenwende von der Aufklärung zum Biedermeier nach. Nachdem ihr Forschungsprojekt als Teil eines Kooperationsvorhabens auch an der heutigen Universität von HALLE angesiedelt ist, hatte die junge Forscherin Gelegenheit, in den Halleschen Bibliotheken eingehend in die hier aufbewahrte Familiengeschichte und -korrespondenz Einsicht zu nehmen, die diesen Zweig der Tägert'schen Familie betrifft.

Weitere wertvolle Einsichten zum gleichen Thema vermittelt auch der Vortrag, den die oben genannte BRIGITTE KÖTHER am 12. April 2005 bei der Immermanngesellschaft anlässlich des Stadtjubiläums „1200 Jahre Magdeburg" im Literaturhaus MAGDEBURG über Friederikes Großcousine MARIANNE NIEMEYER-IMMER-MANN und ihre Vorfahren

Viel Präsenz und Ausstrahlung noch mit 60:
Friederikes Großmutter AGNES WILHELMINE NIEMEYER (Gemälde nach 1828)

gehalten hat. Erkenntnisse aus beiden Quellen sollen deshalb auch in die folgenden Betrachtungen mit einfließen.

Bildung für Bessergestellte

Die Rolle der Frauen und die Geschichte der Mädchen- und Frauenbildung stellt sich je nach Schichtzugehörigkeit sehr unterschiedlich dar. Mädchen aus den unteren, den bäuerlichen und den handwerklichen Schichten gehen lange Zeit ihren vorgezeichneten Weg. In einer überwiegend agrarisch und handwerklich geprägten Gesellschaft ist es selbstverständlich, dass sie im elterlichen Haus und Hof mitarbeiten. Im heiratsfähigen Alter versuchen sie, eine ordentliche Partie zu machen und in einen anderen Hof oder eine andere Werkstatt einzuheiraten. Auch die Vorfahren TÄGER(T) gehören in den ersten Generationen, wie im Buch „Vom Tropfhäusler …" gezeigt, zu diesen unteren, handwerklich geprägten Schichten.

Im Umbruch der industriellen Revolution des 19. Jh., die infolge des gleichzeitigen Anstiegs der Bevölkerungszahl zur Krise des Handwerks, zur Not auf dem Land und zur Landflucht geführt hat, landen aber viele dieser Mädchen gefährdet und entwurzelt als Proletariat in der Stadt. Sie müssen sehen, wie sie als einfache Arbeiterinnen in den oft riesigen Fabrikhallen unter oft unmenschlichen Bedingungen ein Auskommen finden.

Anders beim Adel und in den bürgerlichen Schichten. Ihnen ist die Bildung ihrer Töchter stets ein Anliegen, und sie haben auch die nötigen finanziellen Mittel dafür. Denn bei Hof und im Salon sollen die Frauen sich ja weniger praktisch betätigen – dafür ist meist genügend Personal vorhanden –, sondern sie sollen den häufigen Gästen im Haus ein Gefühl von Empathie und Herzenswärme vermitteln und sie unterhalten; dazu ist ein gewisser Grad an Bildung erforderlich.

Doch wo sollen die jungen Frauen ihre Bildung erwerben? Bis zur Reformationszeit waren die Klöster fast die einzigen Orte, die den Mädchen und Frauen eine Chance boten, sich eine umfassendere Bildung anzueignen. Die Mädchen nehmen am klösterlichen Gemeinschaftsleben mitsamt Andachten, Liturgie und Gesang teil, lernen Lesen, Schreiben und Handarbeit; dazu üben sie sich natürlich auch in praktischer Haus-, Küchen– und Gartenarbeit, erwerben sich Kenntnisse über Würz- und Heilkräuter und pflegen die Grundstücke. Vorlesungen über Themen von Kultur und Bildung und die eigene Lektüre der Klosterbibliothek ergänzen das Bildungsangebot.

Dieses elitäre Bildungssystem funktioniert bis zum Ausklang des Mittelalters. Einigen Frauen gelingt es sogar, sich als Ärztinnen zu etablieren und zu Ansehen zu kommen. Die Eltern müssen aber dafür dem Kloster den Erbanteil der Mädchen stiften.

Die Reformationszeit bedeutet auf jeden Fall einen tiefen Einschnitt für dieses Art von Bildungsvermittlung für die Frauen. Die Konfessionen gehen hier seitdem für längere Zeit ganz verschiedene Wege.

Die protestantischen Reformatoren vertreten mit dem Humanismus die Überzeugung, dass jeder erwachsene Mensch, ob Mann oder Frau, zumindest lesen können sollte. Hintergrund ist, dass sich jeder aus der Bibel die Kenntnis des reinen Glaubens aneignen sollte, um hieraus seine Persönlichkeit zu bilden. Sie fordern die Regierenden auf, allgemeine Schulen für Jungen und Mädchen einzurichten.

Grundlegend für die allgemeine Bildungsforderung wird MARTIN LUTHERS im Jahr 1524 erschienene Schrift „*An die*

Ratsherren aller Städte deutschen Landes, dass sie christliche Schulen aufrichten und halten sollen".

Doch öffentliche Bildung kostet Geld, und die weltlichen Herren geben sich gern großzügig bei der Repräsentation und bei Vorzeigeprojekten, aber sparsam bei der Bildung; denn von ihrem Nutzen für die breite Masse sind viele noch nicht so recht überzeugt.

Für die Bildung der Kinder zuständig: Hausvater und Hauslehrer (Bild anonym 1687)

Da sich die Frauenklöster, die bis dahin die hauptsächliche Mädchenbildung geleistet haben, mit der Reformation auflösen, bemühen sich MARTIN LUTHER und der pommersche Theologe JOHANNES BUGENHAGEN um weitere Nachfolgemodelle.

Um Allgemeinbildung für Mädchen bemüht: Evangelische Hausväter, Ratsherren und Pastorenfrauen

In lutherischen Familien wird zum Brauch, was jüdische Familien schon seit Jahrhunderten praktizierten: Der „Hausvater" kümmert sich um die Bildung nicht nur der Söhne und Töchter, sondern in gewissem Umfang auch für das gesamte Personal an Haus und Hof. Zur Anleitung entsteht eine umfassende „Hausvater-Literatur".

Außerdem richten die Kirchen trotz permanenten Geldmangels möglichst an allen Orten protestantische Elementarschulen ein und beauftragen ihr Personal – vor allem Kantoren und Küster – Mädchen und Knaben gleichermaßen zu unterrichten. Sie lassen ihre Lehrer zur Qualitätssicherung regelmäßig durch die Pfarrer visitieren. Solche Küsterschulen stehen also auch den Mädchen offen und vermitteln so allen, die sie in Anspruch nehmen, wie im Büchlein „Vom Tropfhäusler ..." gezeigt, eine gewisse Grundbildung.

Auch folgen viele evangelisch geprägte deutsche Regionen und Städte dem Ratschlag der Reformation und legen bereits früh eine allgemeine Schulpflicht für Mädchen und Knaben fest, so bereits im Jahr 1592 als deutschland- und weltweit erstes Territorium das damals reichsunmittelbare calvinische Herzogtum Pfalz-Zweibrücken. Solche Bestimmungen zur Schulpflicht finden sich dann nach und nach in fast allen evangelischen Kirchenordnungen.

Preußen folgt zaghaft ab dem Jahr 1717 mit den *„Principia regulativa"* des Königs FRIEDRICH WILHELM I. Es wird im Jahr 1763 ergänzt durch das *„Generalschulreglement"* Friedrichs des Großen.

Dagegen lassen sich die Bildungsforderungen in den katholischen Landesteilen Deutschlands nur äußerst zäh umsetzen. In Bayern etwa wird die allgemeine Schulpflicht im Jahr 1771 verordnet; aber bis daraus eine sechsjährige gesetzliche Unterrichtspflicht wird, dauert es noch über 30 weitere Jahre.

Als Träger des Unterrichts für Mädchen gründen sich in den katholischen Ländern Frauenorden, wie die „Ursulinen", die „Englischen Fräulein" oder die Salesianerinnen. Sie errichten konfessionelle Erziehungsanstalten für Mädchen und bringen ihnen dort, neben Lesen, Schreiben und Handarbeiten, auch die Fertigkeiten für die zukünftige Haushaltsführung nahe. Diese genannten Inhalte beschreiben lange Zeit hindurch ein gültiges Muster für das, was Mädchen zu lernen haben: Ziel ist die Rolle in Ehe und Familie, mit der sich die Frau identifizieren soll.

Trotz Einführung der Schulpflicht auch für Mädchen zeigt sich aber in der ersten Hälfte des 19. Jh., dass mit der vermehrten Errichtung von reinen Knaben-Gymnasien ein Bildungssystem entsteht, das sich zunächst hauptsächlich die bessere schulische Bildung der Knaben auf die Fahnen geschrieben hat. Eine eingehendere Mädchenbildung bleibt zunächst Privatangelegenheit der einzelnen Familien.

Es sind vielfach die Mütter, Tanten und Großmütter, die sich daheim um die Bildung der Mädchen kümmern. Daneben wirkt aber auch die jüdische und lutherische Tradition der „Hausväter" fort, die für die Bildung der Familie verantwortlich sind. So finden sich immer wieder auch einzelne Männer, die, wie wir im Fall der WILHELMINE V. KÖPKEN, meiner Ur-Ur-Großmutter, noch sehen werden, welche die Bildung ihrer Töchter als ein regelrechtes ehrgeiziges persönliches „Familien-Projekt" betreiben.

In evangelischen Gemeinden kümmert sich darüber hinaus die jeweilige Pastorenehefrau neben den eigenen Kindern auch um die übrigen Mädchen im Ort; sie konzentriert sich dabei aber vor allem auf die Geschicklichkeit der Mädchen für Handarbeiten.

Um Grundkenntnisse im Schreiben und Lesen zu vermitteln, lässt die Pfarrfrau die Mädchen Zahlen, Buchstaben

Vermitteln beim Sticken ABC und Fremdsprachenkenntnisse: Mustertuch „Tulpe"

und christliche Symbole auf sg. „Mustertücher" sticken. Diese Tücher sollen den Mädchen helfen, ihre Heiratswürdigkeit und hausfraulichen Fähigkeiten der zukünftigen Schwiegermutter zu beweisen. Nicht selten verdrehen aber Mädchen aus einfachen Häusern mangels orthografischer Kenntnisse die Buchstaben und Zahlen, welche sie einfach von Vorlagen „abgestickt" haben, ohne sie zu verstehen. Solche fehlerbehafteten Mustertücher sind heute kuriose Kostbarkeiten.

Ansonsten beschränkt sich Bildung für die Mehrzahl der christlichen Mädchen aus einfacheren Schichten lange Zeit auf die Kenntnis des Katechismus und der kirchlichen Gebete und Lieder, die sie aus ihrer regelmäßigen Teilnahme am Gottesdienst gewonnen haben.

Steigende Bildungsanstrengungen im Biedermeier

Die Frage, ob Frauen überhaupt eine Bildung bräuchten und ob sie ihnen gut tut, stand lange im Widerstreit der Meinungen. Frauenbildung hatte es stets schwer, sich gegen Vorurteile durchzusetzen.

Während die einen damals behaupteten, dass Frauen durch zu viel Wissen in geistige und sittliche Gefahren geraten könnten, und den Jungfrauen empfahlen, sich auf „Spindel und Gebetbuch" zu beschränken, damit sie nicht vom Wege der Tugend abkämen, befürworteten andere die Wissenschaft auch für Frauen als ein Mittel zur Erlangung wahrer Sittlichkeit.

Im Lager der Pietisten hatten sich aber AUGUST HERMANN FRANCKE und die Mitarbeiter der Halleschen Anstalten von Anfang an konsequent für eine Frauenbildung eingesetzt und dieses Konzept auch immer deutlich gegenüber allen Regierenden vertreten.

Doch waren die Möglichkeit zur weiblichen Bildung auch jetzt immer noch schichtspezifisch begrenzt: Für Mädchen aus den unteren Schichten war der Bildungsweg spätestens mit der „Einsegnung" bei der Konfirmation bzw. Firmung zu Ende, also wenn die Mädchen 13 oder 14 Jahre alt waren. Anschließend verdingten sie sich meist als Hausmädchen oder Mägde in fremden Haushalten. An eine Eheschließung war nur selten zu denken, vor allem dann nicht, wenn beide Partner aus armen Verhältnissen kamen.

Wenn sich trotzdem Kinder einstellten, führten solche Lebensschicksale die betreffenden Frauen häufig in die örtlichen Armenhäuser, jedenfalls solange die Wöchnerinnen noch nicht wieder arbeiten konnten; denn welcher Bauer oder Meister wollte damals in Haus und Landwirtschaft jemanden mit durchfüttern, der als Arbeitskraft nicht brauchbar war? Sozialgesetze, die „Erziehungszeiten" vorsahen, fehlten noch völlig.

Doch brachte die Biedermeierzeit mit sich, dass sich die Bestrebungen, die Bildung zu intensivieren, verdichteten. Denn die Erwartungen an eine allgemeinen Bildung stiegen. So gründete im Jahr 1835 HERMANN AGATHON NIEMEYER, der jüngste Bruder meines Ur-Ur-

91

Großvaters FRANZ ANTON NIEMEYER, in der Stadt HALLE die höhere Mädchenschule. Andere, wie der Hauptvertreter des Schwäbischen Pietismus JOHANN ALBRECHT BENGEL, zogen ihre Töchter lieber „in der Einfalt" auf, „damit der Ehemann die Frau später umso leichter so formen könne, wie er sie haben wolle".

Für Kinder aus bürgerlichen Häusern, deren Eltern genügend Geld besaßen, erblühten bald an vielen größeren Orten „Höhere Töchterschulen". Sie entstanden anfänglich unter privater Trägerschaft und sind häufig die Vorläufer der späteren „Lyzeen" bzw. Mädchengymnasien am gleichen Standort.

So hatten im Jahr 1833 auch in GREIFSWALD Privatleute die „Erste konzessionierte Höhere Töchterschule" errichtetet; sie sollte als „Lehr- und Erziehungsanstalt der Pflege und Förderung einer Bildung der weiblichen Jugend" dienen. Im Jahr 1866 wurde sie in die „Öffentliche Höhere Töchterschule" umgewandelt und unterstand seitdem der kommunalen Trägerschaft unter Aufsicht der Kirche.

Es war auch in diesem Fall der schon mehrfach erwähnte, rührige Greifswalder Universitätsprofessor und Konsistorialdirektor FRANZ ANTON NIEMEYER, FRIEDERIKES Vater, der bis zuletzt um die Pädagogik auch für Mädchen bemüht war. Er holte noch im Jahr vor seinem Tod den neuen Schulleiter OTTO GRUBER aus HALLE. GRUBER war dort als Oberlehrer an der höheren Töchterschule der Franckeschen Stiftungen tätig, danach in ERFURT zum Direktor der höheren Töchterschule aufgestiegen und zuletzt Leiter aller städtischen Schulen in ZEITZ gewesen; er führte nun die Greifswalder Mädchenschule bis 1885.

Zeitgemäße Bildung für „Höhere Töchter"

Mitglieder der adligen und bürgerlichen Gesellschaft Greifswalds, die meinten, es ihrem Status schuldig zu sein, schickten ihre Töchter zur Weiterbildung nun gezielt auf diese „Höhere Töchterschule".

Dieser damals gebräuchliche Ausdruck meinte aber von seiner Zielsetzung her eigentlich nicht das Herkommen der Mädchen als „höhere Tochter", sondern den höheren Grad an Bildung, der hier vermittelt

Bildungsstätte auch für FRIEDERIKE NIEMEYER: Lyzeum in GREIFSWALD (Bild: Bauzustand 1872)

werden sollte. Diese Bildung empfing seinerzeit ihren Rahmen und ihre Ziele aus dem christlich-kirchlichen Selbstverständnis der Greifswalder Gesellschaft, aus dem Gedankengut der Aufklärung, aus dem erwachenden deutschen Nationalgefühl und aus den Umgangsformen der höheren Gesellschaft. Eine besondere Geschlechterrolle wurde den Mädchen in dieser Greifswalder Bildungsordnung aber überraschenderweise nicht zugeschrieben.

Das Bildungsziel für die Greifswalder Schülerinnen lautet damals: *„Die Gewährung einer tiefen religiösen Bildung dem evangelischen Bekenntnis gemäß – und derjenigen, dem weiblichen Charakter entsprechenden Bildungsmittel, welche zum Verstehen der wichtigsten Ereignisse der Welt, besonders auf dem Gebiet des geistigen Lebens unseres Volkes, wie auch zum Verkehr und zum Umgang in den höheren gesellschaftlichen Kreisen erforderlich sind".*

Der erzieherische Doppelansatz der halleschen Pädagogik schimmert hier noch durch: *„Persönlichkeit durch Glauben, Erfolg durch Bildung"*, wobei allerdings hier noch nicht der eigene berufliche Erfolg der Frauen in der Mitte steht, sondern die Ertüchtigung für ihre gesellschaftliche Rolle in den Häusern der erfolgreichen Männer. Sie sollten die Umgangsformen souverän beherrschen und verständig die Konversation im Haus fördern.

Offen bleibt hier, welche „Bildungsmittel" wohl als „dem weiblichen Charakter entsprechend" angesehen werden und wer deren Auswahl trifft. Der sehr anspruchsvolle und weit gespannte Lehrplan lässt aber eine geschlechterspezifische Engführung jedenfalls nicht so ohne weiteres erkennen.

Vergleicht man nämlich die Höheren Töchterschulen in Deutschland um die Mitte des 18. Jh., so ergibt sich ein recht anspruchsvoller durchschnittlicher Stundenplan, wobei die Zahlen in Klammern den Rahmen der möglichen Wochenstundenzahlen im jeweiligen Fach anzeigen:

Religion (2-3), Deutsch (4-10), Geschichte (0-2), Naturkunde(0-2), Gesang (0-2), Rechnen (2-4), Zeichnen (0-2), Handarbeit (0-2), Erdkunde (0-2), Schönschreiben (0-2), Französisch (0-5), manchmal auch Englisch (0-4), Naturbeschreibung bzw. Physik (0-2), Turnen (0-2).

Es fällt im Lehrplan besonders auf, dass dem Fach „Deutsch" ein sehr großes Gewicht zukommt. Hier findet also auch in der Mädchenschule eine bewusste Auseinandersetzung mit dem Erbe der deutschen Kultur- und Geistesgeschichte statt, die typisch ist für die Zeit des Biedermeier.

Daneben wird auch das Erlernen von mindestens einer Fremdsprache als Bildungsgebot betrachtet, wobei die Wertschätzung der Französischen Sprache zu der Zeit immer noch überwiegt. Zaghaft dringen nun aber auch schon die scheinbaren „Männerfächer" Physik und das Turnen in den weiblichen Unterrichtskanon vor.

Nachdem Konsistorialrat FRANZ ANTON NIEMEYER für dieses Bildungsangebot selbst mit verantwortlich ist, ist es für das Ehepaar NIEMEYER eine selbstverständliche Entscheidung, dass sie ihre begabte jüngste Tochter FRIEDERIKE am Heimatort GREIFSWALD aufs Lyzeum schicken.

Diese Schule bringt auch beruflich erfolgreiche Frauen hervor. Eine acht Jahre jüngere Schulkollegin von FRIEDERIKE ist die ebenfalls in GREIFSWALD geborene spätere Pädagogin und Schriftstellerin WILHELMINE ALTHABER (1841-1917); sie lässt sich nach dem Schulabschluss zur Lehrerin weiterbilden und übt diesen Beruf dann 25 Jahre lang an der Volksschule in REMSCHEID aus.

Bestimmend für ihren weiteren Weg wird ihr Konfessionswechsel zur Römisch-Katholischen Kirche, den diese lutherisch getaufte und konfirmierte Frau mit 50 Jahren vollzieht, nachdem sie sich lange mit dem Katholizismus auseinandergesetzt hat. Diese Konversion ist für das preußische Kultusministerium ein Grund, sie vorzeitig zu pensionieren, so klar konfessionell abgegrenzt war damals noch das Schulwesen! Für WILHELMINE ALTHABER werden diese Erfahrungen aber zum Ausgangspunkt einer erfolgreichen schriftstellerischen Tätigkeit, in der sie für ihre Entscheidung Rechenschaft ablegt.

Dieses Greifswalder Lyzeum erhielt übrigens, weil der Zustand des Baus bald nicht mehr den zeitgemäßen Anforderungen entsprach, im Jahr 1872 den heute noch erkennbaren Neubau in historisierender Backsteinbauweise, welcher architektonische Elemente von der Antike über die Gotik bis zur Renaissance zitiert. Die Schule war bei dem Bürgertum so beliebt, dass das Gebäude 1887 um fünf neue Klassenräume, eine Turnhalle und eine Bibliothek erweitert werden musste.

Zum 25-jährigen Jubiläum als öffentliche Schule gab man dem Lyzeum, zu Ehren von Prinzessin AUGUSTE aus dem Hause Schleswig-Holstein-Sonderburg-Augustenburg den Namen "Kaiserin-Auguste-Victoria-Schule". Diese Adlige war mit der Krönung ihres Mannes Prinz WILHELM VON PREUßEN zum Deutschen Kaiser im Jahr 1888 „Kaiserin" geworden.

Wie ging der Lebensweg der „gebildeten" Mädchen weiter? Das Konzept der bürgerlichen Mädchenbildung war ja damals auf die Rolle als Ehefrau, Mutter und Führerin des Haushalts zugeschnitten. Langwierige Ausbildungszeiten, ein spätes Heiraten und das Aufschieben des Kinderwunsches, wie es das Berufsleben der Frauen heute häufig diktieren, waren damals nicht erforderlich. Die Schulzeit endete zu jener Zeit vergleichsweise mit der 10. Klasse. Die Mädchen waren beim Abschluss der Schule also etwa 15 bis 16 Jahre alt.

Wenn sie sich dann noch etwas praktische Erfahrung, z.B. im eigenen Haushalt oder bei Verwandten, aneigneten, waren sie damals gerade im richtigen Alter, um zu heiraten.

So geht es für die Eltern und ihre Töchter nach dem Ende der Schulzeit vor allem darum, eine möglichst „gute Partie" zu machen. Das heißt, man will einen Mann zu finden, der finanziell gut dasteht, sodass die Frau sich um das eigene Auskommen keine Gedanken machen muss. Es wäre für einen einflussreichen, gebildeten und finanziell abgesicherten Mann damals sogar höchst blamabel gewesen, wenn der Eindruck entstanden wäre, er könne seine Frau nicht ernähren.

Eine solche gute Aussicht auf eine gesicherte Existenz und eine solide Grundlage für eine gemeinsame Familienbildung bestehen natürlich auch bei dem Junglehrer WILHELM TÄGERT, seitdem er sein Auge auf die junge FRIEDERIKE geworfen hat. Gymnasiallehrern winkt eine ordentliche Alimentierung und eine gediegene Absicherung für Wohnen, Gesundheit, Kinder und Alter. Andererseits muss WILHELM aber erst noch zeigen, dass er nicht nur gebildet ist, sondern dass er sich als Pädagoge im Beruf bewährt.

So muss FRIEDERIKE die Zeit bis zur Hochzeit eigentlich nur „überbrücken". Eine eigene Erwerbstätigkeit kann für eine Frau aus diesen Schichten gar nicht das erklärte Ziel sein. Aber es „lohnt" sich dennoch unbedingt für ein Mädchen und eine junge Frau, sich eine breite Bildung anzueignen. Denn der Mann sucht ja nicht nur eine Gespielin für die Stunden trauter Zweisamkeit oder eine attraktive „Barbie", nach der andere die Hälse recken; sondern er sucht eine tüchtige, starke und dabei doch liebevolle Frau, wie Luthers KATHARINA V. BORA.

Weibliche Bildung nutzt dem Familienprojekt der „vorbildlichen Geselligkeit"

Die Frau, so hat es FRIEDERIKE schon im Haus ihrer Großmutter AGNES und ihrer Mutter GABRIELE erlebt, soll eine große Anzahl von Kindern gebären – damals häufig mehr als acht bis zehn – und sie aufziehen. Sie soll dem Personal in Küche, Keller und Kinderzimmer überzeugend vorstehen. Und vor allem soll sie nach Art eines „Familienbetriebes" dem Mann auch beruflich den Rücken stärken und so mithelfen, sein Ansehen zu heben.

Das gemeinsame Haus soll ein Treffpunkt vorbildlicher Geselligkeit und Kommunikation für Gäste aller Art aus dem gehobenen Bürgertum sein. Die Besucher sollen sich bei der Begegnung mit den Gastgebern verstanden fühlen und danach belebt, um neue Einsichten bereichert und zu guten Taten aufgelegt wieder heimkehren. Auf diese Weise soll sich der Ruhm des Mannes, aber auch der tüchtigen Frau im Gemeinwesen und darüber hinaus verbreiten.

Diese anspruchsvolle Form der Geselligkeit gebildeter Bürgerhäuser kennt FRIEDERIKE schon aus den Erzählungen ihrer Halleschen Großmutter AGNES WILHELMINE (1769-1847). Diese bekam immer leuchtende Augen, wenn sie der Enkelin vom Ein- und Ausgehen der ganzen gesellschaftlichen Elite Halles im Niemeyerschen Haus erzählte. Dieses Patrizierhaus stand – und steht heute noch – am „Großen Berlin" Nr. 432,

Führte die Hallesche Universität und die Franckeschen Anstalten in die neue Zeit:
AUGUST HERMANN NIEMEYER (1754-1828)
(Aufnahme: Jürgen Taegert 1958)

Erinnerung an das antike Erbe der Bildung:
Der blinde Sänger HOMER über dem Eingang zum Niemeyer-Haus in Halle

heute Große Brauhausstraße 15, kaum 100 m nördlich der Halleschen Anstalten, dem Wirkungsort des Ehemannes von Oma AGNES, AUGUST HERMANN NIEMEYER.

Eine Einladung von ihm und seiner Frau WILHELMINE in sein Haus galt in HALLE als Eintrittskarte in die feine Gesellschaft der Stadt. Wenn die Gäste das Eingangsportal unter dem vergoldeten Relief des blinden Sängers HOMER – über den der Hausherr im Jahr 1777 promoviert hatte – durchschritten und ihre schicke Garderobe abgelegt hatten, dann erwartete sie ein Abend höchster Kultur mit weiteren erlesensten Gästen aus dem who-is-who der damaligen Gesellschaft.

Gastgeber der Crème de la Crème des Bürgertums der Goethezeit

Im Niemeyerschen Salon im ersten Stock ihres Hauses in HALLE traf sich wie in einer Lobby ein ganzes Netzwerk von Bischöfen und Pfarrern, Wissenschaftlern und Gelehrten, Schriftstellern und Theaterleuten, Adligen und bedeutenden Vertretern des Halleschen Bürgertums. Sie suchten gesellige Gespräche, eigene Bildung, kulturelle Vergnügen und weitreichende Kontakten.

Unter den Gästen sah man auch Hallenser Studenten wie den späteren Rügener Schriftsteller ARNOLD RUGE, den begnadeten Musiker Carl Loewe, und den späteren Chronisten des Vormärz und der Märzrevolution 1848 VARNHAGEN VON ENSE. Es kamen die Professoren der Universität, unter ihnen der bril-

Salon anspruchsvoller Konversation und Kultur auch für GOETHE und SCHILLER: Niemeyers Haus am „Großen Berlin" in HALLE

lanteste evangelische Theologe seiner Zeit FRIEDRICH SCHLEIERMACHER.

Im Unterschied zu anderen Gesellschaften der Zeit, zu denen Frauen keinen Zutritt hatten, waren im Haus NIEMEYER von Anfang an auch Frauen erwünscht. So sah man unter den Künstlern auch Frauen, wie die Malerinnen CAROLINE und WILHELMINE BARDUA.

Daneben kamen die Weimarer Schauspieler und Sänger WILHELM EHLERS, EDUARD GENAST, GERTRUD MARA und Johanna PETERSILIE sowie PIUS WOLFF und seine Frau AMALIE. Der geniale Dichterfürst JOHANN WOLFGANG V. GOETHE erschien mit CHRISTIANE, geb. VULPIUS, die seit dem Jahr 1806 seine Frau war, und brachte auch Mitglieder seiner Lauchstädter Theatergruppe mit.

GOETHE und AUGUST HERMANN NIEMEYER kannten sich gut und besuchten sich häufig gegenseitig in WEIMAR und HALLE. GOETHE hatte sich von der wissenschaftlichen und künstlerischen Vielfalt der Saalestadt beeindrucken lassen; daraus hatten sich die regen Beziehungen des Dichters zu HALLE und insbesondere die Kontakte zur Universität entwickelt.

Auch sein Freund und Dichterkollege FRIEDRICH SCHILLER ließ sich im Hause NIEMEYER sehen. „Versäumen Sie ja nicht, sich in Halle umzusehen, wozu Sie so manchen Anlass finden werden", so hatte GOETHE im Jahr 1803 in einem Brief an SCHILLER geschrieben; mit „Anlass" hatte er auch seine charmante Gastgeberin AGNES NIEMEYER gemeint.

Auch der Hallesche Romanschriftsteller AUGUST LAFONTAINE durfte mit seiner Familie nicht fehlen, ebenso der Historiker JOHANNES VON MÜLLER oder die Musikerfamilie REICHARDT aus GIEBICHENSTEIN, der Übersetzer JOHANN HEINRICH VOSS mit seiner Familie und der schwedische Diplomat und deutsche Dichter CARL GUSTAV VON BRINCKMANN.

Und natürlich kamen auch Militärs, die auf sich hielten; es kamen Politiker und sogar gekrönte Häupter. Den berühmten Feldmarschall BLÜCHER nahm NIEMEYER erstmals in sein Haus auf, als die Kampfhandlungen des Befreiungskrieges sich dem Raum um HALLE näherten; vor der Völkerschlacht bei LEIPZIG beherbergte er ihn über Nacht.

Man sah den Prinzenerzieher FRIEDRICH VON DELBRÜCK mit seinem Sohn RUDOLPH und den Herzog KARL EUGEN VON WÜRTTEMBERG und seine Frau. Alle diese illustren Gäste nahmen gern die Anreisen nach HALLE mit der Kutsche auf sich, obwohl sie in der Regel weit und mühselig war.

Ja, sogar das preußische Königspaar FRIEDRICH WILHELM III. mit seiner Frau LUISE durften die Niemeyers begrüßen. Und das war mehr als nur beidseitige Eitelkeit oder Zurschaustellung. Denn Mäzene für die Franckeschen Stiftungen zu gewinnen, war ein permanentes Anliegen Niemeyers und unabdingbar für das Funktionieren des hochsensiblen sozialen Netzwerkes dieser Einrichtung.

In der entscheidenden Phase des Wiederaufbaues in der Zeit der Aufklärung im Jahr 1799 war es ihm auf diese Weise gelungen, den preußischen König FRIEDRICH WILHELM III. zu einem großzügigen Sponsorenbeitrag von 4.000 Talern zu bewegen. Gleichzeitig hatte er dem König die zukunftsträchtige Zusicherung abringen können, die Franckesche Stiftung auf Dauer zu erhalten.

Agnes Wilhelmine Niedermeyer – „Kanzlerin" und hochgelobtes Ideal einer gebildeten Frau

Die geselligen Abende der Niemeyers waren legendär. So waren manchmal 100 und mehr Gäste gleichzeitig im

Prägte das gesellschaftliche Leben Halles:
AGNES WILHELMINE NIEMEYER (1769-1847)
(Aufnahme des Originalgemäldes im Hause Niemeyer in Hamburg: Jürgen Taegert 1958)

Haus, etliche von sehr weither. Bei Tee und Wein plauderte man über Kunst und Wissenschaft. Man erfreute sich gemeinsam der Musik und der Literatur und nahm am Entstehen der neuesten Dramen der Dichter Anteil.

So las hier im Haus Niemeyer FRIEDRICH SCHILLER persönlich aus den noch handschriftlichen Fassungen des „Wallenstein", der „Maria Stuart" und der „Jungfrau von Orleans" und verteilte spontan Rolle unter den Anwesenden. Und GOETHE, der sein Ensemble zur Einstimmung dabei hatte, brachte diese

Werke seines Kollegen SCHILLER kurz darauf an seinem Lauchstädter Theater zur Aufführung. Das war die ganz persönliche Weise der Gebildeten, sich mit den freiheitlichen Ideen des Vormärz öffentlich auseinanderzusetzen.

Die Seele der Gesellschaft aber war eindeutig die „Kanzlerin", wie man AGNES WILHELMINE NIEMEYER allgemein nannte. Sie erhielt diesen ehrenden Beinamen nicht nur als Gattin des Hausherrn, sondern festigte ihn durch ihre eigene Souveränität. Es war ihre Art, die den Gästen guttat.

Während AUGUST HERMANN NIEMEYER auf die Besucher manchmal eher schroff und abweisend wirkte, vermochte WILHELMINE die Herzen der Gäste im Nu zu gewinnen. Und das wusste ihr Mann zu schätzen und setzte Wilhelmines Gaben für seine Projekte ein. So schreibt der „Neue Nekrolog der Deutschen" rückschauend über ihn im Jahrgang des Revolutionsjahres 1848:

"August Hermann Niemeyer wusste, wie seine Frau auf Gäste wirkte, und benutzte ihre geselligen Fähigkeiten für seine vielen gesellschaftlichen Verpflichtungen. Auswärtige Gäste, die zahlreich Eintritt in Niemeyers Haus begehrten, soll er lieber zu seiner Frau geführt haben, deren Bildung und echtes Interesse am Gespräch mit ihrem Gegenüber niemanden ohne Bewunderung von ihr scheiden ließ."

WILHELMINE NIEMEYER betrachtet dieses Gelingen „vorbildlicher Geselligkeit" mit zurückhaltender Zufriedenheit und beschreibt ihren Salon als „Tempel der edelsten Gastfreundschaft". Ihren Besuchern widmet sie ihre ganze Empathie und gibt jedem das Gefühl, Star und Mittelpunkt der Gesellschaft zu sein.

Einer ihrer Gäste war der große Theologe FRIEDRICH SCHLEIERMACHER, der seit dem Jahr 1804 in Halle eine außerordentliche Professur für Theologie und Philosophie hatte. Ihm war es in dieser Zeit, die für die Kirche wegen des vorherrschenden Rationalismus sehr schwierig war, gelungen, Herrnhuter Frömmigkeit mit rationaler Wissenschaftlichkeit und fortschrittlichem Zeitgeist im Glauben zu versöhnen.

Diesem anerkannten Theologen, der zu dieser Zeit noch ledig ist, scheint es die Gastgeberin WILHELMINE NIEMEYER

Heimlicher Verehrer von WILHELMINE NIEMEYER: FRIEDRICH SCHLEIERMACHER (1768-1834)

besonders angetan zu haben. Denn der 36-Jährige preist in diesem Jahr 1804 einem Freund gegenüber „*ihre frische jugendliche Gesinnung*", obwohl sie zu diesem Zeitpunkt auch schon im gereiften Alter von 35 Jahre steht, „*ihre große Unbefangenheit, ihre wirklich seltene Liberalität und eine Tiefe des Gemütes, die man gerade bei diesen Eigenschaften nicht leicht voraussetzt*", und er fährt fast mit einem Unterton von Verliebtheit fort: „*Dies zusammen hat nicht nur einen ganz eigenen Reiz, sondern gewährt auch mir wenigstens eine Befriedigung, bei der mir für diese Seite meiner Bedürfnisse wenig zu wünschen übrig bleibt, wenn ich sie nur recht frei genießen könnte.*"

Wilhelmines Achtung vor der Eigenart jedes Gastes, ihre herzliche Freundlichkeit und ihr Interesse am Gegenüber, das sie „in jedem eine Seite finden" lässt, „wo er etwas zu geben hat", paart sich bei ihr mit „edler Herzensbildung'", die es gar nicht nötig hat, mit der Gelehrsamkeit ihres Mannes zu wetteifern. So bekennt SCHLEIERMACHER, dass er zwar mit dem Hausherrn „nicht ins rechte Verhältnis" komme, wohl aber in seiner Frau eine Freundin gefunden habe, mit der er „recht aus dem Herzen" reden könne.

Für viele Gesprächspartner verkörpert WILHELMINE so das Ideal einer gebildeten Frau, die es jederzeit vermag, andere Menschen zu öffnen und angenehme Brücken zu bauen. Ihre Ehe ist das Modell einer geistigen Familienfirma, das sich viele engagierte Männer in der damaligen Zeit wünschen: Während der Mann die wichtigen kulturellen, wissenschaftlichen und finanziellen Beziehungen knüpft, die zum Erhalt eines so gigantischen Universalprojekts, wie der Halleschen Anstalten, erforderlich sind, liefert seine Frau das fast erotisch eingefärbte geistig-gesellige Fluidum, das an die Großzügigkeit des Gastes appelliert und die Lust an der Fortsetzung der Kontakte weckt und erhält.

Über diese gemeinsame Großmutter AGNES WILHELMINE NIEMEYER schreibt Friederikes Großcousine, die 14 Jahre ältere und früh verwaiste MARIANNE

Voll Lob für die Großmutter:
MARIANNE NIEMEYER-IMMERMANN
(gezeichnet von Wilhelm Camphausen 1844)

NIEMEYER-IMMERMANN-WOLF (1819–1886), die den Dichter KARL LEBERECHT IMMERMANN und nach seinem Tod den frommen Kaufmann und Direktor der Berlin-Hamburger Eisenbahn JULIUS GUIDO WOLFF geheiratet hatte, im Rückblick auf ihre schwierige Kindheit als wenig beachtete Halbwaise:

„Sie (diese Großmutter Agnes) war der gute Genius meines Lebens, weckte mein geistiges Sein und ordnete meine Tätigkeit mit großer Liebe und Zärtlichkeit. Was aus mir geworden wäre ohne den Einfluss dieser Frau, weiß ich nicht; es war mein Glück, dass sie jährlich im Frühling und Herbst mehrere Wochen bei uns zubrachte und dadurch einen fortlaufenden Einfluss auf mich übte."

Dieses Lob zeigt die Bandbreite an Verpflichtungen, die WILHELMINE, über die Verantwortung für ihre 15 Kinder und den Haushalt hinaus, auch gegenüber anderen Familienmitgliedern und sicher auch gegenüber ihrer Enkelin FRIEDERIKE auf sich genommen hat und lässt uns etwas von ihrer überströmenden Herzenswärme ahnen. Es ist ihr Urenkel FELIX WOLFF, Sohn der eben genannten MARIANNE NIEMEYER, der im Jahr 1925 in seinem Buch „Auf dem Berliner Bahnhof" einige Aspekte aus dem uneigennützigen Wirken und der weit ausstrahlenden Persönlichkeit von AGNES WILHELMINE NIEMEYER so zusammenfasst:

„Eine treue Mutter ihrer zahlreichen Kinder, eine ganz vorzügliche Hausfrau, die ihre Wirtschaft bis in die kleinsten Einzelheiten leitete, war sie hoch gebildet, äußerst gewandt und von höchstem Wissensdrang erfüllt. So verfolgte sie die literarischen Erscheinungen des Tages, trieb Englisch und Französisch und ließ auch die Musik nicht liegen. Unbemittelte Studenten und Schüler des Pädagogiums der Franckeschen Stiftungen fanden ihren Tisch bei der Kanzlerin gedeckt und empfingen und gaben geistige Nahrung."

„Vatertochter" und Bildungsprojekt des Magdeburger Hofrats v. KÖPKEN

Man könnte fragen, wie WILHELMINE NIEMEYER zu dieser hochgelobten Ehefrau und Mutter, zur „Mitkanzlerin" der Universität und der Franckeschen Stiftungen und zur unentbehrlichen „Grande Dame" der Hallesche Gesellschaft geworden ist, die am Ende gar wie die „heimliche Königin von Halle" verehrt wurde, obwohl es ja eigentlich ihr Mann war, dem man dann im Jahr 1827 die Silberne Bürgerkrone verlieh.

Man stößt auch bei dieser Frage wieder auf das Thema „Mädchenerziehung und Frauenrolle im 19. Jh." Es zeigt sich, dass diese „Vatertochter" WILHELMINE NIEMEYER ein ganz ehrgeiziges Bildungsprojekt ihres Vaters, des angesehenen Magdeburger königlichen Hofrats FRIEDRICH V. KÖPKEN, war. Sie hat aber, wie es scheint, seine Art von Erziehung ohne Schaden für ihre Psyche, aber zum Nutzen der damaligen Gesellschaft und ihrer Nachkommen überstanden.

Was offenbar bereits der 17-jährigen Braut und seit dem Jahr 1786 Ehefrau von AUGUST HERMANN NIEMEYER von

Anfang an so flott von der Hand ging, nämlich die Gestaltung gepflegter Gastlichkeit und geselligen Lebens für die gehobene Bürgergesellschaft, das war diese AGNES WILHELMINE CHRISTIANE V. KÖPKEN (1769-1847) offenbar schon von klein auf gewöhnt.

So berichtet die ehemalige Lehrerin für Deutsch und Englisch und Buchautorin BRIGITTE KÖTHER in ihrem in MAGDEBURG im Jahr 2005 gehaltenen Vortrag über „Stadt-, land- und weltbekannte Vorfahren der Marianne Immermann, geborene Niemeyer" auch von den Kindheitsprägungen dieser interessanten Großmutter Mariannes, Friederikes und einer weiteren großen Enkelschar.

Sie beschreibt Agnes' Vater FRIEDRICH V. KÖPKEN (1737-1811) als einen schöngeistig interessierten Juristen der gehobenen Gesellschaft, dem Kunst und Wissenschaft von Anfang viel bedeuteten, und der in seinem Beruf als Regierungsadvokat in MAGDEBURG durch seine geschliffene Ausdrucksweise und höchste Sorgfalt so erfolgreich war, dass ihm trotz einer geringen Anzahl von Prozessen „genügend Zeit und Muße für gediegenes geselliges Leben" und zur Beschäftigung mit seiner viel geliebten schöngeistigen Literatur blieb.

Das gesellschaftliche Leben der Oberschicht in HALLE, BERLIN und HALBERSTADT war sein Vorbild, um auch in MAGDEBURG einen Bildungssalon einzuführen. Zu ihm fanden sich Vertreter des preußischen Hofes, Honoratioren der Stadt, Kaufleute, Pfarrer, Dichter,

Ambitionierter Hofrat und Tochter-Erzieher: FRIEDRICH V. KÖPKEN in MAGDEBURG, der auch zu den Vorfahren der Familie TÄGERT/TAEGERT gehört (Aufnahme: Jürgen Taegert 1958)

Musiker und andere künstlerisch aktiv Tätige aus den Kreisen des Bildungsbürgertums zusammen, um in der Männerrunde ihrem gemeinsamen Bildungsinteresse zu frönen. Sie nannten ihren Zirkel am Anfang nach dem Wochentag ihrer Zusammenkunft „Mittwochsgesellschaft". Bald gesellten sich Kloster- und Kirchenleute, Philosophen und Schulrektoren, Grafen und Staatsminister, Bürgermeister und Militärs hinzu.

Bildung in geselliger Runde war für die bürgerliche Oberschicht damals weitaus mehr als nur Zerstreuung oder bloße Unterhaltung. Vielmehr unterwarf sich jeder Gebildete damals dem ungeschriebenen gesellschaftlichen Gebot, sich um seine persönliche Gewissens- und Geistesbildung auf allen Gebieten zu bemühen, um sich so immer weiter zu einer moralisch integeren Persönlichkeit zu vervollkommnen. Und wo könnte so eine Selbstformung besser gelingen, als im sozialen Gefüge eines Kreises gleichgesinnter Freunde?

Diese Mittwochsgesellschaft, die ihren Namen später mehrfach änderte und auch als „Gelehrter Club", als „Die Lade" oder als „Literarische Gesellschaft" auftrat, spielte bald auch im öffentlichen Leben der Stadt MAGDEBURG eine ständig größer werdende Rolle; sie bestand noch bis in die erste Hälfte des 19. Jh. fort. Es entwickelten sich auch Verbindungen zu Persönlichkeiten und ähnlichen Interessengruppierungen in BERLIN, HALLE, WEIMAR, JENA, DRESDEN usw. Durch diesen geselligen Zirkel, an dessen Erblühen Hofrat V. KÖPKEN seinen erheblichen Anteil hatte, wurde das geistig-kulturelle Leben in der preußischen Festungsstadt MAGDEBURG in der zweiten Hälfte des 18. Jahrhunderts ganz wesentlich geprägt.

Zu den Gästen dieser Magdeburger Gesellschaft gehörte auch AUGUST HERMANN NIEMEYER, der mit KÖPKEN schon seit dem Jahr 1774 aus gemeinsamen Begegnungen in HALLE bekannt und befreundet war. Beide fühlten sich zunächst vor allem „in der gemeinsamen Liebe zu den Musen" verbunden und

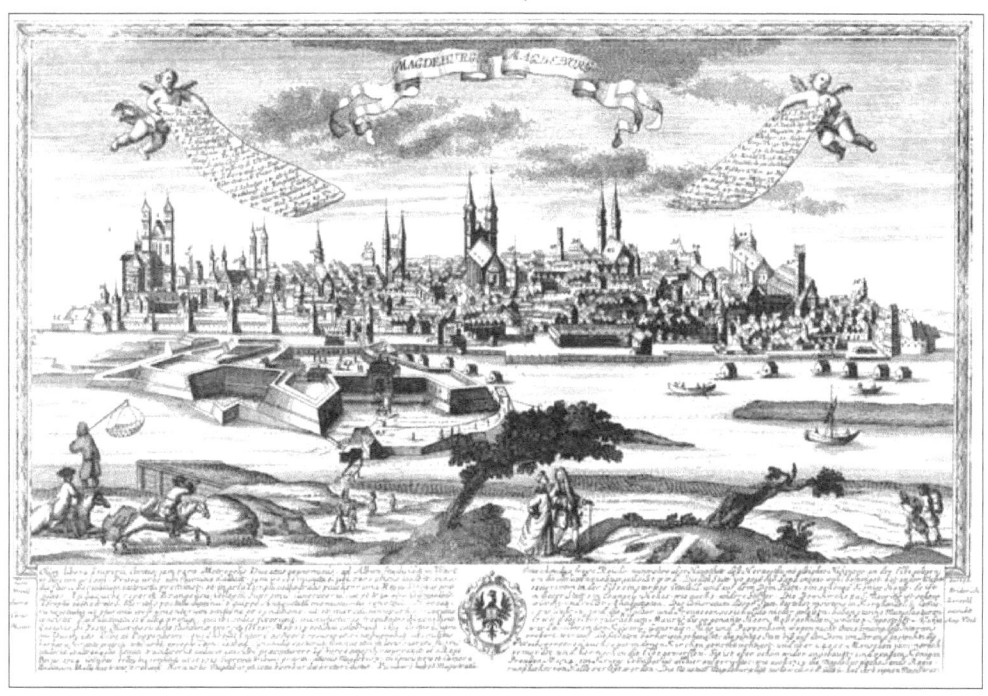

Starke Festung an der Elbe: MAGDEBURG 1750 (Stich von Joseph Friedrich und Christian Leopold)

standen im Briefwechsel und in freundschaftlichem Umgang.

Es war ein Kreis, in dem auch Musiker verkehrten, so der Magdeburger Organist, Lehrer und Komponist JOHANN HEINRICH ROLLE. Ihn machte KÖPKEN mit NIEMEYER bekannt. Dabei erwähnte er auch Rolles Interesse, geistige dramatische Vokalwerke zu schreiben, wenn er denn einen Textdichter dafür hätte. Der auch poetisch begabte NIEMEYER machte sich gleich ans Werk und schrieb für ihn biblische Dramen. ROLLE vertonte sie dann begeistert in der Art Händel'scher Oratorien, wenn auch im moderneren Stil des Rokoko. So entstand z.B. das Oratorium „Abraham auf Moria".

Dieses gemeinsame Werk von ROLLE und NIEMEYER erlebte im Jahr 1776 in LEIPZIG seine Uraufführung und kam im gleichen Jahr auch in MAGDEBURG zur Aufführung. Es wurde ein Riesenerfolg und zur meistgespielten Vokalkomposition des 18. Jh. überhaupt!

In den nächsten fünf Jahren folgten noch drei weitere „religiöse Dramen für die Musik", die von ROLLE und anderen Kantoren mit großer musikalischer Besetzung in verschiedenen Orten Deutschlands zur Aufführung gebracht wurden, z.B. „Lazarus – oder: die Feier der Auferstehung", aufgeführt im Jahr 1791 auch in REGENSBURG.

An Rolles öffentlichen Konzerten in MAGDEBURG nahmen *„alle gesitteten Stände der Stadt ohne Unterschied zwischen Adel und Bürgerstand teil, eine Mischung, die unter dem sonst braven General und Gouverneur von Saldern, dessen schwächere Seite doch übertriebener Adelsstolz war, allerdings wichtig und eine Hauptveranlassung ward, dass dieser Unterschied zwischen beiden Ständen in der Folge in den gesellschaftlichen Zirkeln mehr und mehr verschwand."* – Die Musik war also eine willkommene und allseits begrüßte Brücke zwischen den gesellschaftlichen Gruppen und „Ständen".

Zum Tode des Komponisten ROLLE im Jahr 1785 verfasste AUGUST HERMANN NIEMEYER auf Veranlassung Köpkens einen Text, den dann der Magdeburger Musikpädagoge und Komponist

Angesehener Komponist des Rokoko:
JOHANN HEINRICH ROLLE (1716-1785) vertonte religiöse Dichtungen von AUGUST HERMANN NIEMEYER

JOHANN FRIEDRICH LEBRECHT ZACHARIÄ (1753-1807) vertonte, ein sogenanntes „Totenopfer".

Und damit nimmt auch das besondere „Projekt Wilhelmine" seinen Lauf. Denn es ist dieser Musiker ZACHARIÄ, der für die kindliche Entwicklung und Bildung der Tochter Köpkens bald große Bedeutung gewinnt.

Erziehung nach Rousseaus pädagogischem Hauptwerk „Emile"

Als AGNES WILHELMINE CHRISTIANE am 15. Februar 1769 geboren wird, ist sie das erste überlebende Kind der Familie KÖPKEN. Neun Kinder insgesamt bringt die Mutter AGNETE CHARLOTTE, geb. REIMERS, im Lauf der Jahre zur Welt, aber nur fünf von ihnen überleben überhaupt das erste Jahr.

Seit das Erstgeborene, ein Junge, im Jahr 1868 tot zur Welt kam, leidet die Mutter unter Depressionen und Weltschmerz. Der Junge hätte die Adelstradition und das damit verbundene Lehensrecht fortführen sollen. AGNETE ist psychisch und physisch seitdem nicht mehr belastbar. Sie lässt ihre älteste Tochter WILHELMINE von früher Kindheit an offenbar persönliche Abneigung spüren, so empfindet es jedenfalls das Kind.

Dagegen ist WILHELMINE von Anfang an Papas Liebling. Der Vater will aber pädagogisch nichts falsch machen. Insbesondere will er keine verwöhnte Prinzessin heranziehen, die meint, dass sie sich alles erlauben kann. So sucht der Vater Rat bei JEAN-JACQUES ROUSSEAUS Erziehungstheorien in seinem eben erschie-

Gestresste Mutter mit Depressionen: AGNETE V. KÖPKEN (Aufnahme: Jürgen Taegert 1958)

nen Hauptwerk in fünf Büchern „Emile – oder über die Erziehung" 1762. Im letzten Buch wendet sich der Erzieher „Jean-Jacques", hinter dem sich der Schriftsteller als seinem „alter ego" verbirgt, der Erziehung eines Mädchens namens „Sophie" zu; „Emile" wird es nach Abschluss seiner Erziehung heiraten.

Weibliche Bildung ist nach den damals vorherrschenden Ansichten zweckorientiert. Die Frau soll ihrem zukünftigen Mann gefallen und ihm das Leben angenehm machen. Neben allgemeiner Bildung soll sie singen, Klavierspielen, nähen und kochen lernen.

In der natürlichen kindlichen Neugier von Mädchen oder jungen Frauen sieht ROUSSEAU ein zukünftiges Gefährdungspotenzial für den Mann (!). Diese Neugier sei deshalb besser einzudämmen, „*da sie klug genug sind, um Geheimnisse, die man ihnen verbirgt, zu ahnen, und weil sie schlau genug sind, sie zu entdecken.*"

Wilhelmines Vater lässt sich von diesen Ratschlägen inspirieren. Nach einem strengen Plan verfolgt KÖPKEN die Erziehung seiner Tochter zu ihrer „weiblichen Bestimmung": Ihre zukünftige Rolle als Gattin, Mutter und Hausfrau ist das Ziel. Aus Sorge, das Kind zu verzärteln, regieren Verbote und Befehle den Alltag. Der Vater ruft mit Schärfe zu strenger Ordnung.

Rückblickend preist KÖPKEN später in seinen Lebenserinnerungen seine Erziehungsarbeit an seiner Tochter: „*Mit ihrer Bildung habe ich mich am meisten abgegeben, und ihr heller Kopf, ihre Lernbegierde und der gute Erfolg belebten und belohnten meine Bemühungen.*" Sie sei, so lautet sein zufriedenes Résumé, „*ein von allen geliebtes Mädchen*" geworden „*und ist jetzt die glücklichste Ehefrau*".

Als WILHELMINE acht Jahre alt ist, übernimmt der oben genannte Musiker LEBRECHT ZACHARIÄ die Aufgabe, dem Mädchen, wie es sich für Höhere Töchter damals allgemein gehört, Klavierunterricht zu erteilen, und er tut dies mit größtem Erfolg. Bereits nach zwei Jahren ist die nun zehnjährige kleine Pianistin in der Lage, in den Hauskonzerten vor großem Publikum ihr Können zu zeigen, sehr zur Freude und Befriedigung des stolzen Vaters.

Mit jeder Darbietung vor dem neugierig lauschenden Kreis der Gäste steigert sich die Sicherheit im Spiel des jungen Mädchens und im Umgang mit den Gästen. Der Vater liebt es auch persönlich, sich von seiner Tochter auf dem Klavier vorspielen zu lassen.

Durch das Vorspiel bei der abendlichen Gesellschaft lernt WILHELMINE auch manche weiteren berühmten Musiker und Komponisten kennen, die in ihrer Zeit einen Namen haben. Bald steht sie mit all diesen interessanten Menschen, die da in ihrem Elternhaus verkehren, auf vertrautem Fuß.

Nachdem die Mutter AGNETE sich häufig wegen Unpässlichkeit entschuldigt und in der Gesellschaft kaum zeigt, nimmt die Tochter stillschweigend ihren Platz an der Seite des Vaters ein, wobei dieser sie gern gewähren lässt. Sie versteht zwar längst nicht alles, was die gelehrten und gebildeten Herren sich zu sagen haben, aber sie spitzt doch die Ohren, lässt alles auf sich wirken und saugt das interessant Erscheinende auf wie ein Schwamm.

Eine Höhere Töchterschule gibt es in MAGDEBURG zu dieser Zeit noch nicht, sie wird erst im Jahr 1819 errichtet. Aber der Vater lässt es in der Bildung seiner Tochter an nichts mangeln. Seine effektive Arbeitsweise im juristischen Beruf gibt ihm manchen Freiraum für zu Hause. Er unterrichtet das Mädchen auch in den Fremdsprachen Französisch und Englisch. Seine große Bibliothek wird für WILHELMINE zu einer wahren Fundgrube zur Stillung des Wissensdurstes.

Der gebildete und fromme Professor NIEMEYER als Verehrer der jungen WILHELMINE

Auch dem häufigen Gast AUGUST HERMANN NIEMEYER ist das Aufblühen dieses begabten, hübschen und lebhaften Mädchens nicht verborgen geblieben. Und so ist es fast unvermeidlich, dass dieser Junggeselle, der daheim durch vielfältige Pflichten als Direktor, Vorgesetzter und Dozent gebunden ist, auswärts in befreiter Stimmung ein heimliches Auge auf sie wirft.

Er ist über 14 Jahre älter als der Backfisch WILHELMINE. So gehören sich seine Regungen eigentlich nicht. Doch als einer, der früh verwaist ist und damit das Schicksal vieler Kinder seiner Zeit teilt, sehnt er sich unverhohlen nach der Wärme eines eigenen Nestes.

Dabei gehen seine Gedanken zurück in die eigene Kindheit. Neun Jahre alt war AUGUST HERMANN NIEMEYER, da traf es ihn zum erst Mal; er verlor seine Mutter. Diese AUGUSTE SOPHIE, geborene FREYLINGHAUSEN, war die direkte Nachfahrin des Gründers der Halleschen Anstalten AUGUST HERMANN FRANCKE gewesen, seine Enkelin. Ihr war nur eine kurze Lebenszeit von gerade einmal 46 Jahren beschieden.

Als AUGUST HERMANN 12 Jahre alt war, hatte es ihn zum zweiten Mal getroffen: Der Vater JOHANN CONRAD PHILIPP NIEMEYER, Theologe und Lehrer am Waisenhaus in HALLE, verstarb 56-jährig. Seine Tante SOPHIE ANTOINETTE LYSTHENIUS, geb. V. WURM, die als Mitglied

ANNA MARGARETE FRANCKE, geb. V. WURM (1670-1734): Ehefrau von AUGUST HERMANN FRANCKE, Urgroßmutter von AUGUST HERMANN NIEMEYER, und zugleich die Tante seiner Adoptivmutter SOPHIE LYSTENIUS, geb. V. WURM

des Adels am ostfriesischen Hof aufgewachsen war, hatte ihn damals aufgenommen und adoptiert. Sie war die Nichte von August Hermann Franckes Ehefrau ANNA MAGDALENA, geb. V. WURM, und Witwe eines russischen Leibarztes und Rates. Sie hatte die Erziehung und Umgangsformen des Adoptivsohns geprägt und seinen Bildungsgang beeinflusst. Aber irgendwie vermisste er die Nestwärme und Geborgenheit einer „normalen" Kindheit mit Mama und Papa.

AUGUST HERMANN ist seit dieser Kindheit unerhört strebsam, pflicht- und zielbewusst und selbstkritisch. Aber nach außen hin wirkt er manchmal verschlossen, ja abweisend. Er erscheint wie einer, der sich unsicher ist, ob er überhaupt zu leben verdient. Irgendwie ist er seit seiner Kindheit ein wenig verstört. Immer ist er auf der Suche danach, akzeptiert und geliebt zu werden. Dabei ist er aber gutmütig und großzügig. Bei aller ernsthaften Bildung hat er sich eine schlichte Frömmigkeit bewahrt.

Mit diesen Gefühlen sieht er die junge WILHELMINE V. KÖPKEN heranwachsen, die in der Geborgenheit des Elternhauses groß geworden ist und viele Anregung und Bestätigung erfahren hat. Kann dieses burschikose und beredte Mädchen, das so ungehemmt auch auf ihn zugeht, seine Sehnsüchte und Erwartungen erfüllen? Kann er ihr trotz ihres Altersunterschiedes etwas bedeuten?

NIEMEYER ist zu dieser Zeit in HALLE Professor der Theologie und hält als Inspektor des theologischen Seminars philologische und humanistische Vorlesungen. Neben seinen schon genannten vertonten poetisch-dramatischen Gedichten und weiteren Texten zu Liedern und Kantaten hat er zu diesem Zeitpunkt auch schon kluge Bücher veröffentlicht, die in den Kreisen der Gelehrten und Gebildeten gern gelesen werden, darunter philologische Schriften über Werke des klassischen Altertum, wie die „Ilias" des von ihm hoch verehrten blinden Sängers HOMER oder die Tragödien des SOPHOKLES. Über „Das Homerische Gleichnis" ist er im Jahr 1777 zum Doktor der Philosophie promoviert worden. Seitdem hält er neben seiner theologischen Tätigkeit auch Vorlesungen über Literaturgeschichte und griechische und römische Klassiker.

Auch sein auf fünf Bände angelegtes theologisches Hauptwerk „Charakteristik der Bibel" (als „Googlebook" kostenlos im Internet nachzulesen), das er als 21-Jähriger begonnen hat, ist inzwischen vollständig erschienen. NIEMEYER verfolgt mit diesem umfangreichen Werk zwei Ziele: Einerseits wendet er sich bewusst an „denkende Christen" und christlich eingestellte Familien, um ihnen in der Zeit des Rationalismus, in der der christliche Glaube auf dem Prüfstand der kritischen Wissenschaft steht, neu und lebendig die Bibel nahezubringen. Andererseits möchte er gelehrte Theologen ansprechen und erregt tatsächlich in der theologischen Fachwelt einiges Aufsehen. Sein Werk erlebt mehrere Auflagen auch noch in der folgenden Generation.

NIEMEYER bemüht sich, die steifen Lehrsätze der Altlutherischen Orthodoxie zu vermeiden. Und er will auch die kühle Schärfe aufgeklärter Bibelexegese und Religionskritik umgehen. Es gelingt ihm, einen ganz neuartigen Weg zu finden, sich der Bibel zu nähern: Von seiner warmherzigen Herrenhutischen Frömmigkeit aus betrachtet er die „Biblischen Charaktere". Er nimmt die großen Gestalten der Heilsgeschichte von Abraham bis zu den Profeten als Beispiele gelebten Menschseins und lädt den Leser ein, den Weg dieser Glaubenspersonen eingehend in Blick zu nehmen; auf diese Weise soll der Betrachter den Weg zur Vervollkommnung der eigenen Persönlichkeit entdecken und Irrwege vermeiden.

Niemeyers Frömmigkeit ist auf „Herzensbildung" ausgerichtet. Mit diesem Ansatz wendet er sich auch immer stärker der Pädagogik zu. Sie hat ja in der Internatsschule der Halleschen Anstalten ihre Tradition, wird aber zu dieser Zeit recht streng gehandhabt. NIEMEYER verfasst wegbereitende Schriften zur Pädagogik, etwa seine „Grundsätze der Erziehung und des Unterrichts" 1796. Sie entwickeln sich im 19. Jh. rasch zu Standardwerken der Pädagogik. Mit fortschrittlichen Erziehungsideen und -angeboten erneuert NIEMEYER das Bildungsprogramm von Grund auf, welches das Pädagogium für die Söhne des Adels und des zahlungskräftigen aufstrebenden Bürgertums gedacht hat.

Der jungen WILHELMINE V. KÖPKEN gefällt Niemeyers Art. Sie findet es sympathisch, dass ihr gebildeter Verehrer als Pfarrer und Dozent nicht so abgehoben und steif wirkt, wie manche andere Professoren, die sie inzwischen ja in Fülle kennengelernt hat. Sie sieht in ihm einen schlichten frommen Menschen und suchender Christen. Sie ist zu diesem Zeitpunkt erst 17 Jahre alt, er ist bereits 32. Aber weil sie überzeugt ist, dass sie sich an seiner Seite mit ihrer Persönlichkeit und ihren Gaben entfalten kann, willigt sie auf sein Werben ein.

Am 6. Oktober 1786 schließen AUGUST HERMANN und WILHELMINE NIEMEYER in der ehemaligen Klosterkirche St. Ulrich zu HALLE den Bund der Ehe.

Hochzeit 1786 in der St. Ulrichskirche in HALLE:
Heute Konzertsaal ohne Altar

Es ist ein kalter Freitag. Das Wetter ist seit dem 20. September stürmisch und regnerisch gewesen. Es kündigt sich in diesem Jahr ein früher Wintereinbruch an. Das tut ihrer freudigen Erwartung keinen Abbruch. Sie sind mit der Kutsche zur Kirche gefahren und haben sich etwas Warmes übergezogen. Nur die zahlreichen neugierigen Menschen in der Menge, die das Spalier bilden und dem Brautpaar zuwinken, frösteln trotz ihrer Mitfreude ein wenig.

Die Trauung an der gotischen Kirche St. Ulrich ist dem Brautpaar wichtig. Hier hatte schon der Urgroßvater des Ehemannes, AUGUST HERMANN FRANCKE, als Pfarrer gewirkt. Die Vorstellung einer geistlichen Gemeinschaft mit diesem hochverehrten Urahn berührte die beiden. – Seit Aufhebung des Kloster war diese Kirche St. Ulrich zu HALLE die evangelische Gemeindekirche. Zu Anfang des 19. Jh. wird sie auch Universitätskirche. In der DDR-Zeit wurde sie zu

dann zu einer Konzerthalle umfunktioniert und verlor dabei wesentliche Teile ihrer Innenausstattung, so auch den gotischen Flügelaltar –.

Die Adoptivmutter des Bräutigams SOPHIE LYSTHENIUS (1711-1790) ist ehrlich froh, dass ihr Schützling eine so hübsche und muntere Frau gefunden hat; das wird sein Gemüt aufhellen und helfen, die Verluste der Kindheit auszugleichen, so hofft sie.

Auch Wilhelmines Eltern sind von der Trauung bewegt. Trotz des jugendlichen Alters der Braut haben sie bereitwillig ihre Zustimmung gegeben; sie empfinden die Brautwahl durch diesen respektablen Mann als eine Ehre. Aber der Vater, FRIEDRICH V. KÖPKEN, kann sich doch ein paar Tränen nicht verkneifen, ihm fällt die Trennung von seiner geliebten Tochter schwerer, als er zugeben möchte. Nun hat er niemanden mehr, der ihm so einfühlsam am Klavier vorspielt. Aber er tröstet sich doch einer gutmeinenden Fügung, welche die Tochter „in den Armen eines so würdigen Mannes so glücklich gemacht hat."

WILHELMINE und AUGUST HERMANN NIEMEYER – eine Ehe voll Tatkraft auf Augenhöhe

Neben ihrem perfekten Klavierspiel bringt die hübsche junge Braut AGNES WILHELMINE NIEMEYER auch eine gute Singstimme und weitreichende Kenntnisse auf dem Gebiete der Poesie und der schönen Literatur in die Ehe ein. Vor allem aber ist diese Gattin eines bekannten und berühmten, fast doppelt so alten Mannes, von Anfang an in der Lage, ihren anspruchsvollen, repräsentativen Aufgaben im Haus gerecht zu werden.

Dabei ist die junge Frau froh, dass die inzwischen hoch betagte Adoptivmutter ihres Mannes, SOPHIE LYSTHENIUS weiterhin mit im Haus wohnt. Sie führt den Haushalt samt Personal mit gewohnt strenger Hand noch vier Jahre lang bis zu ihrem Tod weiter. Aber schon bald wird AGNES WILHELMINE zum „vereinigenden Mittelpunkt der Familie", wie es später der Enkel KONRAD AUGUST NIEMEYER ausdrückt.

Ihre Leistungen nicht nur als Ehefrau, sondern auch als Mutter, sind zu bewundern. Im Laufe der 41 Ehejahre bringt sie 15 Kinder (!) auf die Welt, von denen allerdings fünf bereits bei der Geburt oder im ersten Lebensjahr sterben. In den ersten 25 Jahren ihrer Ehe ist WILHELMINE praktisch fast ständig guter Hoffnung. Doch der Tod bleibt in dieser Familie ein ständiger Gast; nur zwei Söhne und drei Töchter überleben letztlich die Mutter, darunter unser Vorfahr FRANZ ANTON.

Wie WILHELMINE trotz aller dieser Leiden und Sorgen ihren umfangreichen Haushalt und die riesigen Gästebewirtungen schafft und dabei ihre gute Laune behält, ist ihr Geheimnis. Für ihren Mann bleibt sie dabei in allen Lebenslagen und schwierigen Situationen eine treue und absolut zuverlässige Stütze und Beraterin, die sich immer wieder aufs Neue bewährt.

Ganz einschneidende Erfahrungen treffen die Familie 20 Jahre nach ihrer

Hochzeit durch die Entwicklung der politischen Lage im Verlauf der napoleonischen Kriege. Bestürzt erleben sie nach der Doppelschlacht von JENA und AUERSTEDT im Oktober 1806 den Zusammenbruch Preußens und NAPOLEONS Willkürhandeln. Der siegreiche Kaiser lässt nach seinem Einmarsch in HALLE die Universität schließen; alle Dozenten werden entlassen. Der Rektor der Universität AUGUST HERMANN NIEMEYER wird im folgenden Jahr 1807 als Geisel nach PARIS entführt und soll auch noch die Kosten für sein Exil tragen.

Doch auch diese missliche Situation weiß NIEMEYER dank der moralischen Unterstützung seiner Frau effektiv zu nutzen. Er betrachtet diese „Zwangsreise" im Sinne der Herrenhutischen Frömmigkeit als eine Fügung Gottes, die das Projekt der Franckeschen Anstalten fördern soll, und er nutzt die Gelegenheit, um bekannte Persönlichkeiten zu besuchen, Sehenswürdigkeiten zu betrachten, Bildungs- und Sozialeinrichtungen zu studieren und vor allem, um wichtige Kontakte zu den zukünftigen Ministern des Königreiches Westfalen zu knüpfen, die bis auf weiteres die neuen Herren sind.

Und tatsächlich, diese neu geknüpften Verbindungen erweisen sich letztlich nach dem Sturz des Korsen als sehr hilfreich für den neuen Start der Halleschen Anstalten und der Universität. Dieser glückliche Neustart der Einrichtungen ist praktisch ausschließlich der Tatkraft und Hingabe Niemeyers zu verdanken und haben ihm mit Recht das Prädikat des

Der Westfalenkönig ernennt Niemeyer zum Rektor auf Dauer: JÉRÔME BONAPARTE

„Wiedergründers" der Halleschen Anstalten eingebracht.

Denn durch geschicktes Verhandeln erreicht er es, dass die Universität bereits im Mai 1808 wieder eröffnet werden kann. Der Vorlesungsbetrieb kann wieder aufgenommen werden. Zugleich erhalten die Franckeschen Stiftungen eine solide und tragfähige finanzielle Unterstützung. Dass der Westfalenkönig JÉRÔME BONAPARTE ihn schließlich als *Rector perpetuus*, also ohne die Notwendigkeit jährlicher Wiederwahl, einsetzt und als Kanzler bestätigt, zeugt von NIEMEYERS großem diplomatischen Geschick. Er konnte sich auch bei solchen waghalsigen Unternehmungen völlig auf seine WILHELMINE verlassen.

Noch heute gilt AUGUST HERMANN NIEMEYER als Halles *prominentester Bür-*

ger, ja als *gekröntes Haupt,* seit Magistrat und Bürgerschaft ihm im Jahre 1827 anlässlich seines 50jährigen Amtsjubiläums die silberne, teilweise vergoldete Bürgerkrone für sein gemeinnütziges Engagement verliehen und auch eine Straße nach ihm benannt haben. Als er ein Jahr später im Alter von 73 Jahren stirbt, kennt die Anteilnahme keine Grenzen.

Das Pfarrarchiv Unserer Lieben Frauen vermerkt: *„Noch nie ist wohl ein schönerer Leichenzug bey einem Begräbniß in Halle gewesen, als wie bey der Beerdigung des höchstverdienten Herrn Kanzler Niemeyer."* In etlichen Kirchen der Stadt läuten die Glocken sowohl am Sterbe-, als auch am Begräbnistag. Der Leichenzug durch Halles Straßen erscheint endlos. Den Stadtgottesacker, wo er im Erbbegräbnis der Familie beigesetzt wird, schmückt ein Meer von Blumen und Bändern. Prächtiger konnte wohl kein adliges gekröntes Haupt bestattet werden. Der Eintrag im Pfarrarchiv endet mit den Worten: *„Lange wird dieser vortreffliche Mann unter uns und in der ganzen Welt unvergesslich bleiben, denn es war noch nicht seinesgleichen hier und wird auch so bald nicht wieder kommen."*

Eine Stele mit der bronzenen Büste von AUGUST HERMANN NIEMEYER wurde im September 1994 anlässlich seines 240. Geburtstages in Anwesenheit von über einhundert Nachfahren dieses verdienten Wiedergründers und Altdirektors der Stiftungen enthüllt. Auch ein großer Teil unserer Familie nahm an diesem bewegenden Ereignis teil. Voll

Erinnerung an den Wiedergründer der Franckeschen Anstalten: Stele und *Büste zu Ehren von AUGUST HERMANN NIEMEYER* in *HALLE*

Staunen nahmen wir wahr, welche Dynamik diese soziale und kulturelle Einrichtung heute noch entfaltet, die unter Leitung von „Deutschlands berühmtestem Bibliothekar" DR. PAUL RAABE (1927 –2013) nach dem Ende der DDR zum dritten Mal wiedergegründet und zu neuem Glanz erblüht ist.

Die Niemeyer-Stele fand zunächst im Garten hinter dem ehemaligen Magazingebäude ihren Platz und wurde vor Beginn der Bauarbeiten vor den Glasverbindungsbau des Bibliotheksgebäudes gesetzt. Dort stand sie nicht lange; im

Juni 2002 wurde die Büste gestohlen und blieb seitdem unauffindbar. Der Hamburger Zweig der Familie NIEMEYER leitete eine Spendenaktion ein, die es dem Freundeskreis ermöglichte, einen neuen Bronzeabguss herzustellen.

Geschaffen hat die neue Büste der 1956 geborene bulgarische Maler, Grafiker und Bildhauer ROSSEN ANDREEV. Er hat noch zu DDR-Zeiten an der Hochschule für industrielle Formgestaltung Burg Giebichenstein/Halle studiert und ist seit dem Jahr 1994 Leiter der grafischen Werkstatt im Fachbereich Kunstpädagogik der halleschen Kunsthochschule. Als Vorlage diente ihm die Skulptur, die einst der Bildhauer CHRISTIAN FRIEDRICH TIEK geschaffen hat und die sich noch heute in der Universität HALLE befindet.

Zur Feier des 340. Geburtstages des eigentlichen Gründers der Halleschen Anstalten, AUGUST HERMANN FRANCKE, im März 2003 wurde die nachgegossene Büste an ihrem neuen Platz neben dem Mägdelein-Haus der Öffentlichkeit übergeben. Sie steht damit nur wenige Schritte von der bekannten Skulptur Franckes (s.o. S. 68) entfernt. Der Platz ist mit Bäumen bepflanzt und mit Hainbuchen umsäumt; er trägt nun den Namen AUGUST-HERMANN-NIE-MEYER-Platz.

AGNES WILHELMINE NIEMEYER überlebte seinerzeit ihren Mann um fast 20 Jahre und blieb der Mittelpunkt ihrer weit verzweigten Familie. Nicht nur für die früh verwaiste Enkelin MARIANNE war sie eine wichtige moralische Stütze.

Im Jahr 1994 vom Freundeskreis erstmals aufgestellt: Die 2008 neu gegossene Büste für AUGUST HERMANN NIEMEYER

Auch die andere Enkelin FRIEDERIKE TÄGERT, die junge Ehefrau von JOACHIM CHRISTOPH WILHELM TÄGERT, durfte ihre Großmutter noch bis zum 14. Lebensjahr persönlich erleben und war oft bei ihr zu Gast. Sie verdankte ihr nicht nur die Geschichten über die „gebildete Geselligkeit" am Großen Berlin in HALLE, sondern auch manche Anregungen, um mit dem eigenen Leben und mit ihrer Rolle als zukünftige Frau und Mutter im Bürgertum der ausklingenden Biedermeierzeit erwartungsvoll und schöpferisch umzugehen. Ihr weiterer Lebensweg verlief aber kurz und tragisch.

Die kurze Ehe der Friederike Tägert

Im Vergleich zu ihrer viel gelobten Großmutter AGNES WILHELMINE, die ihr als eine wahrhafte „Überfrau" erscheinen musste, weil sie alles so perfekt und voll Herzenswärme managte, fühlte sich FRIEDERIKE sicher nur als kleines Licht. Andererseits erlebte FRIEDERIKE von Kindesbeinen an diese anspruchsvolle Geselligkeit mit einer bunten Fülle einfacher und erlesener Gäste auch im eigenen Elternhaus des Universitätsprofessors und Konsistorialdirektors FRANZ ANTON NIEMEYER und seiner zweiten Frau GABRIELE V. HASELBERG in Greifswald und prägte sich vieles für ihr Leben ein.

Gebildet in der „Kinderstube" und auf der „Höheren Töchterschule"

Ihre Rolle als viel betatschtes niedliches Nesthäkchen und das ganze kindische Getue, das Erwachsene Kindern gegenüber gern an den Tag legen, waren FRIEDERIKE allerdings zunehmend peinlich. Sie wollte lieber, wie schon ihre Großmutter, dem Vater ein Beistand für die manchmal anstrengende Gastfreundschaft sein, auch wenn dabei die Gefahr bestand, als junger Mensch ein wenig altklug zu wirken.

Anders als WILHELMINE ist FRIEDERIKE aber kein „Bildungsprojekt des Vaters", sondern hat von frühester Kindheit an eine öffentlich zugängliche Erziehung und dann auch eine eigene höhere Schulbildung genossen. Denn die Bildungsanstrengungen des Biedermeier in der Nachfolge der Francke'schen Pädagogik hatten inzwischen vielfältige Früchte getragen.

Zu den damals innovativsten Einrichtungen zählte die „Greifswalder Kinderstube", die im Geburtsjahr von FRIEDERIKE 1833 eröffnet wurde. Es handelte sich um eine vorschulische Einrichtung, die auch als „Wartestube für Kleinkinder"

Als Nesthäkchen im gehobenen Bürgerhaus aufgewachsen: Das Elternhaus von FRIEDERIKE NIEMEYER in GREIFSWALD

bekannt war. Sie war in Mühlenstraße 14 in den Räumlichkeiten untergebracht, die einst der Guardian des „Grauen Klosters" bewohnt hatte. Privatleute aus der Oberschicht hatten unter dem Patronat der Stadt GREIFSWALD diese frühe Form des Kindergartens initiiert; unter ihnen war auch Friederikes Vater gewesen. Den Kindern sollten hier die Grundlagen für Recht und Ordnung, Vaterlandsliebe und Pflichtgefühl, Religiosität und Wahrheit vermittelt werden. Zeitweilig sind hier über 130 Kinder gleichzeitig betreut worden.

Eine weitere Frucht der Bildungsanstrengungen waren eigene weiterführende Bildungseinrichtungen für Mädchen. So konnte FRIEDERIKE, wie viele andere Töchter der gehobenen Greifswalder Gesellschaft auch, nach Durchlaufen der Elementarschule die Höhere Töchterschule besuchen. Sie war ebenfalls im Jahr 1833 an ihrem Heimatort GREIFSWALD als private Schule eröffnet worden und stand unter der Leitung von „Fräulein" WILLERT. Sie firmierte als „Lern- und Erziehungsanstalt zur Pflege und Förderung der Bildung der weiblichen Jugend". Diese Schule erwies sich als so anziehend, dass bald über 200 Schülerinnen hier unterrichtet wurden.

Allerdings kann von „Frauenemanzipation" in dieser Zeit erst ansatzweise geredet werden. Denn die weiteren Bildungswege wurden den Mädchen noch vorenthalten. Sie konnten sich nicht an der Universität einschreiben, zumal die einzige Zugangstür, der Abschluss eines klassischen humanistischen Gymnasiums, ihnen noch lange Zeit verschlossen blieb.

Die Frage war also, was sollte FRIEDERIKE nach Abschluss ihrer Schulbildung tun? Obwohl sie daheim die Jüngste war, unterstützte sie in ihrer Freizeit und insbesondere nach Abschluss der Schule die Mutter bei ihren gesellschaftlichen und hausfraulichen Aufgaben im Haus und überbrückte so das Warten auf die Ehe.

Ihren Bräutigam WILHELM TÄGERT kannte FRIEDERIKE ja schon lange, eigentlich von Kindesbeinen an. Ernst geworden war es dann im Jahr 1853, als WILHELM seinen Vorbereitungsdienst als pädagogischer Adjunkt in PUTBUS und GREIFSWALD absolvierte; da hatten sich die beiden die Ehe versprochen. Doch erst sechs Jahre später, im Jahr 1859, hatte sie endlich ihrem geliebten WILHELM TÄGERT in ihrer „Familienkirche" St. Nicolai in GREIFSWALD das Jawort geben können. Hier waren beide getauft worden, hier hatte Wilhelms Vater PAUL Dienst als Küster getan.

Nun zieht FRIEDERIKE zu ihrem Mann an dessen Wirkungsort KÖSLIN und begründet dort umgehend mit ihm einen eigenen Hausstand. Weil ihr die Erinnerungen an die „vorbildliche Geselligkeit" der Großmutter und die Erfahrungen aus dem elterlichen Haus imponiert haben, bemüht sie sich, das Gesehene und Gelernte auf den eigenen jungen Haushalt zu übertragen.

Auch hier im hinterpommerschen KÖSLIN verkehren ja in den Salons, wenn auch in bescheidenerem Rahmen als in GREIFSWALD, die Angehörigen der geho-

Melancholie im ahnungsvollen Vorwissen um das kurze Leben?
FRIEDERIKE TÄGERT, geb. NIEMEYER in KÖSLIN (Daguerreotypie im Familienbesitz um 1860)

1847 am Totenbett von der geliebten Großmutter Abschied nehmen musste, sondern schon vorher und auch später ist die Begegnung mit dem Sterben für sie eine wiederkehrende Erfahrung, die sie gleichwohl stets aufs Neue bedrückt. Genau im Todesjahr der Großmutter ist auch ihre acht Jahre ältere Schwester FRANZISKA im blühenden Alter von knapp 22 Jahren gestorben.

Eine gewisse Melancholie überschattet seitdem auch Friederikes Leben. Auf dem einzigen erhaltenen Bild, einer Daguerreotypie aus der Zeit um 1860, sieht sie ihrer 14 Jahre älteren Großcousine MARIANNE recht ähnlich, von der eine Zeichnung aus dem Jahr 1844 als 25-Jährige mit der Tochter CAROLINE im typisch romantisch-melancholischen Stil der Zeit existiert (s.o. S. 100).

Behagliches Wohnen im „Altdeutschen Stil"

Wir können uns auch gut vorstellen, wie es in der Wohnung des jungen Ehepaars ausgesehen haben mag. Denn seit der benen Bürgerschicht, Ratsherren, Kaufleute, der Pfarrer und die Lehrerkollegen des Gymnasiums. Ihnen will FRIEDERIKE nach dem Vorbild ihrer Ahnen als eine einfühlsame Gastgeberin begegnen.

Sie ahnt nicht, wie kurz die Lebenszeit ist, die ihr beschieden ist. Doch nicht erst, seitdem sie als Jugendliche

Niederschlagung der bürgerlichen Revolution 1848/49 wird den Menschen immer mehr das häusliche Familienleben wichtig. Von diesem Rückzug in eine überschaubare und beschauliche Familie ist die bürgerliche Kultur bis in die Gegenwart hinein geprägt. Nicht mehr die Einladung großer Abendgesellschaften zur gemeinsamen Bildung im gehobenen geselligen Rahmen steht jetzt im Vordergrund, wie es noch für die hohe Zeit der Aufklärung typisch ist, sondern nun entwickeln sich die eigenen vier Wände immer mehr zum Rückzugsort für das häusliche Glück der Familie. Die Wohnstube im Stil des Historismus und Elektizismus, die alte Formstile zitiert, wird unter dem Begriff „Altdeutscher Stil" zur Urform des heutigen Wohnzimmers.

Die Möbel müssen nichts „zur Schau stellen", sondern vor allem zweckmäßig sein, sie zeichnen sich durch schlichte Eleganz aus und verbreiten Behaglichkeit. Englisches Mobiliar dient als Vorbild. Anleihen werden auch in der Formsprache der Klassik gesucht: Manche Profile erinnern an die Gestaltung antiker Säulen. Auch Formen der Renaissance, des Barock, des Rokoko und des Biedermeier klingen an. Gute handwerkliche Qualität wird gesucht. An den unverzierten glatten Flächen, auf welche Furniere aus ausgesuchten Hölzern meist spiegelbildlich in ihrer Maserung aufgebracht und poliert werden, tritt das lebendige Spiel der Holzstruktur und -farbe der Möbel um so wirkungsvoller hervor. Beliebt ist im Norden Deutschlands der Kontrast von Birke und Mahagoni. Typische Kleinmöbel, wie Sekretäre, Nähtischchen oder Kommoden zieren die lebhaft tapezierten Wände.

Behaglichkeit im „Altdeutschen Stil":
Möbelstück vom Urgroßvater WILHELM TÄGERT um 1860

Die Welt der Kinder wird entdeckt

Nachdem sich das junge Paar eingerichtet hat, wünscht es sich auch möglichst bald eigene Kinder. Seitdem die Öffentlichkeit durch neue Literatur für Fragen der Pädagogik sensibilisiert ist, wenden Eheleute allgemein der Kindererziehung mehr persönliche Aufmerksamkeit zu. FRIEDERIKE selbst hat ja schon die Zeit vor der Elementarschule in der in ihrem Geburtsjahr 1833 eröffneten „Greifswalder Kinderstube" zugebracht. In dieser Zeit, im Jahr 1840 hat der Pfarrersohn FRIEDRICH FRÖBEL auch BAD BLANKENBURG einen Kindergarten gegründet und das „Spielen" als das typische Lernen des Kindes ins allgemeine Bewusstsein gehoben; seitdem geht dieser Begriff „Kindergarten" als eines der wenigen typisch deutschen Wörter um die ganze Welt.

Als Motiv noch im Zweiten Weltkrieg beliebt: Bürgerliche Weihnacht auf einem Bild des „Nürnberger Bilderbogens"

Es ist nicht nur „Mode", viele Kinder zu haben, sondern ihnen auch mehr Aufmerksamkeit zuzuwenden. Wer es sich leisten kann, hat jetzt auch in der eigenen Wohnung getrennte „Kinderzimmer" und natürlich weiterhin ein eigenes Kindermädchen zur Entlastung der Hausfrau.

Erstmals lässt man auch eine eigene „Kindermode" schneidern, die nicht einfach nur die Erwachsenenmode kopiert. Auch die Spielzeugindustrie erlebt mit „Kinderspielzeug" ihre erste Blüte.

Sehnsucht nach einer großen, heilen Familie unterm Weihnachtsbaum

Zur Welt dieser kinderreichen bürgerlichen Familie gehört auch das Feiern der jahreszeitlichen Feste. Insbesondere das häusliche Weihnachtsfest erobert jetzt seinen festen Platz im häuslichen Festkalender und entwickelt sein heute noch vertrautes Ritual. Diese Feier verbreitet sich ebenfalls über den ganzen Globus.

Zum Weihnachtsfest gehört jetzt überall ein geschmückter Weihnachtsbaum. In der Kirche werden die alten geistlichen Weihnachts-Choräle gesungen. Für das häusliche Singen unterm Weihnachtsbaum entstehen ganz neue bürgerlich-weltliche Weihnachtslieder mit profanen Texten, von „Kling Glöckchen, klingelingeling", über „Leise rieselt der Schnee" und „O Tannenbaum", bis „Schneeflöckchen, Weißröckchen", die seither ebenfalls als „typisch deutsche" Kinder- und Weihnachtslieder um die Welt gehen.

Während die eigentliche Mitte von Weihnachten, die Menschwerdung Christi, immer mehr in den Hintergrund rückt, wird die häusliche „Weihnachtsbescherung" zum gespannt erwarteten Höhepunkt der Familienweihnacht.

Auch FRIEDERIKE freut sich auf Weihnachten und stellt sich für die Zukunft eine richtig große Familie unterm Weihnachtsbaum vor. Schon bald nach der Hochzeit ist sie zum ersten Mal schwanger. Als das Jahr 1859 zu Ende geht, kommt das Kind zur Welt – tot. Alle sind erschüttert. Als ungetauftes Kind erhält es eine anonyme Beerdigung. Die Mutter ist untröstlich.

Zwei Jahre später ist FRIEDERIKE erneut schwanger. Am 17. Februar 1862 gebiert sie eine Tochter. Das Kind ist gesund. Alle atmen dankbar auf. In der Evangelischen Kirche von KÖSLIN wird das Mädchen getauft. Es erhält den Namen CLARA LOUISE ELEONORE TÄGERT. Ihr zweiter Name ist der ihrer ledigen Tante LUISE TÄGERT (1838-1900), die zu dieser Zeit als Lehrerin auf RÜGEN tätig ist (mehr dazu weiter unten).

Von der hübschen CLARA ist ein Jugendbildnis wohl noch aus der Kösliner Zeit um das Jahr 1875 erhalten. Sie sieht darauf ihrer Mutter recht ähnlich.

CLARA bleibt dann als junge Frau ledig und wird als „Tante Clara" für unsere Familie sehr wichtig. Denn als im Jahr 1925 Wilhelm Tägerts Schwiegertochter MARGARETHE, geb. V. HARRIEHAUSEN, die Ehefrau seine ältesten Sohnes, unseres Großvaters FRIEDRICH TÄGERT, allzu früh stirbt, wird diese Tante CLARA für meinen Vater zur „zweiten Mutter".

Nach gut einem weiteren Jahr wird im Haus von WILHELM und FRIEDERIKE TÄGERT in KÖSLIN ein weiterer Sohn geboren, der am Leben bleibt, der eben genannte FRIEDRICH (1863-1950). Er ist nach seinem früh verstorbenen Großvater, dem Greifswalder Küster und Kemnitzer Lehrer PAUL HINRICH *FRIEDRICH* TÄGERT, benannt. Der kleine FRIEDRICH erhält zu diesem Vornamen den Namen des Vaters WILHELM und des Großvaters väterlichsits ANTON dazu. Der Traum von fröhlichen Christfesten mit einer großen Familie unterm Weihnachtsbaum scheint doch noch Realität zu werden, zumal sich auch bald bei FRIEDERIKE eine erneute Schwangerschaft ankündigt.

Der Mutter Friederike ähnlich: CLARA TÄGERT bei ihrer Konfirmation wohl noch in KÖSLIN im Jahr 1875

Eine unfassbare Tragödie

Im folgenden Jahr kommen Zwillinge zur Welt, zwei Mädchen: MATHILDE ANNA CAROLINE TÄGERT (1864-1910) und FRANZISKA EMMA WILHELMINE TÄGERT (1864-1866). Die Mutter FRIEDERIKE ist von der Schwangerschaft und der Geburt der Kinder sehr geschwächt. Sie erholt sich nicht mehr und stirbt ein dreiviertel Jahr später am 8. Mai 1865. Sie ist nur 31 Jahre alt geworden.

Dem Ehemann WILHELM bricht die Trauer fast das Herz. Er steht nun als Alleinerziehender da mit vier ganz kleinen Kindern. Im folgenden Jahr stirbt auch noch FRANZISKA, das jüngere der beiden Zwillinge.

Über Wilhelms Gefühle in diesen traurigen Stunden, Tagen und Wochen wissen wir nichts, über den Verlauf der nächsten beiden Jahre auch nur wenig. Wir können aber den tiefen Schrecken ermessen, welcher auch die Erinnerung an die tragischen Ereignisse wieder heraufbeschwört, die WILHELM seit seiner Kindheit wie eine große Last mit sich herumschleppt.

Als er knapp 10 Jahre alt war, hatte er aus heiterem Himmel seine beiden, noch jungen Eltern und auch seine Lieblingsschwester LUISE MARIA MATHILDE verloren; diese Ereignisse stehen nun wieder mahnend vor ihm (s.o. S. 23). Man kann in so einer Situation eigentlich nur noch schreien, oder man verstummt. Es ist wirklich, wie wenn die Erdachse schwankt, nun aber ganz unberechenbar und unverhofft.

Fest steht aber, dass WILHELM TÄGERT exakt 19 Monate nach dem Tod seiner FRIEDERIKE und kurz nach dem Tod seiner jüngsten Tochter FRANZISKA zum zweiten Mal heiratet.

Eine junge Stiefmutter für Friederikes Kinder

Das war ja in der damaligen Zeit, wie wir auch schon im Fall seines Schwiegervaters FRANZ ANTON NIEMEYER gesehen haben, nichts Ungewöhnliches. GABRIELE V. HASELBERG, die Mutter von Wilhelms verstorbenen Frau FRIEDERIKE, war ja Franz Antons zweite Frau.

Mütter waren damals aufgrund der noch mangelhaften medizinischen Erkenntnisse, insbesondere über die Asepsis, gesundheitlich im Kindbett außerordentlich gefährdet. In diesen Zeiten starben noch oft die Hälfte aller Kinder eines Jahrganges. Jederzeit musste man also mit dem Schlimmsten rechnen. Viele Familiengeschichten dieser Zeit kennen solche Tragödien.

So dürfte es GABRIELE NIEMEYER (1803–1887), Friederikes Mutter und Wilhelms Schwiegermutter, gewesen sein, die WILHELM selbst den Rat zur Wiederverheiratung gegeben hat, eingedenk der Erfahrung, wie sie selbst als ahnungslose 21-Jährige plötzlich vor der Aufgabe gestanden hatte, vier fremde Kinder zwischen drei und neun Jahren als eigene Kinder anzunehmen und mit den eigenen zusammen aufzuziehen.

Wilhelms zweite Frau ist die 23-jährige EMMA KARKUTSCH aus KÖSLIN. Ihr gibt er am 7. Februar 1867 in KÖSLIN das

Am Stuhl abstützen, damit nichts verwackelt: Daguerreotypie von EMMA KARKUTSCH um 1865

davor auch noch den in der Familie bislang nicht vorkommenden Vornamen „EMMA", deutet darauf hin, dass diese EMMA KARKUTSCH wohl die Namensgeberin war. Sie dürfte also der Familie schon länger bekannt gewesen sein.

Wie wir herausfinden können, war diese EMMA die Tochter des Kösliner Schönfärbermeisters und Stadtrats CARL JOHANN HEINRICH KARKUTSCH und dessen Ehefrau BERTA KRAUSE. Möglicherweise kannten sich die Familien aus den geselligen Treffen innerhalb des Bürgertums. Vielleicht hatte sich EMMA auch als Kinderfräulein bei FRIEDERIKE und WILHELM TÄGERT nützlich gemacht und war ihnen deshalb vertraut. Jedenfalls spricht vieles für die Vermutung, dass man EMMA zur Patin des jüngsten Kindes FRANZISKA auserkoren hatte und diesem dann ihren Namen als „Patennamen" gab.

Auch wenn wir sonst von der Familie

Jawort. Sie wird damit zugleich die Stiefmutter für seine drei lebenden Kinder CLARA, FRIEDRICH und MATHILDE und die Mutter der weiteren erhofften Kinder der Familie.

Woher sich die beiden Brautleute kannten, wissen wir nicht. Dass aber Wilhelms oben genanntes, früh verstorbenes fünftes Kind FRANZISKA als Beinamen nicht nur den Namen der verstorbenen Großmutter WILHELMINE TÄGERT, geb. NIEMEYER, trug, sondern

Durch ihn hat der Name „Karkutsch" heute noch in Köslin einen guten Klang: *Kaufmann FERDINAND AUGUST LUDWIG KARKUTSCH*

KARKUTSCH nicht allzu viel wissen, so ist doch dieser Name heute noch in KÖSLIN bekannt; eine Straße und ein großes Stift ist mit diesem Namen benannt, und der Namensgeber ist in wortreichen Artikeln, die man in polnischer Sprache im Internet nachlesen kann, als „Menschenfreund" gut beleumdet.

Dieser Mäzen FERDINAND AUGUST LUDWIG KARKUTSCH (1813-1891) könnte der Bruder von CARL KARKUTSCH gewesen sein. Er hatte es als „Kaufmann, Leiter eines Commissons- und Speditionsgeschäfts und Lagers für Saatgut" in STETTIN zu Geld und Ansehen gebracht und aus dem Ertrag eine Stiftung zum Bau eines Museums und eines riesigen Altenstifts für seine Heimatstadt KÖSLIN errichtet.

Über seine mutmaßliche Nichte, Wilhelm Tägerts zweite Frau EMMA geb. KARKUTSCH (1843-1905), berichtet GERTRUD TÄGERT, geborene VIETHER, in einem kleinen Erinnerungsalbum für ihre Kinder. GERTRUD ist eine Schwiegertochter des Zweiges der TÄGERT, die vom Marineoffizier KARL TÄGERT (1869-1946), Emmas erstem eigenen Sohn mit WILHELM TÄGERT, abstammen:

„EMMA KAROLINE FLORENTINA KARKUTSCH ... stammte aus einem gutbürgerlichen Hause ... Über ihre Jugendzeit weiß man gar nichts. Sie ehelichte als Vierundzwanzigjährige am 7. Feb. 1867 den 14 Jahre älteren Oberlehrer JOACHIM CHR. WILHELM TÄGERT, der am 8. Mai 1865 Witwer geworden war.

Sie übernahm drei größere Kinder aus der ersten Ehe des Witwers (CLARA *1863, FRIEDRICH *1864, MATHILDE *1865) und gebar ihm noch vier eigene Kinder (HEDWIG *1868, CARL *1869, WILHELM *1871, JOHANN *1874), darunter auch euren Großvater Tägert (Carl).

Wie mir der selber einmal erzählte, war sie eine etwas kühle Frau. Wenn ihr Mann sie im Beisein anderer an die Hand nahm oder etwas zärtlich wurde, sagte sie: ‚Lass das, Tägert'.

Ihr erstes Kind, HEDWIG, wurde nur ein Jahr alt. Das jüngste Kind HANS starb im Alter von 6 ½ Jahren, was bei ihr ein schweres Nervenleiden verursachte, von dem sie wohl nie ganz geheilt wurde. Sie bekam im Alter von etwa 50 Jahren ein schweres Herzleiden und konnte einige Jahre nur sitzend oder liegend verbringen. Da sie ziemlich dick geworden war, hatte man eine Art Kran über ihrem Bett installiert, mit dem sie aus dem Bett in einen Sessel gehievt werden konnte. Sie starb knapp zwei Jahre nach ihrem Mann im Alter von 62 Jahren."

Die erstgeborenen Kinder der Mutter FRIEDERIKE hatten es bei ihrer Stiefmutter nicht immer leicht, kein Wunder, wenn man überlegt, welch eine große Herausforderung es wohl für eine junge, pädagogisch unerfahrene Frau bedeuten musste, quasi von heute auf morgen für drei Kinder verantwortlich zu sein, die nicht die eigenen sind.

So wirkt das umseitig gezeigte, einzige erhaltene Bild dieser Familie aus der Frühzeit kurz nach der Wiederverheiratung des Vaters WILHELM mit ihrer neuen „Ersatzmutti" EMMA nicht nur deswegen ein bisschen ernst und gefühls-

Bald nach der Wiederverheiratung aufgenommen: Die Familie von Joachim Christoph Wilhelm Tägert mit der zweiten Ehefrau Emma, geb. Karkutsch und den Kindern aus erster Ehe: (v.li.) Mathilde (*1864), Clara (*1862) und Friedrich (*1863) (Daguerreotypie 1867)

arm, weil man beim Fotografieren damals lange still halten musste, sondern wohl auch deshalb, weil man sich in der folgenden Zeit erst noch ein wenig beschnuppern musste:

Der 4-jährige Friedrich steht noch ganz auf der Seite des Vaters und hält sich an seinem Knie fest; die 5-jährige Clara nimmt mutig die Mitte zwischen den beiden neuen Eheleuten ein, legt aber vorsichtshalber ebenfalls ihre Hand auf Papas Knie, während die Jüngste, die 2 1/2-jährige Mathilde, sicher froh ist, überhaupt wieder eine Mutti zu haben, die sich um sie kümmert.

Wilhelm Tägert selbst steht nun in der Lebensmitte, als er mit seiner Familie und einer jungen Frau an seiner Seite noch einmal diesen neuen Anfang wagt. Am Gymnasium von Köslin wird er nun noch weitere acht Jahre „mit reichem Segen und unter vollster Anerkennung seiner vorgesetzten Behörde" wirken, bis ihn der inzwischen inthronisierte Kaiser Wilhelm I. im Jahr 1875 zu einem weiteren Aufbruch als Rektor des Realgymnasiums in Siegen ans fast entgegengesetzte Ende seines Reiches nach Westfalen ruft.

Von diesem dritten und vierten Abschnitt seines Lebens erzählt weiter unten Wilhelms namensgleicher jüngster Sohn Wilhelm, der „Admiral", bei uns auch bekannt als „Onkel Will". Doch werfen wir zunächst noch einen Blick auf das Ergehen der weiteren, jüngeren Geschwister von Joachim Christoph Wilhelm sen.

Selbstverwirklichung in Pädagogik und Künstlertum

*D*as Drittälteste der Kinder des Greifswalder Küsters und Lehrers PAUL TÄGERT, ALBERT GUSTAV FRIEDRICH TÄGERT (*4.5.1833 in GREIFSWALD, +1895 in PANKOW-Berlin), ist im Einwohnerverzeichnis von GREIFSWALD im Jahr 1852 als Student der Theologie und Philosophie verzeichnet. Er folgt nach bestandenem Examen wohl noch vor 1860 dem Ruf in die aufstrebende preußische Metropole BERLIN und heiratet dort auch.

Als Lehrer in Berlin

Die Industrialisierung hatte diese einst beschauliche preußische Residenzstadt vor allem in ihren Außenbereichen stark wachsen lassen. Innerhalb von nur einer Generation ab etwa dem Jahr 1830 hatte sich die Einwohnerzahl Berlins von 250.000 auf zunächst 500.000 verdoppelt. Nach der Gründung des zweiten Deutschen Reiches im Jahr 1871 wurde die Reichshauptstadt BERLIN dann rasch zur Millionenstadt.

Der Junglehrer im kirchlichen Dienst GUSTAV TÄGERT lässt sich im Vorstadtort PANKOW im Norden Berlins nieder. Dieses hübsche Städtchen mit seiner nah gelegenen „Schönholzer Heide" war zu jener Zeit noch für seinen alten dörflich-ländlichen Charakter bekannt, den viele Berliner für einen Ausflug zu schätzen wussten. Der Ort war aber baulich und in seiner Einwohnerstruktur schon im Umbruch. Damals entstand das bekannte Scherzlied *„Bolle reiste jüngst zu Pfingsten"*.

Der unbekümmerte typische Durchschnitts-Berliner „Bolle" unternimmt einen Feiertagsausflug in die völlig überlaufene Landidylle

Spätgotische Kirche neugotisch erweitert:
Gustavs Tägerts Arbeitsplatz in PANKOW

Schulhaus bis 1911:
Gemeindeschule und Kirche „Zu den vier Evangelisten" in der alten Ortsmitte von PANKOW

von PANKOW, verliert sein Söhnchen in der Masse, kriegt nichts mehr zu essen, wird in eine üble Keilerei verwickelt und kehrt stark lädiert heim, um auch noch von seiner wütenden Frau verdroschen zu werden; er hat sich aber „dennoch ganz köstlich amüsiert".

Fabrikanten und andere betuchte Leute errichteten hier draußen damals ihre Villen, der Ort wandelte sich zu einer bürgerlichen Gemeinde. Die ursprüngliche kleine Saalkirche aus dem 15. Jh. aus groben unbehauenen Feldsteinen, an der GUSTAV TÄGERT nun als Küster Dienst zu tun hatte, war bereits im Jahr 1832 unter Assistenz von KARL FRIEDRICH SCHINKEL umgebaut worden. Sie wurde unmittelbar vor Gustavs Umzug erheblich erweitert und veränderte dabei ihren Charakter völlig. In Backstein wurde das heutige westliche dreischiffige Hallenlanghaus angefügt. An den Flanken des Chors ragen nun seitlich zwei achteckige Glockentürme auf. Damals gab man dieser Kirche auch ihren heutigen Namen „Zu den Vier Evangelisten".

Heute ist PANKOW eine Berliner Bezirkshauptstadt und zählt allein über 50 Grundschulen. Als GUSTAV damals seinen Dienst als Lehrer antrat, unterrichtet er noch an der ersten und einzigen Schule, die überhaupt in PANKOW bestand. Sie war als Gemeindeschule für die Grund- und Mittelstufe im Jahr 1837 ganz in der Nähe der Kirche mitten auf dem Marktplatz gebaut worden und wurde bis zum Jahr 1911 schulisch genutzt, Erst zur Zeit des Dritten Reichs, im Jahr 1938, wurde diese Schule abgerissen.

Die übrigen heute noch existierenden Schulen wurden erst in den Jahren ab 1890 bis 1910 errichtet, als sich PANKOW allmählich vom Bauern- und Villendorf zum Berliner Vorort mit großstädtischen Verhältnissen wandelte.

Übrigens ergreift dann auch GUSTAVS einzige Tochter, die um 1860 geborene LUISE TÄGERT, wie der Vater und die unten beschriebene gleichnamige Tante LUISE, den pädagogischen Beruf und wird ebenfalls in BERLIN Lehrerin. Sie bleibt ledig, wobei wir uns über die Gründe gleich noch Gedanken machen müssen.

Frauenbildung, „damit der Mann sich nicht langweilt"

Die Lebensbeschreibungen von WILHELMINE NIEMEYER und FRIEDERIKE TÄGERT haben gezeigt, dass sich bürgerliche Frauen seinerzeit noch scheinbar ganz selbstverständlich in die Rollenerwartungen ihrer Zeit einfügen. Auch wenn sie im Ergebnis sehr gebildete und selbstbewusste Frauen waren, so war ihre Bildung doch zweckbestimmt und vor allem auf den Mann und die spätere Ehe als das eigentliche Lebensziel ausgerichtet. So heißt es noch im Jahr 1872 in einer öffentlichen Verlautbarung des „Vereins von Dirigenten und Lehrenden höherer und mittlerer Schulen" in WEIMAR, den die Frauenrechtlerinnen dann gern zitierten:

„Es gilt, dem Weibe eine der Geistesbildung des Mannes in der Allgemeinheit der Art und der Interessen ebenbürtige Bildung zu ermöglichen, damit der deutsche Mann nicht durch die geistige Kurzsichtigkeit und Engherzigkeit seiner Frau an dem häuslichen Herde gelangweilt und in seiner Hingabe an höhere Interessen gelähmt werde, dass ihm vielmehr das Weib mit Verständnis dieser Interessen und der Wärme des Gefühles für dieselben zur Seite stehe."

Lange Zeit hat man darüber gestritten, ob Frauen von ihrer geistigen Leistungsfähigkeit und körperlichen Verfassung her überhaupt für ein Studium geeignet wären. Auch malten Kritiker gegenüber einer forcierten Frauenbildung gern das Schreckgespenst eines „drohenden Absinkens des deutschen Kulturniveaus" an die Wand.

Es ist erst dem Wirken sogenannter „Frauenbildungsvereine", die sich gegen Ende des 19. Jahrhunderts herausbildeten, zu verdanken, dass auf breiterer Basis neue Ausbildungsmöglichkeiten für junge Frauen entstanden. Erst allmählich entwickelten sich über die schon geschilderten „Höheren Töchterschulen" hinaus, die für die Töchter wohlhabender Familien gedacht waren, Lyzeen und öffentliche Mädchengymnasien, die auch dem breiteren Bürgertum zugänglich waren.

Aber auch dann ist der Weg für ein Universitätsstudium für Frauen noch weit, es setzt sich erst in der Zeit der Weimarer Republik vorläufig durch und findet dort auch breitere Unterstützung aus den Elternhäusern, während in der Nazizeit zunächst noch einmal ein Rückschritt erfolgt.

Wie uneinig sich die Elternhäuser hinsichtlich der Unterstützung ihrer Töchter beim Studium freilich waren, zeigt sich noch am Beispiel meiner Mutter. Während ihr Vater, der im Kapitel über den Kemptener Zeitungsverleger TOBIAS DANNHEIMER erwähnte MAX SCHACHENMAYER, damals strikt sagte, seine Tochter brauche keine besondere Schulbildung oder gar ein Studium, sie könne ja auch als Anlernkraft in der Zeitungsredaktion der Kissinger Verwandten mitarbeiten oder an der Kissinger Theaterkasse ihr Geld verdienen, erinnerte sich Mutter MARGARETHE ihres Frustes in der eigenen Jugendzeit, von dem wir gleich noch mehr erfahren werden. Sie setzte für ihre Töchter LISELOTTE und URSULA den Besuch der Oberrealschule durch und machte ihnen anschließend auch Mut zum Studium, obwohl sie selbst finanziell gar nicht gut dran war und sich die Unterstützung der Töchter praktisch vom Munde absparen musste.

Gleichwohl blieb meine Mutter, die eine ausgeprägte künsterisch-zeichnerische Begabung hatte, angesichts dieser widersprüchlichen Doppelbotschaft der Eltern innerlich so im Zwiespalt, dass sie dann zwar zunächst ein Studium an der Kunstakademie in München aufnahm, es aber schon nach einigen Semestern wieder abbrach und nur noch in Büros „jobbte", sogar bei der NSDAP, gehemmt durch den bleibenden Zweifel, ob Studieren für sie wirklich das Richtige sei (mehr dazu in meinem Buch „Die Kima und ihr Lutz", ISBN: 978-3-7412-3990-8).

Wenn also Frauen die überkommene Rolle als Ehefrau und Gesellschafterin nicht anstrebten, hatten sie noch weit über die Biedermeierzeit hinaus nur wenige andere Möglichkeiten, sich zu verwirklichen.

Selbstverwirklichung nach Clara Schumanns Vorbild

Eine bürgerliche Frau, die nicht irgendwo als Aushilfe oder Bedienung ihr Geld verdienen wollte, konnte eigentlich nur eine Tätigkeit als Lehrerin oder Künstlerin suchen. Eine solche Berufswahl ihrer Tochter sahen aber viele Eltern damals mit gemischten Gefühlen. Denn als Lehrerin durfte die Frau „von Amts wegen" keine eigenen Nachkommen haben, und als Künstlerin verkehrte sie in Kreisen, die vielfach als anrüchig galten. Dann also schon lieber Lehrerin!

Vorbild gelungener Frauenemanzipation? CLARA UND ROBERT SCHUMANN auf einer Daguerreotypie vor 1856

Dabei erscheint manchen höheren Töchtern damals das Leben als Künstlerin trotz der elterlichen Warnungen durchaus als erstrebenswert. Das Klavier erlebt zu dieser Zeit seine große Blüte. Es war selbstverständlich, dass alle Töchter aus bürgerlichen Häusern Klavier spielen konnten, sofern wenigstens eine gewisse Minimalbegabung vorlag. Die Väter und Mütter waren oft bemüht, ihren Töchtern eine ordentliche musikalische Ausbildung zukommen zu lassen, wie das Beispiel von WILHELMINE NIEMEYER ja deutlich gezeigt hat.

Die vielbejubelte Klaviervirtuosin CLARA SCHUMANN (1819-1896), deren idealisiertes Gesicht noch viele Bundesbürger bis zum Jahr 2001 auf den 100-DM-Scheinen anlächelte, erschien manchen künstlerisch veranlagten jungen Frauen damals als Vorbild nicht nur für die Kunst des Klavierspiels, sondern auch für eine scheinbar gelungene Verbindung von Familienleben und beruflicher Emanzipation.

So ergreift z.B. eine der späteren Schwiegertöchter von WILHELM TÄGERT, die 1880 in Berlin geborene GERMANICA KRÜGER, nach dem Besuch der höheren Töchterschule den Beruf der Konzertpianistin. Zur Überbrückung unterrichtet sie dabei im Jahr 1904 als Klavierlehrerin auch die Kinder des deutsch-russischen Barons FRIEDRICH JAKOB EDUARDOWITSCH FALZ-FEIN auf seinem großen Landgut in ASKANIA-NOVA in der Ukraine. Im

Künstlerin heiratet Marineoffizier:
GERMANICA und CARL TÄGERT um 1907

Jahr 1907 heiratet sie dann CARL TÄGERT, den zweitältesten Sohn von JOACHIM CHRISTOPH WILHELM TÄGERT.

Das Konfliktthema „Frau und künstlerischer Beruf" zeigt seine Schattenseiten auch im Beispiel meiner oben genannten, im Jahr 1887 geborenen Großmutter mütterlicherseits, MARGARETHE SCHACHENMAYER, geb. GRABE. Sie stammte aus einer weit zurückreichenden Pastorenfamilie und war als „Höhere Tochter" ebenfalls bereits in früher Jugend eine sehr gut Klavierspielerin; auch besaß sie eine gute Stimme.

MARGARETHE hatte als Jugendliche stets den Wunsch, Sängerin zu werden. Doch verwehrten ihr die Eltern eine entsprechende Ausbildung, denn dem Künstlerleben haftete aus ihrer Sicht der Ruf der Leichtfertigkeit und Unmoral an, der für ein Pfarrhaus nicht tragbar war. So flüchtete sich das heranwachsende Mädchen in eine innere Erkrankung.

Bei einer extra verschriebenen Kur in BAD KISSINGEN lernte sie als 19-Jährige den über 18 Jahre älteren Marinestabs-Ingenieur und späteren Schriftleiter der Kissinger Saalezeitung MAX SCHACHENMAYER kennen und heiratete ihn, vor allem um der elterlichen Bevormundung zu entfliehen. Sie unterdrückte aber in der Ehe ihre künstlerische Begabung und beschränkte sich auf ihre Rolle als Hausfrau und Mutter; später unterrichtete sie in ihrer bescheidenen Wohnung Kinder im Schreibmaschineschreiben.

Dann also schon lieber Lehrerin!

Das Rollenkorsett für Frauen ist also bis ins 20. Jh. hinein eng geschnürt. Der Beruf der Lehrerin erscheint damals einer zunehmenden Anzahl von Frauen noch als der beste Kompromiss.

Als Lehrerin behält die Frau einen gewissen Zugang zu allen Schichten. Sie kann im Elementarbereich der Gemeindeschulen unterrichten oder als Privatlehrerin in Bürger- oder Gutsbesitzerhäusern arbeiten. Sie kann sich auch an Mädchenpensionaten oder Höheren Töchterschulen bewerben. An einer zunehmend größeren Zahl von Orten bieten sich den angehenden Lehrerinnen seinerzeit verbesserte Ausbildungsmöglichkeiten, so auch an der Lehrerinnen-Bildungsanstalt in GREIFSWALD, die dem Lyzeum angeschlossen ist.

Nur eines darf die Lehrerin nach einer Ministerverfügung des Deutschen Reiches seit 1880 lange Zeit hindurch nicht, sie darf nicht heiraten. Sie soll für ihre „Berufung" „ungeteilt" da sein oder den Lehrerberuf aufgeben. Diese Regel des „Lehrerinnenzölibats" wird erstmalig im Jahr 1919 in der Weimarer Republik aufgehoben, aber im Jahr 1923 nochmals erneuert und dann erst durch das Bundesverwaltungsgericht 1957 gekippt.

Werfen wir deshalb ein Auge auf

Verhinderte Künstlerin:
MARGARETHE mit MAX SCHACHENMAYER und Töchterchen URSULA in WILHELMSHAVEN 1915

die Jüngste der einst fünf Geschwister, MARIE DOROTHEE LUISE TÄGERT (1838–1900). Über diese LUISE, die wohl die Namenspatin ihrer eben genannten gleichnamigen Nichte LUISE war, sagt die Ahnentafel, dass sie ebenfalls unverheiratet geblieben und, wie ihr Bruder CARL, nach RÜGEN gegangen ist, um dort als Lehrerin zu arbeiten.

Wahrscheinlich war es CARL, der sich als Ältester für diese vier übrig gebliebenen, verwaisten Kinder des Greifswalder Küsters und Lehrers PAUL TÄGERT mit verantwortlich gefühlt hat. So hat er auch seiner jüngsten Schwester geholfen, überhaupt eine Anstellung zu finden. Nachdem er wusste, dass der zu der Zeit regierende Fürst WILHELM MALTE II., wie schon dessen Großvater, sehr für eine zeitgemäße Bildung aufgeschlossen war, sprach er ihn mit Erfolg an. Es gelang ihm, LUISE als erste Lehrerin auf RÜGEN und möglicherweise in ganz Pommern überhaupt in der Schule unterzubringen.

Es wird von diesem Zeitpunkt an noch etwa 50 Jahre dauern, bis in Deutschland die Gleichberechtigung, für welche die Lehrerinnen Vorreiterinnen sind, wirklich auch auf anderen Gebieten in Gang kommt. In unserer Zeit ist es beim Berufsbild „Lehrer" fast zu einer Umkehrung im Geschlechterverhältnis gekommen; heute geben die weiblichen Lehrkräfte zumindest im Grundschulbereich eindeutig den Ton an.

Betrachtet man den mutmaßlichen Zeitpunkt von LUISES Dienstbeginn um das Jahr 1862, dann ist sie nicht nur die erste weibliche Lehrkraft in der Familie, sondern sie gehört damit auch zu den ganz frühen Vorkämpferinnen der Frauenemanzipation überhaupt. Sie nimmt damit eine enorme Herausforderung an.

Die ersten Lehrerinnen in der Familie – Vorkämpferinnen für die Frauen-Emanzipation

Als Lehrerin muss LUISE TÄGERT auf dem schmalen Grat von verspottetem Außenseitertum und exotischem Neugierobjekt balancieren. Es ist allerdings

Wie man sich ein „Fräulein Lehrerin" damals vorstellt: *LUISE TÄGERT (1838-1900), Lehrerin bei Fürst MALTE II. auf PUTBUS-Rügen*

wohl weniger der pädagogische Idealismus, als vielmehr die reine Not als mitteloses Waisenkind, die sie nach dieser neuartigen Berufschance greifen lässt.

Wenn dann eine Generation später auch die jüngere Nichte LUISE in Berlin den gleichen Beruf ergreift und Volksschullehrerin wird, dann begründen diese beiden Frauen eine pädagogische Tradition, die sich bis heute insbesondere in den weiblichen Linien der Familie erhalten hat.

Diese Berufswahl spiegelt sich mit allen ihren Lasten und Freuden besonders eindrücklich in den Bestsellern der 1968 geborenen JULIA TÄGERT wider, die unter dem Pseudonym „Frau Freitag" seit einigen Jahren ihre pädagogischen Erfahrungen verarbeitet, die sie unter den schwierigen Bedingungen eines multikulturell geprägten Milieus in BERLIN-Wedding gewonnen hat.

Auch die 1955 in HAMBURG geborene Realschullehrerin CHRISTIANE TÄGERT dürfte einiges aus dem pädagogischen Nähkästchen plaudern können, ebenso wie auch unsere älteste Tochter, die im Jahr 1973 geborene SIGRUN TAEGERT, die als Musiklehrerin in AUGSBURG und ULM arbeitet.

Bis zur Anerkennung der pädagogischen Befähigung der Frauen in öffentlichen Schulen hat es einige Zeit gebraucht. Während der Beruf der Lehrkräfte in der Volks- bzw. Grundschule heute fast ausschließlich in weiblicher Hand ist und auch an den übrigen Schularten zunehmend das weibliche Element überwiegt, war damals eine weibliche Lehrkraft an den Schulen noch etwas Unerhörtes.

Zwar beschränkte sich der Wirkungskreis einer bürgerlichen Frau durchaus nicht nur auf die berühmten „drei K" Küche-Kirche-Kinder, wie gern behauptet wird; schon das Beispiel von AGNES WILHELMINE NIEMEYER in HALLE hatte ja gezeigt, dass Frauen auch als Gastgeberinnen in dem Programm der Selbstbildung der damaligen gehobenen Gesellschaft eine eminent wichtige Rolle spielen konnten. Doch hat es immerhin bis zur Deutschen Märzrevolution des Jahres 1848 gedauert, dass die überkommenen Frauenrollen überhaupt erstmalig hinterfragt wurden.

In der Öffentlichkeit hatten die Frauen jedenfalls bis auf weiteres kein Recht, ihre Interessen bei Versammlungen und Vereinigungen zu diskutieren. Erst im Jahr 1865, also genau in der hier betrachteten Zeit, kann sich der „Allgemeine Deutsche Frauenverein ADF" gründen, der nun nachdrücklicher für das allgemeine Recht der bürgerlichen Frauen auf Bildung und Erwerbsarbeit eintritt.

Doch auch dann bleibt es damals noch lange so, dass Frauen, die nach Abschluss der „Höheren Töchterschule" berufstätig sein wollen, sich nur im Beruf der Lehrerin verwirklichen können, verbunden mit der erzwungenen Beschränkung der Ehelosigkeit. Es durfte in dieser Gesellschaftsordnung der wilhelminischen Zeit nicht der schmachvolle Eindruck entstehen, dass ein Mann seine Frau nicht angemessen ernähren und ausstatten konnte. So blieben auch die entsprechenden Erlasse des Deutschen Kaiserreichs, die den „Lehrerinnen-Zölibat" (von „caelebs" = allein lebend) vorschrieben, so lange in Kraft.

Ja, solche zwangsweise unverheirateten Lehrerinnen wurden auch ganz bewusst mit *Fräulein* angeredet, eine Sitte, die sich oft bis in spätere Zeiten hinein erhalten hat, in denen der Zölibatszwang bereits aufgehoben war. Das „Fräulein Rottenmeier" aus Johanna Spyris im Jahr 1880 erstmals veröffentlichten „Heidi"-Romanen ist sicher die bekannteste Vertreterin des Typus „Fräulein Lehrerin".

So bleiben auch die beiden frühesten Lehrerinnen in der Familie Tägert, MARIE und LUISE TÄGERT, nicht freiwillig ehe- und kinderlos, sondern beugen sich den damaligen Vorschriften und widmen sich ganz den ihnen anvertrauten Kindern, anstatt an eine eigene Familie zu denken.

Das bedeutet aber nicht, dass diese Frauen kein Selbstbewusstsein hatten. Im Gegenteil, sie treffen sich damals in ihren „Kränzchen" zur Diskussion und gebildeten Unterhaltung und praktizieren das gerade erst beim britischen Militär erfundene Mode-Männerspiel „Bridge". Ein historisches Foto aus dem Album meines Großvaters FRIEDRICH TÄGERT, des ältesten Sohnes von J. CHR. WILHELM TÄGERT, zeigt eine emanzipierte weibliche Bridge-Runde, die SOPHIE SCHWARZENBERG, Friedrichs Schwiegermutter, mit ihrem seinerzeitigen Damenkränzchen zelebriert. Auch das Rauchen gilt damals als bewusst praktizierte Demonstration weiblicher Gleichberechtigung.

Ein unbeirrbarer Weg zur Bildung und Verwirklichung der pädagogischen Ziele

Wenn damit also alle vier Kinder des Küsters PAUL TÄGERT, ob männlich oder weiblich, trotz ihrer schlechten Startposition als Waisenkinder und trotz der widrigen Umstände der Zeit, es geschafft haben, als Lehrer bzw. Lehrerin in der bürgerlichen Gesellschaft Fuß zu fassen, dann spie-

Frauen-Bridge-Zirkel um 1880: 2. v. li. SOPHIE SCHWARZENBERG

gelt sich hier ein gewachsenes Familienerbe aus persönlicher Energie, Glaubenskraft, unbeirrbarer Sicherheit und geschwisterlichem Zusammenhalt, das Menschen unter Inkaufnahme äußerster Bescheidenheit der Lebensansprüche ihren Weg auch in der Wüste finden lässt. Sie sind dabei immer auch in Verbindung mit ihrer lutherischen Kirche geblieben, die für sie einen inneren Halt und Orientierung auch an existenziellen Tiefpunkten bedeutete.

Erfolgsstätte für Rektor WILHELM TÄGERT:
Das Gymnasium am Löhrtor in SIEGEN vor seiner Zerstörung durch die Bomben des Zweiten Weltkriegs

Gut 110 Jahre lag es nun zurück, seit der Vorfahr JÜRGEN JOCHIM TÄGER im Jahr 1764 den ungewissen Aufbruch von TRIPKAU im Urstromtal der Elbe ins schwedische Pommern nach GREIFSWALD unternommen hatte, von dem wir im ersten Band der Familienchronik „Vom Tropfhäusler ..." erzählt haben. Hier in GREIFSWALD hatte er dann auf Empfehlung von Hallenser Theologen den Absprung vom Handwerk des Schuhmachers ins pädagogische Fach gewagt, ohne sicher zu sein, ob dem Projekt ein Erfolg beschieden sein könnte.

Seine Urenkel haben seinen Traum allesamt bestätigt, sie haben sich in den Herausforderungen ihres Lebens und in den Wendungen der Zeit in der Landschaft des vorderen und hinteren Pommern bewährt und behauptet und sind nun volle Mitglieder der bürgerlichen Gesellschaft. Entsprechend ihrem menschlichen Vermögen gestalten sie die Zeit mit. Von hier, aus dem hinterpommerschen Teil des damaligen Preußen, führt dann der Weg von WILHELM TÄGERT fast ans andere Ende Deutschlands. Der Kaiser beruft ihn im Jahr 1875 als Schulleiter ins weit entfernte SIEGEN. Dort lenkt er mit großem Erfolg das „Gymnasium am Löhrtor" zur heute noch gepriesenen Blüte.

Hier könnte sich einmal mehr meine These bestätigen, die ich in meinem Büchlein „Vom Tropfhäusler zum Köster und Schaulmeister" zu entfalten versuche, dass nämlich der berufliche Doppelstand der Küster-Lehrer im Dienst der Evangelischen Kirche, dem auch WILHELM TÄGERT und seine Geschwister ihre Bildung verdanken, keineswegs dem abfälligen Klischee vom armseligen Dorfschulmeisterlein und Lehrer Lämpel entspricht, das ihm gern angedichtet wurde. Sondern mit diesen

Lehrern haben wir einen ganz eigenen Typus von anerkannten Neumitgliedern in der durchaus gehobenen Bürgerschicht vor uns.

In seinem unbedingten Bildungswillen bei gleichzeitig äußerster Genügsamkeit und Bescheidenheit in den persönlichen Lebensansprüchen stellt WILHELM TÄGERT den Prototypen des engagierten Pädagogen in der neuen kommenden Bildungsgesellschaft dar.

Dieser begnadete Lehrer vermag nicht nur die ihm anvertrauten Schüler für „Realien" ebenso wie für menschliche Werte zu inspirieren, sondern ihm gelingt es auch, die Elternschaft und die Politiker in einer solchen Weise vom gemeinsamen Bildungsprojekt zu überzeugen, dass sie gern die dafür notwendigen Mittel bereitstellen. Insofern zählen Männer wie Dr. WILHELM TÄGERT noch heute zu den anerkannten Pionieren eines modernen Bildungswesens, das seine menschenbildende und gesellschaftsprägende Kraft bis in unsere Zeit beweist.

Im Kreis der Kollegen am Siegener Gymnasium: *Rektor WILHELM TÄGERT (sitzend, vierter von links) – Foto um 1900*

Leben im „Zweiten Reich"

Ein erfolgreicher Sohn erinnert sich an seinen Vater

Wir sind in der glücklichen Lage, bei der Beschreibung von JOACHIM CHRISTOPH WILHELM TÄGERT nicht nur auf sekundäre Quellen angewiesen zu sein. Vielmehr, neben seinem Examenszeugnis oder seinen gedruckten Schriften, sowie Personalblättern und Äußerungen von Zeitgenossen steht uns auch ein bislang unveröffentlichter, lebendig geschriebener persönlicher Bericht zur Verfügung, den einer seiner Söhne über den Vater verfasst hat.

WILHELM LUDWIG GOTTLIEB TÄGERT (1871–1950) hat sich im gleichen Jahr 1936, in dem sich auch mein Vater LUDWIG TÄGERT auf Spurensuche nach seinen Vorfahren begeben hat, zur Niederschrift eigener „Erinnerungen" inspirieren lassen.

Nachdem ein Sohn HANS im Kindesalter verstorben war, war dieser WILHELM TÄGERT jr. der jüngste der insgesamt drei Söhne, die aus der zweiten Ehe von JOACHIM CHRISTOPH WILHELM TÄGERT mit EMMA KARKUTSCH stammen. Sein acht Jahre älterer Halbbruder FRIEDRICH stammte aus der ersten Ehe seines Vaters mit FRIEDERIKE, geb. NIEMEYER, die so früh verstorben war. Sein Bruder CARL war knapp zwei Jahre älter.

WILHELM jr. war ein imposanter Zweimeter-Mann mit liebenswürdigen Umgangsformen. Wie sein Bruder CARL war er Berufsoffizier bei der kaiserlichen Marine und mit Ende des Ersten Weltkriegs Vize-Admiral der Kriegsmarine.

Tagebuchartig hat er von den Jahren seiner Jugend an bis zum Ende des Kaiserreichs seine Beobachtungen über das Leben und seine Erinnerungen an bedeutende Begegnungen aus seiner Laufbahn als Marinemann und Diplomat niedergeschrieben. Das umfangreiche Manuskript von insgesamt über 700 maschinenschriftlichen Seiten vollendete er dann mit Hilfe seiner zweiten Frau, MARGOT TÄGERT, geb. NAUMANN, unserer sehr geschätzten „Tante Margot", in seiner neuen Heimat ROTTACH-EGERN kurz nach dem Zweiten Weltkrieg. Einen ersten Band habe ich im Gedächtnisjahr des Ausbruchs des Ersten Weltkrieges 2014 bearbeitet und unter dem Titel „Auf sieben Weltmeeren" bei BoD herausgegeben (ISBN 978-3-7347-3930-9).

Unter dem erschütternden Eindruck dieses Krieges, aus dem sein einziger hoffnungsvoller Sohn WERNER TÄGERT nicht nach Hause zurückkehrte, und der auch seinem seefahrendem Neffen, dem begabten Juristen HANS TÄGERT das Leben kostete, stellte WILHELM dem Werk eine bewegende „Zueignung" im Gedächtnis der Lebenden und Verstorbenen voran. Diese Widmung ist im ersten Band von Wilhelms „Erinnerungen" komplett mit abgedruckt.

WILHELM TÄGERT hat einen umfangreichen schriftliche Nachlass von 140 lfd. cm Regallänge hinterlassen, der heute im Bundesarchiv in Freiburg aufbewahrt wird und nach dem Bestandsverzeichnis dort einsehbar sind. Neben den Lebenserinnerungen bis 1918 findet man dort auch Korrespondenz mit damals höchsten Dienststellen und andere Unterlagen vornehmlich aus Ostasien und Afrika in den Jahren 1889–1914 und zur Kriegsführung im Mittelmeerraum im Ersten Weltkrieg, sowie marinegeschichtliche Vorträge und Ausarbeitungen ab 1910, die über die Revolution bei Kriegsende bis zum Jahr 1920 enthalten und tiefen Einblick gewähren in das Denken und Handeln der damaligen Führung.

Die Tatsache, das WILHELM TÄGERT im Ersten Weltkrieg Marineattaché beim seinerzeitigen deutschen Verbündeten, der Türkei, war, verleiht dem Projekt, zumindest die Herausgaben von Wilhelm Tägerts Erinnerungen zu komplettieren, sicher noch einmal eine besondere historische Bedeutung. Ob es allerdings noch dazu kommt, muss ich aber zum gegenwärtigen Zeitpunkt offenlassen, da ich angesichts meiner sonstigen laufenden historischen Vorhaben für mich momentan zu wenig Spielraum sehe, mich an ein solches Projekt mit dem erforderlichen Aufwand an Zeit und Genauigkeit heranzuwagen.

Das erste von „Admiral" WILHELM TÄGERT verfasste Kapitel der Erinnerungen ist seinen Kindheits- und

Vier der fünf überlebenden Kinder von Rektor WILHELM TÄGERT: v.li. FRIEDRICH, CARL, CLARA und WILHELM (Größe über 2 m!) um 1945. Die Jüngste, MATHILDE, verh. STICHEL, ist nicht mit auf dem Bild

Ein imposanter Mann mit vielen Kontakten:
WILHELM LUDWIG GOTTLIEB TÄGERT, um 1905

Jugendjahren gewidmet. Es schildert sehr anschaulich das Elternhaus und insbesondere auch die Persönlichkeit des Vaters, Dr. J. CHR. WILHELM TÄGERT, zumindest für die Zeit ab seiner Wiederverheiratung im Jahr 1867 nach dem Tod der ersten Ehefrau FRIEDERIKE, geb. NIEMEYER. Dieser Text beschreibt damit nicht nur die Wurzeln der drei heute noch existierenden Zweige und weltweit einzigen Namensträger der TÄGERT / TAEGERT, sondern lässt auch die Atmosphäre und das Leben in den preußischen Städten KÖSLIN und SIEGEN zur Zeit des „Zweiten Reiches", also der „Kaiserzeit", lebendig werden.

Dieses Kapitel möchte ich deshalb nachfolgend vollständig abdrucken. In den Anmerkungen beigefügt habe ich Informationen, die als Hintergrundwissen wichtig sein können und die das Geschriebene für heute Lebende verständlich machen oder einfach nur ergänzen sollen.

Über den Familienzweig, der sich von der ersten Ehe von J. CHR. WILHELM TÄGERT mit FRIEDERIKE NIEMEYER herleitet, also über die unmittelbaren Vorfahren unserer Linie der TAEGERT, habe ich im Jahr 2016 unter dem Titel „Die Kima und ihr Lutz" einen ersten Band herausgegeben, der zeitlich unmittelbar an das vorliegende Büchlein „Wenn die Erdachse schwankt" anschließt (ISBN 978-3-7412-3990-8). Er behandelt die Geschichte der Familie, beginnend bei dem ältesten Sohn FRIEDRICH des Siegener Realgymnasiumleiters JOACHIM CHRISTOPH WILHELM TÄGERT und seines Schwagers MAX SCHACHENMAYER bis zum Beginn des Zweiten Weltkrieges. Ein zweiter Band wird die Kriegszeit und das Geschick der „Kriegskinder" besprechen.

Für die weiteren Erkenntnisse über die Wurzeln der Familie TÄGERT/TAEGERT und den Weg der Täger(t)s seit dem Dreißigjährigen Krieg vom Rand in die Mitte der bürgerlichen Gesellschaft verweise ich den Leser auf den 2016 erschienen ersten Band der Familiensaga „Vom Tropfhäusler zum Köster und Schaulmeister" (ISBN 978-3-7412-4009-6).

Nun also das erste Kapitel aus „WILHELM TÄGERT, Erinnerungen, Erster Teil über die Jahre 1871 – 1890", wohl in der Niederschrift begonnen im Jahr 1936, eingelesen und behutsam korrigiert bzw. ergänzt von mir im Dezember 2013:

Wilhelm L. G. Tägert beschreibt seine Jugendjahre in Köslin

Am 10. April 1871 wurde der Friede von Frankfurt zwischen Deutschland und Frankreich geschlossen. Er brachte den Beginn des „Zweiten Reiches" und eines neuen Abschnittes der deutschen Schicksalsgeschichte.

Ich[1] wurde am 24. Juli 1871 in Köslin geboren. Köslin war die Regierungsbezirkshauptstadt eines Bezirks der Provinz Pommern. Die Stadt bietet nicht viele Sehenswürdigkeiten. Auf dem kleinen viereckigen Markt-platz steht das Bronzedenkmal Friedrich Wilhelms IV.[2]

Erinnerung an einen Preußenkönig: *Denkmal von Friedrich Wilhelm IV. auf dem Marktplatz von Köslin*

Die kleinen sauberen Straßen von Köslin sind von meist zweistöckigen Häusern ohne jeden Stil eingefasst. Über das Kopfsteinpflaster rasselten damals im wesentlichen nur die Fuhrwerke der umliegenden Güter und Dörfer. Einiges

---

[[1] Wilhelm Tägert 1871-1950, ab 1913 „Admiral", offiziell betitelt auch „Seine Exzellenz"]

[[2] 1795-1861, der ältere Bruder des späteren Kaiser Wilhelm I. Im Verlauf der Revolution 1848/49 hatte ihm die Kaiserdeputation der Frankfurter Nationalversammlung am 3. April 1849 die Kaiserkrone angeboten, die er aber resolut abgelehnt hatte. Weil er erfüllt war vom Gedanken des „Gottesgnadentums", also der Vorstellung, dass Gott den Kaiser einsetzt, war ihm der Gedanke jeder Volkssouveränität fremd. Deshalb hatte er auch diese vom Volk angetragene Krone abfällig als „Hundehalsband" bezeichnet, das nur aus „Dreck und Letten" bestehe. Eine solche „Krone aus der Gosse" wolle er nicht tragen. Das erneute Aufflammen der Revolution im Mai 1849 hatten Reichstruppen unter preußischem Kommando niedergeschlagen. Nach mehreren Schlaganfällen war Friedrich Wilhelm 1858 zugunsten seines jüngeren Bruders Wilhelm zurückgetreten, dem wegen seiner Rolle in der Revolution der bissige Spottname „Kartätschenprinz" beigelegt worden war. Dieser Prinzregent war dann am 2. Januar 1861 als König von Preußen feierlich inthronisiert worden; 1866 hatte er die Präsidentschaft des Norddeutschen Bundes übernommen. 1871, im Geburtsjahr von „Admiral" Wilhelm Tägert, wird er am 18. Januar im Spiegelsaal des Schlosses zu Versailles als Wilhelm I zum Deutschen Kaiser proklamiert und gewinnt in dieser Rolle einige Popularität. – So dürfte Wilhelm Tägerts Vorname einerseits vom dritten Rufnamen des Vaters Joachim Christoph Wilhelm Tägert inspiriert worden sein, andererseits sicher eine Huldigung an diesen ersten preußischen Namensträger und gerade zum Kaiser gewählten Wilhelm I. gewesen sein]

Leben in das erdrückende Gleichmaß der Tage brachten ein oder zwei Schwadronen „Rote Zietenhusaren", die von frühester Jugend an unser Interesse in höchstem Maße auf sich zogen. Viele Erinnerungen habe ich aus dieser Zeit und späteren Besuchen in KÖSLIN nicht mehr.

Mein Vater[3], der 1830 in GREIFSWALD geboren war, war ein großer stattlicher Mann von sehr würdiger, gerader Haltung. Sein schneeweißes Haar war in „Sardellen" über seinen sonst kahlen Schädel gelegt. Er war Oberlehrer am Kösliner Gymnasium, nachdem er sich, elternlos und ganz auf sich selber angewiesen, durch eine schwere Jugendzeit durchgehungert und durchgearbeitet hatte. Jetzt konnte er sich rühmen die „facultas docendi" für alle Gymnasialfächer zu besitzen. Sein Hauptfach war die Mathematik.

In seinen Mußestunden arbeitete er an großen mathematischen Problemen, hauptsächlich an den täglichen Schwankungen der Erdachse und ihren Wechselbeziehungen zu Ebbe und Flut. Aber er gestand uns resigniert ein, dass außer

Gymnasial-Rektor in SIEGEN seit 1875:
JOACHIM CHRISTOPH WILHELM TÄGERT

einem befreundeten Astronomen wohl niemand sein Werk gelesen hat, das er später zum Teil in einem Programm des Siegener Realgymnasiums veröffentlichte. Sein Vater[4] war Küster und Kantor an einer der Greifswalder Kirchen[5] gewesen.

Auch sein Großvater[6] und Urgroßvater[7] waren Dorfschullehrer und Küster

---

[3] der oben genannte Dr. JOACHIM CHRISTOPH WILHELM TÄGERT]

[4] PAUL HINRICH FRIEDRICH TÄGERT 1806-1840]

[5] an der Greifswalder Hauptkirche, dem heutigen Dom St. Nicolai]

[6] JACOB CHRISTOPHER TÄGER 1779-1845, geboren in GREIFSWALD]

[7] JÜRGEN JOCHIM TÄGER, genannt „Georg" 1736-1802, geboren in TRIPKAU-ELBE, etwa seit dem Jahr 1763 in GREIFSWALD, erwarb dort das Bürgerrecht und wurde zum „Amtsmeister" der Schuhmacherzunft gewählt; begab sich im Jahr 1784, angeregt durch seinen Mentor, den Halleschen Theologen THEOPHILUS COELESTINUS PIPER, völlig überraschend in das bei GREIFSWALD gelegene Flächendorf KEMNITZ, um dort das kirchliche Doppelamt als Küster und Lehrer zu übernehmen. Weiteres dazu in meinem genannten Büchlein „Vom Tropfhäusler zum Köster und Schaulmeister" 2013]

gewesen. Der älteste nachweisbare Vorfahre[8] war von der Niederelbe kommend nach GREIFSWALD übergesiedelt.[9]

Mein Vater[10] hatte zwei Brüder, die ebenfalls Lehrer, aber ohne männliche Nachkommen waren und von deren Linie es daher keine Namensträger TÄGERT mehr gibt.[11]

1266 als Stützpunkt der deutschen Ostkolonisation gegründet: CÖSLIN; Marktplatz mit Marienkirche und Denkmal des Preußenkönigs

Er selbst, J. CHR. WILHELM TÄGERT, und seine Söhne waren damit die einzigen Träger unseres Namens in Deutschland[12], wenigstens habe ich nirgends unseren Namen wiederfinden oder nennen hören können.

Aber dieser Name ist nicht unser ursprünglicher Familienname gewesen. Bei der Übersiedlung des schon erwähnten Vorfahren[13] wurde sein Abgang im

[8der „Schaffmeister von Lenzen" TÄGER, dessen Vornamen und genaue Lebensdaten wir nicht kennen; geboren wohl vor 1670 in LENZEN, gestorben nach 1703 wohl in TRIPKAU]

[9Das trifft so nicht zu. Dieser genannte Schaffmeister TÄGER siedelte sich nach dem Brand von LENZEN-Elbe im Jahr 1703 etwa 30 km weiter flussabwärts in TRIPKAU im Urstromtal der Elbe an. Dort war sein in LENZEN geborener Sohn CASPAR CHRISTOPHER TÄGER (1697-1758) „Kötner und Krüger", d.h. er führte in einem eigenen kleinen Haus einen Dorfkrug und betätigte sich handwerklich als Schuhmacher. Erst dessen Sohn, der oben genannte JÜRGEN JOCHIM TÄGER, brach, wohl im Jahr 1763, nach GREIFSWALD auf].

[10J. CHR. WILHELM TÄGERT]

[11Der ältere Bruder war CARL AUGUST HERMANN TÄGERT, 1828-1892, der seinen Vornamen sowohl dem in der Familie hochverehrten Halleschen Theologen AUGUST HERMANN FRANCKE, als auch dessen Nachfahren AUGUST HERMANN NIEMEYER verdankte, aus deren Linie dann FRIEDERIKE stammte, Wilhelms erste Frau; sie war somit die Mutter der drei älteren Geschwister des Ich-Erzählers. CARL wurde, wie oben beschrieben, Küster und Lehrer beim Fürsten MALTE von Putbus. — Der jüngere Bruder war ALBERT GUSTAV FRIEDRICH TÄGERT 1833-1895; er studierte, wie beschrieben, zunächst in GREIFSWALD Theologie und wurde dann im Berliner Vorort PANKOW Mittelschullehrer. Außerdem hatte J. CHR. WILHELM TÄGERT zwei Schwestern: LUISE MARIA MATHILDE TÄGERT, die aber, wie oben geschildert, im Alter von fünf Jahren im gleichen Jahr wie ihre Eltern 1840 bei den Großeltern in KEMNITZ gestorben war, und die 1838 geborene MARIE DOROTHEE LUISE TÄGERT, die, wie oben ebenfalls beschrieben, seit etwa 1860 Lehrerin in RÜGEN war.]

[12und wohl auch weltweit; WILHELM TÄGERT ist als Offizier der kaiserlichen Kriegsmarine fast um den ganzen Globus gekommen und hat auch als Diplomat unendlich viele Menschen kennengelernt, insofern dürfte seine Einschätzung ziemlich stichhaltig sein. | 13PAUL HINRICH TÄGER(T)]

Kirchenbuch seiner Vaterstadt[14] noch mit „TÄGER" verzeichnet, in seinem neuen Aufenthaltsort[15] aber als „TÄGERT" eingetragen.

Der Name TÄGER ist verbreitet. Er kommt auch in der Form TEGGERT vor und bedeutet in dieser Form den Sprecher bei niedersächsischen Bauerngerichten.[16]

Mein Vater war sehr belesen. Griechisch las er im Urtext in seinen Mußestunden mit Vorliebe. Er hatte großes pädagogisches Talent. Die alte Geschichte lebte, wenn er sie seinen Schülern vortrug, und seine Art des mathematischen Unterrichts war meisterhaft. Die Vielseitigkeit seiner Bildung erinnerte an die großen Männer der Renaissance.

Meine Mutter[17,] eine geborene KARKUTSCH, war die Tochter eines ehrsamen Färbermeisters in KÖSLIN[18]. Ihre Mutter[19] stammte aus LANZIG in Hinterpommern[20], wo meine Mutter noch zahlreiche Verwandte auf dem Lande hatte und auch später mit uns gelegentlich besuchte. Solche Reisen wurden damals auf offenen Leiterwagen ausgeführt, auf denen aus Säcken, Kissen und Decken recht bequeme Sitze hergestellt wurden. Gegen den Regen schützte eine Plane.

Mein Vater war zweimal verheiratet. Ich stamme mit meinen Brüdern KARL[21] und HANS[22] aus der zweiten Ehe. Aus der ersten Ehe waren mein Bruder FRITZ[23] und meine Schwestern CLARA[24] und MATHILDE[25] übrig geblieben. Im Ganzen hat mein Vater neun Kinder gehabt.[26]

Als Schulleiter in Siegen

1875 wurde mein Vater als Direktor der damaligen Oberrealschule, des späteren Realgymnasiums, nach SIEGEN in Westfalen versetzt. Zur Ruhe eines bestän-

---

[[14]Kemnitz. | [15]Greifswald.]

[[16]vergl. dazu aber meine Analyse im oben genannten Büchlein „Vom Tropfhäusler …", die bei den Recherchen zur Entstehung des Namens zu anderen Schlüssen kommt]

[[17]EMMA CAROLINA FLORENTINE ERNESTINE AMALIA TÄGERT (1843–1905), Wilhelms zweite Ehefrau],

[[18]CARL JOHANN HEINRICH KARKUTSCH, Schönfärbermeister und Stadtrat]

[[19]BERTA KRAUSE]

[[20]LANZKE, heute LAZCO; hier bestand bereits seit 1600 eine der ältesten evangelischen Schulen Pommerns]

[[21]CARL „TEDJE" FRANZ BENJAMIN TÄGERT (1869-1946)]

[[22]JOHANN OTTO FRIEDRICH TÄGERT, geb. 1874, gestorben 1881 im Alter von 6 1/2 Jahren]

[[23]FRIEDRICH WILHELM ANTON TÄGERT (1863-1950), der seinen zweiten und dritten Vornamen nach dem Vater WILHELM TÄGERT und dem Großvater mütterlicherseits FRANZ ANTON NIEMEYER erhielt]

[[24]CLARA LOUISE ELEONORE TÄGERT, geb. 1862]

[[25]MATHILDE ANNA CAROLINA (1864-1910), seit 1893 mit dem Professor des Realgymnasiums Meiderich, dem 1863 geborenen KARL STICHEL, verheiratet]

[[26] von denen aber vier bei der Geburt oder in früher Kindheit starben.]

Am Löhrtor: Das alte SIEGEN um 1850; hier stand seit der Reformationszeit bis 1870 das alte Gymnasium. WILHELM TÄGERT unterrichtete aber im Neubau von 1870 an der Oranienstraße, Bild s.o. S. 133.

SIEGEN liegt auf einem Hügel mit steilen Abhängen und alten Befestigungen wunderhübsch eingebettet zwischen mäßig hohen bewaldeten Bergen. Schon einige Jahrhunderte vor Christi Geburt wurden die reichen Eisenerzvorkommen hier verhüttet und das Eisen durch wasserkraftbetriebene Hämmer weiterverdigen Haushalts kamen wir aber auch dann noch nicht, da wir im ganzen siebenmal unsere Wohnung wechselten. Mein Vater war zu bescheiden gewesen, um eine Amtswohnung zu fordern, die dann später seinem Nachfolger ohne weiteres bewilligt worden ist.

Der Wechsel von Klima und Umgebung, die Sorgen um die zahlreiche Familie und mancherlei andere Unbilden hatten einen schweren Nervenniederbruch bei meinem Vater zur Folge, den er zum Glück in der Kaltwasserheilanstalt in NASSAU überwinden konnte. Er brachte von dort die Gewohnheit mit, sich morgens von uns mit kaltem Wasser übergießen zu lassen, wobei er mit lautem Stöhnen einen wilden Indianertanz aufzuführen pflegte.[27]

Kneipp-Duschen nach Opas Art: Wilhelm Tägerts Sohn FRIEDRICH begießt seinen Sohn LUDWIG und Neffen HANS (Foto um 1919)

[[27] Dieser Brauch der Kaltwasserduschen scheint sich in der Familie erhalten zu haben; denn es gibt Fotos im Familienalbum, in dem sich Wilhelms Sohn FRIEDRICH, mein Großvater, mit eben diesen Duschgewohnheiten befasst. Auch mein Schwiegervater Pfarrer i.R. H.K.SCHMIDT berichtet in seinen Lebenserinnerungen, die ich unter dem Titel „In Ängsten – und siehe wir leben" 2016 herausgegeben habe, auf S. 39 von erfolgreichen „Schrothkuren", die seinem Vater verordnet wurden.]

arbeitet. Später hat sich hauptsächlich das Siegener Blech einen Weltruf erworben.

Neben der Eisenindustrie blühte die Gerberei, die ein ebenfalls berühmtes Sohlenleder herstellte. Als Lohe wurde die Rinde von Eichen verwendet, die man in Form von Büschen 18 bis 20 Jahre alt werden ließ und die als Schälwald in der Umgebung reichlich angebaut wurden.

Die Siegener Oberrealschule konnte vor kurzem[28] ihr vierhundertjähriges Bestehen feiern.[29] Sie war die Bildungsstätte für die ganze Umgebung, und es sind viele sehr tüchtige Männer aus ihr hervorgegangen.

Die Stadt SIEGEN selbst ist alt. Die ur-

Noch mit über 70 als Rektor tätig:
WILHELM TÄGERT um 1900 in SIEGEN

sprünglich oktagonal gebaute Kirche, die leider später durch rohe Umbauten verschandelt worden war, soll aus dem 10. Jahrhundert stammen. In den letzten Jahrzehnten ist der ursprüngliche Bau mit recht glücklicher Hand wieder hergestellt worden, wenn auch die strenge Einfachheit entsprechend dem reformierten Bekenntnis unangetastet blieb. Der mächtige viereckige Turm passte schlecht zu dem übrigen Bau. Man hat ihn aber in der alten Form bestehen lassen. Er hat wohl früher in erster Linie die Rolle des Burgfrieds gespielt.

Wir Jungen fühlten uns in dieser Umgebung äußerst wohl, streiften in

---

[28 Im Jahr der Niederschrift der „Erinnerungen" 1936]

[29 Ergänzung nach Wikipedia: Vom Reformator ERASMUS SARCERIUS im Jahr 1536 als Lateinschule für das gehobene Bürgertum gegründet, mit einer bereits 1342 urkundlich erwähnten städtischen Pfarrschule als Vorläuferin, durchlief das Gymnasium eine wechselvolle Geschichte, bis es im 19. Jahrhundert, nicht zuletzt aufgrund seines naturwissenschaftlichen Schwerpunkts, zu einer der bekanntesten Lehranstalten Westfalens aufstieg. Besonders unter Fabrikanten und Kaufleuten war diese Siegener Schule beliebt. Im Jahr 1870 wurde die Schule am heutigen Standort in der Oranienstraße unweit des Löhrtors im modischen Ziegelmauerwerk neu gebaut. Unter der Leitung von Dr. WILHELM TÄGERT um die Jahrhundertwende (seit 1875–1903, da war TÄGERT schließlich 73 Jahre alt!) steigerte die Schule ihre Schülerzahl auf über 400 und wurde nun offiziell „Realgymnasium". — Nach der Zerstörung Siegens im Jahre 1944 durch britische Bomben bezog das Gymnasium in den 1950er Jahren einen Neubau am letzten Standort. Seit 2013 arbeitet das Gymnasium unter dem pädagogischen Leitmotto: „Aus Tradition mit Verantwortung in deine Zukunft".]

Nur noch Erinnerung: Siegener „Gymnasium am Löhrtor" nach der Zerstörung im Zweiten Weltkrieg im Jahr 1944

Polypen in der Nase und an einem unverfälschten thüringischen Dialekt.

Leider wurde unser Familienleben später überschattet durch eine schwere Nervenkrankheit meiner Mutter[30], die der frühe Tod meines kleinen Bruders HANS,[31] der unser aller Liebling war, ausgelöst hatte. Unter dieser Krankheit hatten besonders meine beiden Stiefschwestern[32] zu leiden. Aber ande-

den Bergen umher und unternahmen häufig weite Fußwanderungen in die weitere Umgebung. Allerhand Erinnerungen an die alten Zeiten regten immer wieder meine Fantasie mächtig an.

Der Schulunterricht war gut, und wir waren auch im Allgemeinen fleißig. Selbst der französische Unterricht zeitigte beachtenswerte Erfolge, namentlich in Grammatik und Syntax. Nur mit der Aussprache haperte es, denn der Professor litt an einem

Mathilde Stichel mit Kindern zu Besuch bei Oma KARKUTSCH: v. li. JOHANNES, CLARA TÄGERT, MATHILDE, ANNA, um 1903 in SIEGEN

[[30]s.o. EMMA, geb. KARKUTSCH] / [[31]s.o. JOHANNES, geb. 8.Okt. 1874, gest. Mai 1881]
[[32]CLARA und MATHILDE, s.o.]

rerseits schlossen wir Geschwister uns nur umso fester zusammen, und dieser Zusammenschluss hat bis zum Tod der inzwischen Verstorbenen gehalten.

Zur See

Meine Neigung zur Marine entwickelte sich schon früh. Ich erinnere mich noch deutlich des ungeheuren Eindrucks, den der erste Anblick der Ostsee auf mich machte, als mein Vater mir auf einem Spaziergang den blauen Streifen am fernen Horizont zeigte und mir sagte: „Das ist das Meer."

Als ich 10 Jahre alt war, bekam ich REINHOLD WERNERs Flottenbuch zu Weihnachten[33]. Ich ließ alle sonstigen Geschenke liegen, setzte mich in eine Ecke und lernte die Takelage einer Fregatte auswendig, natürlich ohne Ahnung, was die Brassen, Fallen, Stage und Pardunen in Wirklichkeit für einen Zweck hatten. Fortgesetzt dachte ich mir Geschichten aus, die alle an Bord spielten und die ich meinen Schulkameraden in der Zwischenpause erzählte.

Aber es hat lange gedauert, bis mein Vater meinem Drängen, die Seeoffizierslaufbahn zu ergreifen, endlich nachgab. Im letzten Augenblick kam mir darin noch mein Bruder KARL zuvor, der von der gleichen Leidenschaft für diesen Beruf wie ich beseelt war.

Ostern 1889 war endlich der große Tag gekommen, da auch ich nach gut

Lockmittel zur kaiserlichen Marine:
Reinhold v. Werners Flottenbuch

bestandenem Abiturienten-Examen die Schule verlassen und zur Aufnahmeprüfung nach Kiel reisen konnte."

„Erinnerungen" eines Weltreisenden bei der kaiserlichen Marine

— In den weiteren Abschnitten seiner „Erinnerungen", die insgesamt einen Umfang von gut 700 Schreibmaschinenseiten haben, schildert WILHELM „Will" TÄGERT dann seine Erfahrungen als See-

---

[[33]REINHOLD V. WERNER, Das Buch von der deutschen Flotte, div. Auflagen ab 1866; der Verfasser, der es bei der alten kaiserlichen Marine trotz Kriegsgerichts wegen Aufmüpfigkeit doch noch zum Vizeadmiral brachte, war sicher auch als Persönlichkeit ein Vorbild für den jungen WILHELM TÄGERT, der ihm auch in dieser Hinsicht nacheiferte und später gewohnt war, genau so unabhängig zu denken].

kadett und Unterleutnant, Wachoffizier und Navigationsoffizier.

Er erlebt Fahrten nach Westafrika und als ersten Höhepunkt eine Reise an Bord des 1893 in Dienst gestellten neuen kaiserlichen Repräsentationsschiffs, der bewaffneten Yacht SMY „Hohenzollern"; sie ist mit 12 Offizieren und 342 Mannschaften besetzt. Der junge Seeoffiziersanwärter WILHELM TÄGERT darf den Deutschen Kaiser WILHELM II. im Herbst 1898 nach JERUSALEM begleiten und lernt bei der Hinfahrt auch seinen späteren türkischen Dienstsitz im Ersten Weltkrieg in ISTANBUL kennen.

Von einer ehrenvollen Audienz beim osmanischen Herrscher Sultan ABDÜL-HAMID II., dem deutschen Bundesgenossen, kommend, will der Kaiser anschließend den Nahen Orient besuchen und die Evangelische Erlöser-Kirche einweihen, die er in JERUSALEM auf einem von den Türken gestifteten Grundstück hat errichten lassen.

Der Kaiser hält an den verschiedenen Orten seiner Reise einige stark beachtete und bis heute verkannte Reden vor Osmanen, palästinensischen Arabern und auch deutschsprachigen jüdischen Siedlern. Er versichert einerseits die Muslime seiner Sympathie und fordert weitsichtig ihre stärkere weltpolitische und religiöse Beachtung, damit sie nicht eines Tages in einem Akt der Verzweiflung an den Christen Afrikas und Asiens Rache üben und sie auslöschen(!). Andererseits lobt er die jüdischen Siedler wegen ihres Aufbauwillens und Fleißes und sichert ihnen seinen Schutz zu.

Es folgen Marineeinsätze im Ausland nach Japan, Korea und Peking, in Deutschland und Nordafrika bis 1912.

Im zweiten Teil seiner Erinnerungen beschreibt WILHELM zunächst seine zweite Ostasienreise 1913/14 als Chef des Marine-Stabes, insbesondere nach Hongkong, Japan, China und den großen Inseln. Dann schildert er den Ersten Weltkrieg, den er zunächst an Bord und dann ab 1915 an Land als Marine-Attaché und Chef des Stabes der Vereinigten Seestreitkräfte in der Türkei erlebt.

Mit dem Kaiser auf Repräsentationsreise: S.M.Y „Hohenzollern"

Deutsche Hochseeflotte: *Als Kommandeur auf der „Seydlitz" überführt* Wilhelm Tägert *die Flotte zur Selbstversenkung nach Scapa Flow*

Zum dramatischen Höhepunkt seiner Schilderungen wird der Ausbruch der Revolution in Deutschland: Sie beginnt bereits im März 1917 mit großen Streiks von Rüstungsarbeitern, darunter vielen Frauen, vor allem in Berlin. Als Urheber der Unruhen sieht Wilhelm Tägert die Marxisten und ihre Agitation, zeigt aber für ihre Initiative Verständnis. Nachdem ein unsinniger Befehl am 24. Okt. 1918 der bislang tatenlosen Flotte die Order gibt, zu einem letzten „ehrenvollen Gefecht" auszulaufen, nehmen ausgerechnet die Hätschelkinder des Kaisers, die Marineleute, das Heft in die Hand und treiben die Revolution voran. Seit dem 29. Okt. 1918 erlebt die Unruhe ihren breiten Durchbruch in der Bevölkerung und setzt das ganze Zweite Reich in Brand.

Mit der anschließenden deutschen Kapitulation folgt auch das tragische Ende der Deutschen Flotte. Wilhelm Tägert wird persönlich beauftragt, sie dem englischen Gegner auszuliefern und nach Scapa Flow zu überführen, eine Geschichte, die auch von anderen Autoren später gern heroisiert und weitererzählt worden ist. Bekanntlich kommt es in der Bucht zur Selbstversenkung der Schiffe durch ihre deutschen Besatzungen.

An den anschließenden revolutionären Vorgängen in Deutschland nimmt Wilhelm Tägert mit der Pistole in der Hand teil, wobei ihm eine Versöhnung der Nationalkonservativen mit den Bestrebungen der Linken in einer Art „Nationalbolschewismus" vorschwebt. Jedes Chaos ist ihm zuwider.

Im Jahr 1921 nimmt Wilhelm, mittlerweile Vizeadmiral der Reichswehr-Marine, als 50-Jähriger seinen Abschied von der Marine. Er lässt sich mit seiner Frau Else, geb. Lent, zur Miete im bayerischen Rottach-Egern am Südende des Tegernsees nieder, einer Gegend, die die Familie in früheren Urlauben kennen- und schätzen gelernt hat. Hier stirbt seine Frau im Jahr 1935, bevor er seine Aufzeichnungen beginnt.

Im Jahr 1943 heiratet WILHELM TÄGERT in zweiter Ehe die 41-jährige gebildete Bibliothekarin am Deutschen Museum in München MARGOT NAUMANN, unsere beliebte „Tante Margot". Sie dürfte diejenige gewesen sein, die kurz nach dem Zweiten Weltkrieg seine Erinnerungen ins Reine geschrieben und nach seinem Tod 1950 auch seinen Nachlass geordnet und an das Bundesarchiv in FREIBURG übergeben hat.

Ein pädagogisches Urgestein verlässt diese Erde

Nach diesem Bericht des Sohnes WILHELM TÄGERT, des „Admirals", über seinen Vater, den Siegener Realschulrektor WILHELM TÄGERT, kehren wir noch einmal zu dieser Hauptperson unserer Lebensbeschreibung zurück.

Es war GERMANIKA, die Ehefrau des Konteradmirals KARL TÄGERT, des älteren Bruders von WILHELM, die ihren Erinnerungen und manchem Gehörten diese beziehungsreichen Anekdoten hinzugefügt hat, von denen wir die zweite bereits an den Anfang gestellt haben:

„Der Siegener Schulrektor WILHELM TÄGERT ist auch ein guter Skatspieler gewesen. Auch diese Vorliebe hat sich in unserer Familie über die Generationen erhalten." Und: „Als Großpapa Karls Bruder, Onkel Willy, von dem die obigen Erinnerungen stammen, eine sehr gute Heirat machte, war der alte Herr, sein Vater also, sehr vergnügt. Auf der feudalen Hochzeit war er aber plötzlich aus den Festräumen verschwunden. Man suchte ihn und fand ihn in einem Zimmer, wo er mathematische Versuche anstellte." – N.b. Zu diesem Zeitpunkt

Die Verfasser der „Erinnerungen":
WILHELM und MARGOT TÄGERT in ROTTACH-EGERN (Aufn. vor 1950)

war der alte Herr schon über 71 Jahre alt!

JOACHIM CHRISTOPH WILHELM TÄGERT war nicht nur ein beliebter Pädagoge, sondern auch ein Menschenfreund und ein Original, ein Freund der „Realien" und der Aufklärung ebenso wie des Glaubens und der Ehrfurcht vor Gott. Er starb am 25. Nov. 1903 in seiner letzten beruflichen Heimat SIEGEN, betrauert von seiner Familie, seinen Kollegen und unzähligen dankbaren ehemaligen Schülern.

Kopien seines Examenszeugnisses, seiner mathematischen Arbeit über die Schwankungen der Erdachse und der Personalbögen der Lehrer höherer Schulen Preußens sind im Anhang dieser Lebensbeschreibung abgedruckt und mögen abschließend noch einmal an diesen gebildeten Universalgelehrten und liebevollen und begnadeten Pädagogen des 19. Jh. erinnern.

Wie eine Figur von Wilhelm Busch:
JOACHIM CHRISTOPH WILHELM TÄGERT, Lebensabend in SIEGEN
(Aufnahme um 1903, im Familienbesitz)

ANHANG

Zeugnis pro facultate docendi
für Joachim Christoph Wilhelm Tägert (Greifswald 1853)

„Der Schulamtskandidat Herr **WILHELM TAEGERT**, geboren zu Greifswald im Jahre 1830, Sohn eines verstorbenen Küsters daselbst, evangelischer Konfession, von dem Gymnasio zu Greifswald Ostern 1849 mit dem Zeugnis der Reife entlassen und auf der Universität daselbst weiter vorbereitet, ist von uns „pro facultate docendi" vorschriftsmäßig geprüft worden, und wird ihm als Ergebnis dieser Prüfung das nachstehende Zeugnis ausgestellt.

In der **MATHEMATIK** erstreckten sich die Kenntnisse des Kandidaten mit gleicher Gründlichkeit über die verschiedenen niederen und höheren Teile der Wissenschaft. Insbesondere in der höheren Analysis hat er die Methode der so genannten neueren, hauptsächlich durch Cauchy gegründeten Schule und ihre Vorzüge vor der älteren mit kritischem Scharfsinn erkannt, und hiervon durch seine mathematische Probearbeit einen erfreulichen Beweis gegeben.

Ebenso hat er in der **HÖHEREN MECHANIK** sich hinreichende Kenntnisse erworben, und auch in der **THEORETISCHEN ASTRONOMIE** einen Grund gelegt.

In der **PHYSIK** hat er bis jetzt vorzugsweise den auf mathematischer Grundlage ruhenden Teilen seinen Fleiß zugewendet, ohne jedoch die übrigen ganz zu vernachlässigen. Seine schriftliche physikalische Probearbeit behandelt den ihm aufgegebenen Gegenstand mit Präzision und Klarheit.

Auch seine in der Prima des hiesigen Gymnasiums gehaltene **mathematische und physikalische Probelektion** genügte vollkommen; die mathematische zeichnete sich namentlich durch völlige Sicherheit und Gewandtheit aus, so dass ihm nur zu raten ist, zu bedenken, dass nur befähigte Schüler im Stande sein werden, ihm mit derselben Raschheit zu folgen, wie er seine Gedankengänge für den Kundigen mit Klarheit entwickelt. Er ist deshalb zu dem mathematischen Unterricht in allen Klassen einer höheren Lehranstalt qualifiziert. Das selbe gilt im ganzen auch von der Physik; insofern vorausgesetzt werden darf, dass er keine sich ihm darbietende Gelegenheit, auch die erforderliche Fertigkeit im Experimentieren zu erwerben, unbenutzt lassen werde.

In der **MINERALOGIE**, **BOTANIK** und **ZOOLOGIE** bewies der Kandidat, dass er sich mit diesen Disziplinen soweit beschäftigt hat, als es zum Zwecke allgemeiner Bildung wünschenswert erscheinen kann.

In der **CHEMIE** besitzt er genauere theoretische Kenntnisse, die ihn zum Unterrichten in dieser Wissenschaft in den unteren und mittleren Klassen schon jetzt befähigen würden, wenn ihm nicht bisher alle Gelegenheit zum Experimentieren gefehlt hätte. Er würde deswegen, bevor ihm jener Unterricht übertragen werden könnte, durch eine Nachprüfung darzutun haben, dass er diese Lücke auszufüllen bemüht gewesen sei.

In der **PHILOSOPHIE** und **PÄDAGOGIK** ist der Kandidat sowohl auf historischem als auch auf logischem und physiologischem Gebiet im Ganzen gut bewandert, so dass ihm der Unterricht in der philosophischen Propädeutik anvertraut werden kann.

In der **KLASSISCHEN PHILOLOGIE** bewies der Kandidat, obwohl seine Studien nicht speziell auf diese gerichtet gewesen, doch nicht bloß die zur allgemeinen gelehrten Bildung erforderlichen Kenntnisse, sondern zeigte sich auch der beiden alten Sprachen [Latein und Griechisch] in dem Maße kundig, dass ihm der Unterricht in denselben in den unteren und mittleren Klassen anvertraut werden darf.

Im Französischen gebricht es dem Kandidaten noch an der erforderlichen Fertigkeit und Sicherheit, um den Unterricht darin über die unteren und mittleren Klassen hinaus erteilen zu können.

Im **DEUTSCHEN** verriet der Kandidat denjenigen Grad grammatischer Kenntnis, der sich ohne genauere Beschäftigung mit der geschichtlichen Entwicklung der Sprache erlangen lässt, zeigte sich auch mit der Literaturgeschichte wohl bekannt.

In der **GESCHICHTE** zeigte der Kandidat, dass er, obwohl nicht unbekannt mit den hauptsächlichen Tatsachen, doch dieser Wissenschaft kein tiefer eingehendes und umfassenderes Studium gewidmet habe. Sein Wissen bezog sich mehr auf Einzelheiten, als auf das Ganze, und selbst Naheliegendes war ihm fremd. Die Geistesgewandtheit und Gründlichkeit der Bildung indes, durch welche der Kandidat sonst sich auszeichnet, lässt hoffen, dass er bei näherer Beschäftigung mit der Geschichte zum Vortrag auch dieser Wissenschaft wohl geschickt sein werde, und kann ihn dieser Vortrag schon jetzt unbedenklich für die unteren Gymnasialklassen übertragen werden.

In der **THEOLOGIE** gaben die Antworten des Kandidaten Zeugnis vom Nachdenken und Verständnis, obwohl seine Kenntnis der Heiligen Schrift und des protestantischen Lehrbegriffes nicht vollständig ist, um den Forderungen im Religionsunterricht ganz zu genügen. Doch ist er zur Übernahme desselben in den unteren Klassen schon jetzt nicht untauglich und berechtigt zu der Erwartung, dass er nach einiger Zeit bei fortgesetztem Studium zum Religionsunterricht auch in den mittleren Klassen befähigt sein werde.

Diesem gemäß ist dem Kandidaten Herrn Wilhelm Taegert das Zeugnis

der **UNBEDINGTEN FACULTAS DOCENDI**

von uns erteilt worden, wobei wir zugleich seine ausgezeichnete Tüchtigkeit in der Mathematik besonders hervorheben, die ihn zur Anstellung als Lehrer für dieses Fach vertrauensvoll empfehlen.

Greifswald, den 21. April 1853.

Königliche Wissenschaftliche Prüfungs-Kommission

Bemerkungen über die genauere Bestimmung der Schwankungen der Erdaxe.

von Dr. W. Jägert, Director der Realschule Siegen
veröffentlicht in XLV. Jahresbericht der Realschule Siegen
1882

In seiner schönen Abhandlung über die „Bestimmung der Nutation der Erdaxe", Petersburg 1872, entwickelt Herr Dr. M. Nyrén die verschiedenen Glieder der Lunar- und Solar-Nutation mit einer Genauigkeit, welche noch die vierten Decimalstellen der Winkelsecunden berücksichtigt. Fraglich ist jedoch, ob bei Anwendung der Poisson'schen Differentialgleichungen:

$$d\Theta = \frac{d\Omega}{d\psi} \cdot \frac{dt}{Cn \sin \Theta} + \frac{d\Omega}{d\varphi} \cdot \frac{\cos \Theta \cdot dt}{Cn \sin \Theta},$$

$$d\psi = -\frac{d\Omega}{d\Theta} \cdot \frac{dt}{Cn \sin \Theta},^*)$$

welche lediglich als Näherungsformeln zu betrachten sind, die früher den Bedürfnissen astronomischer Rechnungen genügten, eine so große Genauigkeit erzielt werden kann. In der That gelangt man unter Vermeidung unzulässiger Näherungen zu Resultaten, welche von den Schlußwerthen Nyrén's z. Thl. nicht unerheblich abweichen, wie die folgende Betrachtung zeigt.

Nehmen wir die drei durch den Schwerpunkt O des Erdkörpers gelegten Hauptaxen Ox', Oy', Oz' als Axen eines rechtwinkligen Coordinatensystemes an, und bezeichnen $A = S(y'^2+z'^2)dm$, $B = S(x'^2+z'^2)dm$, $C = S(x'^2 + y'^2)dm$ die entsprechenden Trägheitsmomente der Erdmasse, C das größte, A das kleinste, ferner L und L' die Massen der Sonne und des Mondes, r und r' die Entfernungen ihrer Mittelpunkte vom Punkte O. Die Winkelgeschwindigkeit des Erdkörpers bei seiner Rotation um die kleinste Hauptaxe sei ferner $= n$; zur Zeit t sei der spitze Neigungswinkel der Ebene $x'Oy'$ gegen die Ekliptik einer festen Epoche $= \Theta$, und der dem Frühlingspunkte zugewandte Zweig ON der beweglichen Durchschnittslinie beider Ebenen möge auf letztere seit jener Epoche einen Winkel $NON' = \psi$, von ON' an der Richtung der täglichen Bewegung entgegen gezählt, beschrieben haben; der positive Zweig der Axe der x' bilde mit ON zur Zeit t den Winkel φ, von ON an in der Richtung der täglichen Bewegung gezählt; bedeuten endlich δ und δ', α und α' die Declinationen und die Rectascensionen der Sonne und des Mondes, die letzteren von ON an gezählt. Setzen wir alsdann

$$\frac{d\Theta}{dt} = (q \sin \varphi - p \cos \varphi); \quad \sin \Theta \frac{d\psi}{dt} = (q \cos \varphi + p \sin \varphi),$$

so ist, abgesehen von der Unsymmetrie des Erdkörpers, nach der von Bessel in den fund. astron. gegebenen Entwicklung

---

*) Ueber die Bedeutung der angewandten Symbole giebt die angeführte Schrift Nyrén's Seite 39 u. f. genaue Auskunft; auf Seite 40 fehlt auf der rechten Seite der zweiten Gleichung in Folge eines Druckfehlers das Minuszeichen.

I. $A\dfrac{dp}{dt} + (C-B)nq = \dfrac{3\varrho(C-B)}{r^3}\sin\delta\cos\delta\sin(\alpha-\varphi) + \dfrac{3\varrho'(C-B)}{r'^3}\sin\delta'\cos\delta'\sin(\alpha'-\varphi)$,

II. $B\dfrac{dq}{dt} - (C-A)np = \dfrac{3\varrho(A-C)}{r^3}\sin\delta\cos\delta\cos(\alpha-\varphi) + \dfrac{3\varrho'(A-C)}{r'^3}\sin\delta'\cos\delta'\cos(\alpha'-\varphi)$.

Bezeichnen wir die Länge und die Breite des Mondes in Bezug auf die feste Ekliptik und ON' als Anfang der Längen nach Nyrén durch $v,'$ und $b,'$, so haben wir die Gleichungen:

$$\cos\delta'\cos\alpha' = \cos b,'\cos(v,'+\psi);$$
$$\cos\delta'\sin\alpha' = \cos\Theta\cos b,'\sin(v,'+\psi) - \sin\Theta\sin b,';$$
$$\sin\delta' = \sin\Theta\cos b,'\sin(v,'+\psi) + \cos\Theta\sin b,'.$$

Demgemäß ist

$$\dfrac{\sin\delta'\cos\delta'\cos\alpha'}{r'^3} = \dfrac{\sin\Theta^2\cos b,'^2\sin 2(v,'+\psi) + \sin 2\Theta\sin b,'\cos b,'\cos(v,'+\psi)}{2r'^3\sin\Theta}$$

$$= -\dfrac{d\{\cos b,'^2[1-\sin\Theta^2\sin(v,'+\psi)^2 + \operatorname{tg} b,'^2\sin\Theta^2 - \sin 2\Theta\sin(v,'+\psi)\operatorname{tg} b,']\}}{2r'^3\sin\Theta\, d\psi};$$

$$\dfrac{\sin\delta'\cos\delta'\sin\alpha'}{r'^3} = \dfrac{\sin 2\Theta\cos b,'^2\sin(v,'+\psi)^2 - \sin 2\Theta\sin b,'^2 + \cos 2\Theta\sin 2b,'\sin(v,'+\psi)}{2r'^3}$$

$$= -\dfrac{d\{\cos b,'^2[1-\sin\Theta^2\sin(v,'+\psi)^2 + \operatorname{tg} b,'^2\sin\Theta^2 - \sin 2\Theta\sin(v,'+\psi)\operatorname{tg} b,']\}}{2r'^3\, d\Theta}.$$

Aehnliche Ausdrücke gelten für die Sonne. Mit Hülfe der „Tables of the Moon" von Davis entwickelt nun Nyrén den Ausdruck

$$\dfrac{\cos b,'^2[1-\sin\Theta^2\sin(v,'+\psi)^2 + \operatorname{tg} b,'^2\sin\Theta^2 - \sin 2\Theta\sin(v,'+\psi)\operatorname{tg} b,']}{r'^3}$$

in eine Reihe von Gliedern von der Form

$$\dfrac{k\sin\Theta^2\cos(\mu t+\nu)}{a'^3} \quad \text{oder} \quad \dfrac{k'\sin\Theta\cos\Theta\cos(\mu' t+\nu')}{a'^3};$$

hier bedeutet a' die mittlere Entfernung des Mondmittelpunktes von O; die Größe ν ist entweder $= 0$ oder $= \text{const.} \pm 2\psi$, dagegen $\nu' = \text{const.} \pm \psi$; k und k' bezeichnen aus der Mondbewegung resultirende Constanten. Es ergibt sich dann:

$$\dfrac{\sin\delta'\cos\delta'\cos\alpha'}{r'^3} = \dfrac{\Sigma k\sin\Theta\sin(\mu t+\nu)}{a'^3} + \dfrac{\Sigma k'\cos\Theta\sin(\mu' t+\nu')}{2a'^3},$$

wo die Glieder, in denen $\nu = 0$ ist, verschwinden,

$$\dfrac{\sin\delta'\cos\delta'\sin\alpha'}{r'^3} = -\dfrac{\Sigma k\sin 2\Theta\cos(\mu t+\nu)}{2a'^3} - \dfrac{\Sigma k'\cos 2\Theta\cos(\mu' t+\nu')}{2a'^3};$$

die Summation bezieht sich auf alle in der Entwickelung vorkommenden Werthe von μ und ν, resp. μ' und ν' mit den zugehörigen k und k'.

Setzt man diese Werthe von $\dfrac{\sin\delta'\cos\delta'\cos\alpha'}{r'^3}$ und $\dfrac{\sin\delta'\cos\delta'\sin\alpha'}{r'^3}$ in die Gleichungen I und II, so erhält man nach leichter Rechnung, wenn man lediglich die Wirkung des Mondes betrachtet:

$$A\dfrac{dp}{dt} + (C-B)np = \dfrac{3\varrho'(C-B)}{4a'^3}\Sigma k(2\sin\Theta - \sin 2\Theta)\cos(\varphi+\mu t+\nu) + \dfrac{3\varrho'(C-B)}{4a'^3}\Sigma k'(\cos\Theta - \cos 2\Theta)\cos(\varphi+\mu' t+\nu')$$

$$-\dfrac{3\varrho'(C-B)}{4a'^3}\Sigma k(2\sin\Theta + \sin 2\Theta)\cos(\varphi-\mu t-\nu) - \dfrac{3\varrho'(C-B)}{4a'^3}\Sigma k'(\cos\Theta + \cos 2\Theta)\cos(\varphi-\mu' t-\nu');$$

I. $B\frac{dq}{dt}+(C-A)nq \quad \frac{3\mathfrak{L}'(C-A)}{4a'^3}\Sigma k(2\sin\theta-\sin 2\theta)\sin(\tau+\mu t+\nu) - \frac{3\mathfrak{L}'(C-A)}{4a'^3}\Sigma k'(\cos\theta-\cos 2\theta)\sin(\tau+\mu' t+\nu')$

$\qquad + \frac{3\mathfrak{L}'(C-A)}{4a'^3}\Sigma k(2\sin\theta+\sin 2\theta)\sin(\tau-\mu t-\nu) + \frac{3\mathfrak{L}'(C-A)}{4a'^3}\Sigma k'(\cos\theta+\cos 2\theta)\sin(\tau-\mu' t-\nu').$

Unter Vernachlässigung der kleinen Größen von der zweiten Ordnung können θ, μ, ν, μ', ν' als Constanten betrachtet und $\tau = nt + l$ gesetzt werden, wo l ebenso wie n eine Constante bezeichnet. Werden alsdann die Gleichungen I und II integrirt, so erhält man, — da neu einzuführende Constanten durch die Beobachtungen nicht wahrnehmbar gemacht werden, — wenn $\frac{(C-A)(C-B)}{AB} = D$ gesetzt wird,

$$p = \frac{3\mathfrak{L}'}{4a'^3}\frac{\Sigma k(2\sin\theta - \sin 2\theta)}{[(n+\mu)^2 - Dn^2]}\left(\frac{(C-B)}{A}(n+\mu) - Dn\right)\sin(\tau+\mu t+\nu)$$

$$+ \frac{3\mathfrak{L}'}{4a'^3}\frac{\Sigma k'(\cos\theta - \cos 2\theta)}{[(n+\mu')^2 - Dn^2]}\left(\frac{(C-B)}{A}(n+\mu') - Dn\right)\sin(\tau+\mu' t+\nu')$$

$$- \frac{3\mathfrak{L}'}{4a'^3}\frac{\Sigma k(2\sin\theta + \sin 2\theta)}{[(n-\mu)^2 - Dn^2]}\left(\frac{(C-B)}{A}(n-\mu) - Dn\right)\sin(\tau-\mu t-\nu)$$

$$- \frac{3\mathfrak{L}'}{4a'^3}\frac{\Sigma k'(\cos\theta + \cos 2\theta)}{[(n-\mu')^2 - Dn^2]}\left(\frac{(C-B)}{A}(n-\mu') - Dn\right)\sin(\tau-\mu' t-\nu');$$

$$q = \frac{3\mathfrak{L}'}{4a'^3}\frac{\Sigma k(2\sin\theta - \sin 2\theta)}{[(n+\mu)^2 - Dn^2]}\left(\frac{(C-A)}{B}(n+\mu) - Dn\right)\cos(\tau+\mu t+\nu)$$

$$+ \frac{3\mathfrak{L}'}{4a'^3}\frac{\Sigma k'(\cos\theta - \cos 2\theta)}{[(n+\mu')^2 - Dn^2]}\left(\frac{(C-A)}{B}(n+\mu') - Dn\right)\cos(\tau+\mu' t+\nu')$$

$$- \frac{3\mathfrak{L}'}{4a'^3}\frac{\Sigma k(2\sin\theta + \sin 2\theta)}{[(n-\mu)^2 - Dn^2]}\left(\frac{(C-A)}{B}(n-\mu) - Dn\right)\cos(\tau-\mu t-\nu)$$

$$- \frac{3\mathfrak{L}'}{4a'^3}\frac{\Sigma k'(\cos\theta + \cos 2\theta)}{[(n-\mu')^2 - Dn^2]}\left(\frac{(C-A)}{B}(n-\mu') - Dn\right)\cos(\tau-\mu' t-\nu').$$

Die Einwirkung der Sonne ergiebt ähnliche Glieder. Setzen wir $A = B$, so ist nach Nyrén $\frac{(C-A)}{A} = 0{,}00325075$; wird auf seine Rechnung die weiter unten entwickelte Correction angewandt, so erhält man genauer $\frac{(C-A)}{A} = 0{,}0032521$. Unter Vernachlässigung der Größen, welche den Factor $\frac{(B-A)}{A}$ enthalten, erhält man weiter:

$$\frac{\left(\frac{(C-B)}{A}(n\pm\mu) - Dn\right)}{(n\pm\mu)^2 - Dn^2} = \frac{(C-B)}{Cn}\left\{1 \mp \frac{\frac{A\mu}{Cn}}{\left(1\pm\frac{A\mu}{Cn}\right)}\right\} = \frac{(C-B)}{Cn}\left\{1 \mp \frac{0{,}99676\frac{\mu}{n}}{\left(1\pm 0{,}99676\frac{\mu}{n}\right)}\right\};$$

ebenso $\frac{\left(\frac{(C-A)}{B}(n\pm\mu') - Dn\right)}{(n\pm\mu')^2 - Dn^2} = \frac{(C-A)}{Cn}\left\{1 \mp \frac{0{,}99676\frac{\mu'}{n}}{\left(1\pm 0{,}99676\frac{\mu'}{n}\right)}\right\}.$

Diese Werthe, in die Ausdrücke für p und q eingesetzt, ergeben mit Hülfe der Gleichungen
$$\frac{d\theta}{dt} = (q\sin\tau - p\cos\tau); \quad \sin\theta\frac{d\psi}{dt} = (q\cos\tau + p\sin\tau)$$

nach einigen Umrechnungen, wenn die mit $\frac{(B-A)}{Cn}$ multiplicirten sehr kleinen Glieder von kurzer Periode vernachlässigt werden:

$$\sin\theta \frac{d\psi}{dt} = -\frac{3\mathfrak{L}'}{4a'^3}\frac{(2C-A-B)}{Cn}\Sigma k \sin 2\theta \cdot \left(1 + \frac{(E_2+E_1)\sin\theta + \frac{1}{4}(E_2-E_1)\sin 2\theta}{\sin 2\theta}\right) \cdot \cos(\mu t+\nu)$$

$$- \frac{3\mathfrak{L}'}{4a'^3}\frac{(2C-A-B)}{Cn}\Sigma k' \cos 2\theta \left(1 + \frac{\frac{1}{2}(E_2'+E_1')\cos\theta + \frac{1}{4}(E_2'-E_1')\cos 2\theta}{\cos 2\theta}\right)\cos(\mu' t+\nu');$$

$$\frac{d\theta}{dt} = -\frac{3\mathfrak{L}'}{2a'^3}\frac{(2C-A-B)}{Cn}\Sigma k \sin\theta \left(1 + \frac{\frac{1}{4}(E_2+E_1)\sin 2\theta + (E_2-E_1)\sin\theta}{2\sin\theta}\right)\sin(\mu t+\nu)$$

$$- \frac{3\mathfrak{L}'}{4a'^3}\frac{(2C-A-B)}{Cn}\Sigma k' \cos\theta \left(1 + \frac{\frac{1}{2}(E_2'+E_1')\cos 2\theta + \frac{1}{4}(E_2'-E_1')\cos\theta}{\cos\theta}\right)\sin(\mu' t+\nu'),$$

wo $E_1 = \dfrac{0{,}99676\frac{\mu}{n}}{\left(1+0{,}99676\frac{\mu}{n}\right)}$; $E_2 = \dfrac{0{,}99676\frac{\mu}{n}}{\left(1-0{,}99676\frac{\mu}{n}\right)}$ ec.

zu setzen ist. Hierzu treten die von der Wirkung der Sonne abhängigen Glieder.

Vernachlässigt man in diesen Formeln die Größen E_1, E_2 ec., so erhält man die Resultate der Poisson'schen Näherungsformeln, mit denen Nyrén sich begnügt. Während dieselben die Präcession genau ergeben, da in den dieselbe betreffenden Gliedern μ und μ' nahezu verschwinden, bedürfen die von Nyrén aufgestellten Schlußwerthe für die Nutation der kleinsten Hauptare der Erde gewisser Correctionen,[*]) von denen die wichtigsten in Folgendem enthalten sind, wo L' die mittlere Länge des Mondes, L die wahre Länge der Sonne, P' und P die mittleren Längen der Perigäen des Mondes und der Sonne, ☊ die wahre Länge des aufsteigenden Knotens der Mondbahn bezeichnen.

Nutation in der Schiefe

nach Nyrén: corrigirt:

$\Delta\theta = + 0{,}0888'' \cos 2\,L'$ $+ 0{,}0952'' \cos 2\,L'$
$\quad\quad + 0{,}0114 \cos (3\,L' - P')$ $+ 0{,}0127 \cos (3\,L' - P')$
$\quad\quad + 0{,}0183 \cos (2\,L' - \text{☊})$ $+ 0{,}0194 \cos (2\,L' - \text{☊})$
$\quad\quad - 0{,}0047 \cos (L' + P')$ $- 0{,}0049 \cos (L' + P')$
$\quad\quad + 0{,}0011 \cos (4\,L' - 2\,P')$ $+ 0{,}0013 \cos (4\,L' - 2\,P')$
$\quad\quad + 0{,}0014 \cos (4\,L' - 2\,L)$ $+ 0{,}0016 \cos (4\,L' - 2\,L)$
$\quad\quad + 0{,}0023 \cos (3\,L' - 2\,L + P')$ $+ 0{,}0025 \cos (3\,L' - 2\,L + P')$
$\quad\quad + 0{,}0024 \cos (3\,L' - P' - \text{☊})$ $+ 0{,}0026 \cos (3\,L' - P' - \text{☊})$
$\quad\quad + 0{,}0030 \cos (L' - P' - \text{☊})$ $+ 0{,}0031 \cos (L' - P' - \text{☊})$
$\quad\quad - 0{,}0030 \cos (L' - P' + \text{☊})$ $- 0{,}0031 \cos (L' - P' + \text{☊})$
$\quad\quad + 0{,}5463 \cos 2\,L$ $+ 0{,}5490 \cos 2\,L$

Nutation in der Länge

nach Nyrén: corrigirt:

$\Delta\psi = + 0{,}2065'' \sin 2\,\text{☊}$ $+ 0{,}2064'' \sin 2\,\text{☊}$
$\quad\quad - 0{,}2046 \sin 2\,L'$ $- 0{,}2220 \sin 2\,L'$

---

[*]) Dieselben lassen sich auf indirectem Wege auch durch allmähliche Näherungen finden, wenn man die in den Poisson'schen Gleichungen vernachlässigten Glieder mit in Rechnung zieht.

$$
\begin{aligned}
&- 0{,}0262 \sin(3L' - P') & &- 0{,}0296 \sin(3L' - P') \\
&- 0{,}0343 \sin(2L' - \Omega) & &- 0{,}0370 \sin(2L' - \Omega) \\
&+ 0{,}0115 \sin(L' + P') & &+ 0{,}0120 \sin(L' + P') \\
&- 0{,}0026 \sin(4L' - 2P') & &- 0{,}0030 \sin(4L' - 2P') \\
&+ 0{,}0678 \sin(L' - P') & &+ 0{,}0706 \sin(L' - P') \\
&+ 0{,}0028 \sin(2L' - 2P') & &+ 0{,}0030 \sin(2L' - 2P') \\
&- 0{,}0033 \sin(4L' - 2L) & &- 0{,}0039 \sin(4L' - 2L) \\
&+ 0{,}0143 \sin(L' - 2L + P') & &+ 0{,}0148 \sin(L' - 2L + P') \\
&+ 0{,}0026 \sin(L' + 2L - P') & &+ 0{,}0027 \sin(L' + 2L - P') \\
&- 0{,}0052 \sin(3L' - 2L + P') & &- 0{,}0059 \sin(3L' - 2L + P') \\
&- 0{,}0006 \sin(5L' - 2L - P') & &- 0{,}0007 \sin(5L' - 2L - P') \\
&+ 0{,}0025 \sin(2L' - 2\Omega) & &+ 0{,}0027 \sin(2L' - 2\Omega) \\
&+ 0{,}0060 \sin(2L' - 2L) & &+ 0{,}0065 \sin(2L' - 2L) \\
&- 0{,}0044 \sin(3L' - P' - \Omega) & &- 0{,}0051 \sin(3L' - P' - \Omega) \\
&+ 0{,}0020 \sin(L' + P' - \Omega) & &+ 0{,}0021 \sin(L' + P' - \Omega) \\
&- 0{,}0007 \sin(3L' - 2L + P' - \Omega) & &- 0{,}0008 \sin(3L' - 2L + P' - \Omega) \\
&+ 0{,}0125 \sin(2L - \Omega) & &+ 0{,}0126 \sin(2L - \Omega) \\
&+ 0{,}0014 \sin(L' - 2L + P' + \Omega) & &+ 0{,}0015 \sin(L' - 2L + P' + \Omega) \\
&+ 0{,}0057 \sin(L' - P' - \Omega) & &+ 0{,}0059 \sin(L' - P' - \Omega) \\
&+ 0{,}0057 \sin(L' - P' + \Omega) & &+ 0{,}0059 \sin(L' - P' + \Omega) \\
&- 1{,}2588 \sin 2L & &- 1{,}2663 \sin 2L \\
&+ 0{,}1266 \sin(L - P) & &+ 0{,}1270 \sin(L - P) \\
&- 0{,}0211 \sin(L + P) & &- 0{,}0212 \sin(L + P) \\
&- 0{,}0070 \sin(3L - P) & &- 0{,}0071 \sin(3L - P)
\end{aligned}
$$

Personalblatt A
für Direktoren, wissenschaftliche Lehrer und Kandidaten des höheren Schulamts.

1. Voller Name (der Rufname ist zu unterstreichen): Tägert, Joachim Christoph *Wilhelm*

   geboren am 9. Dezember 1830
   zu Greifswald, Kreis usw. Greifswald Rgbz. Stralsund,
   evangelischer Konfession (Religion); Sohn des verstorbenen Küsters und Lehrers Friedrich Tägert zu Greifswald

2. Datum des Reifezeugnisses und Anstalt, an der es erworben ist: Greifswald den 29. März 1849 Gymnasium zu Greifswald
   Zur Zeit der Reifeprüfung beheimatet in Greifswald Kreis usw. Greifswald Rgbz. Stralsund.

3. Datum des Zeugnisses jeder Lehramtsprüfung nebst Angabe der Art der Prüfung (ob erste, Wiederholungs-, Ergänzungs- oder Erweiterungsprüfung) sowie der Fächer und der höchsten Klasse, bis zu der einschließlich die Lehrbefähigung in jedem Fache reicht. Das Datum der Prüfung, durch welche die wissenschaftliche Befähigung zur Anstellung vorbehaltlos erworben wurde, ist zu unterstreichen.

   a) Datum der Lehramtsprüfung: Greifswald den 21. April 1853.
   b) Zeugnis der unbedingten facultas docendi.
   c) Lehrbefähigung in der Mathematik, Physik philosophische Propädeutik.
   d) bei O.I einschl., in den beiden alten Sprachen bis U.II einschl., im evangelischen bis U.I einschl. in der Religionslehre bis IV bei fortgesetztem
   e) Studium bis U.II einschl., in der Prima bis U.II einschl. unter d.
   f) Anzeige einer Nachprüfung in der Experimentalkunst, in der Geschichte bis IV einschl.
   Angabe etwaiger anderer Prüfungen (für Turnen, Zeichnen usw.): Lehrbefähigung für Gesangunterricht. Datum der Prüfung vor dem Musikdirektor Lowe, Stettin, d. 26. Sept. 1857.

4. Antritt des Seminarjahres: —
   Anstalt, an der es abgelegt ist: —
   Antritt des Probejahres: Ostern 1853
   Anstalt, an der es abgelegt ist: Gymnasium zu Greifswald Pädagogium zu Putbus.
   Gesamtbetrag etwaiger Vergütungen während des Probejahres: Mit Einrechnung seiner Station: 000 Mk.
   Datum der Anstellungsfähigkeit: Ein Zeugnis der Anstellungsfähigkeit hat der Obige nach dem Probejahr nicht erhalten.

Datum der Inspektion des 1. April 1854. Die Vokation ist

5. Datum der ersten festen Anstellung: *ausgestellt am 20. Juli 1854, bestätigt am 2. August 1854*

Das Besoldungsdienstalter als Oberlehrer rechnet vom: *1. April 1854.*

6. Datum der Charakterisierung als Professor: —

" " Verleihung des Ranges der Räte IV. Klasse: —

7. Datum der Ernennung oder Bestätigung als Direktor einer Nichtvollanstalt: —

" " " " " " Direktor einer Vollanstalt: *12. September 1874*

Das Besoldungsdienstalter als Direktor einer Nichtvollanstalt rechnet vom: —

" " " " Direktor einer Vollanstalt " " *1. Oktober 1875.*

8. Akademische und sonstige Titel nebst Datum ihrer Verleihung, bei der Doktorwürde unter Angabe der Universität, an der sie erworben ist:

a)

b)

c)

d)

Orden und Ehrenzeichen (unter Angabe der Zeit der Verleihung): *Rother Adlerorden IV. Klasse, verliehen am 9. Oktober 1886.*

9. Amtliche Stellung nach Erlangung der Anstellungsfähigkeit nebst Angabe der Anstalten, der Zeit der Beschäftigung und des Diensteinkommens (mit Ausschluß der unter 10 und 11 anzugebenden Bezüge).

A. Vor der festen Anstellung:

Anstalt (Name und Ort)	Amtliche Stellung (falls etatsmäßig, ist dies besonders anzugeben)	Zeit	Vergütungen ℳ
a) *Pädagogium zu Putbus*	*Interimistischer Adjunct*	vom *1/7. 1853* bis *1/7. 1854*	
b)		vom bis	
c)		vom bis	
d)		vom bis	
e)		vom bis	
f)		vom bis	
g)		vom bis	
h)		vom bis	
i)		vom bis	
k)		vom bis	

B. Nach der festen Anstellung:

Anstalt (Name und Ort)	Amtliche Stellung	Zeit		Gehalt (ohne feste Zulage) jährlich ℳ	Wohnungsgeldzuschuß (W.J.), Mietsentschädigung (M.E.) in Mark, Dienstwohnung (D.W.)
a) Gymnasium zu Köslin	Ordentlicher Lehrer Oberlehrer	vom	bis		
b)		vom	bis		
c) Realgymnasium zu Siegen	Direktor	vom 1.10.1875	bis		
d)		vom 1.10.1897	bis	5200	900
e)		vom	bis		
f)		vom	bis		
g)		vom	bis		
h)		vom	bis		
i)		vom	bis		
k)		vom	bis		
l)		vom	bis		
m)		vom	bis		
n)		vom	bis		
o)		vom	bis		
p)		vom	bis		
q)		vom	bis		
r)		vom	bis		
s)		vom	bis		
t)		vom	bis		
u)		vom	bis		

10. Erhielt die **feste Zulage** am

11. **Sonstige Bezüge:**

    a) Dienstliche Nebenbezüge, die mit der Stelle verbunden sind, nebst Angabe der Art:

        vom   bis
        vom   bis
        vom   bis
        vom   bis

    b) Nebenämter an der Anstalt der Haupttätigkeit nebst Angabe der Vergütung:

        vom   bis
        vom   bis
        vom   bis
        vom   bis

    c) Sonstige nebenamtliche Beschäftigung nebst Angabe der Vergütung, sofern diese fixiert ist:

        vom   bis
        vom   bis
        vom   bis
        vom   bis

12. Seiner Dienstpflicht genügte er als Einjährig-Freiwilliger vom ―――
   bis ――― in (Ort): ―――
   Beförderungen im Militärverhältnisse: ―――
   Teilnahme an Feldzügen: ―――

13. Titel und Jahr wissenschaftlicher Veröffentlichungen:
   a) De functionibus sin x, cos x, $\frac{e^x - e^{-x}}{2}$, $\frac{e^x + e^{-x}}{2}$ in factores resolvendis dissert. ... in auguralis) Cöslin 1856
   b) [unreadable] der von Jacobi gegebenen, die Zerlegung allgemeiner [...] in [...] Factoren betreffenden Formeln (mit einem Nachtrage) Cöslin 1860
   c) Abriss der [Anstaltsgeschichte] Cöslin 1861
   d) Ueber die [Laplace'sche] Relation zwischen dem Potentiale und der Attraction einer [...] kugelförmigen [...] Schmidt. Cöslin 1871
   e)
   f) Mathematische [Lehrsätze] Siegen 1876
   g) Ueber die Einwirkung der Ebbe u. [...] auf die [...] und Unterlast [...] auf die [Lösungsgeschwindigkeit] der Erde. Siegen 1881
   h)
   i) Bemerkungen über die genauere Bestimmung der Schwankungen der Erdaxe. Siegen 1882
   k)
   l) Ausserdem sind verschiedene Artikeln in den Jahresberichten des Realgymnasiums zu Siegen veröffentlicht worden.
   m)
   n)
   o)
   p)
   q)
   r)

14. Bemerkungen, u. a. Angabe des Familienstandes (ob ledig, verheiratet usw.):
   Verheiratet in zweiter Ehe. Am Leben sind zwei Töchter und ein Sohn aus erster Ehe, zwei Söhne aus zweiter Ehe. Alle Kinder sind bereits ausgezogen, bis eine Tochter ist verheiratet.

ANHANG: Vorfahren von Wilhelm Tägert, Friederike Niemeyer und Emma Karkutsch

... TÄGER (*um oder vor 1670, +nach 1697) „Schaffmeister von Lenzen"		AUGUST HERMANN FRANCKE (1663-1727) Theologe, Prof. Uni Halle, Gründer d. Halleschen Anstalten / ∞ ANNA MAGDALENA V. WÜRMB („v.Wurm", 1670-1734)	ANTON CHRISTOPH REIMERS d.Ä. (1684-1750) Jurist, Ratsherr in Halle	
CASPAR CHRISTOPHER TÄGER (*um 1697 in Lenzen/Unterelbe, +1758 in Tripkau/Elbe) Kötner u. Krüger zu Tribbekau; ∞ I. 1736 in Tripkau MARGARETA HEDWIG MEYERS (+1751)	JOHANN MARTIN LUTHER (1685-1760) Bürgermeister, ∞ SOFIE JOHANNA REINHOLD	JOHANNA SOPHIE ANASTASIA FRANCKE (1697-1777) ∞ JOHANN ANASTASIUS FREYLINGHAUSEN (1670-1739)	ANTON FRIEDRICH REIMERS (Halle 1714-1792) ∞ 1744 AGNES SOFIE BECKER (1726-1803)	
JÜRGEN JOCHIM TÄGER, gen. „Georg" (*1736 in Tripkau +1802 in Kemnitz b. Greifswald) Bürger u. Amtsmeister d. Schuhmacher i. Greifswald; ∞ 1767 in Greifswald MARIA ELISABETH VORBECK (1749-1808)	JULIUS CHRISTIAN LUTHER (*1735 in Harburg +1807 in Clausthal) General-superintendent von Grubenhagen und auf dem Harz; ∞ ELEONORE ELISABETH BIESTER	AUGUSTE SOPHIE FREYLINGHAUSEN (1717-63) ∞ JOHANN CONRAD PHILIPP NIEMEYER (1711-67) Prediger u. Diakon in Halle	AGNETE CHARLOTTE REIMERS (1745-1781) ∞ 1767 FRIEDRICH V. KÖPKEN (1737-1811) Hofrat Magdeburg	KARL KARKUTSCH (*1758 +1821) ∞ ELISABETH RYWALD
JACOB CHRISTOPHER TÄGER (*1779 in Greifswald, +1845 in Kemnitz b. Greifswald) Küster und Schullehrer; ∞ 1805 MARIA CATHARINA BUCHHOLZ	PETER GABRIEL V. HASELBERG (1763-1850) OberappGerichtspräs. Greifswald; ∞ 1789 CONRADINE JOHANNA FRIDERICA LUTHER (*1769-1833)	AUGUST HERMANN NIEMEYER (1754-1828) Prof. Dr. Theol., Rektor in Halle, Zweiter Gründer der Franckeschen Anstalten	AGNES WILHELMINE CHRISTIANE V. KÖPKEN (1769-1847)	JOHANN FERDINAND KARKUTSCH *1785 in Köslin ∞ Dorothea, verw. Biedermann (*1744 +1833)
PAUL HINRICH FRIEDRICH TÄGERT (*1806 in Kemnitz, +1840; Küster in Greifswald) ∞ 1828 ULRIKE CHRISTIANE HENRIETTE FOHRMANN (1803-1840)	II. ∞ CAROLINE DOROTHEA GEORGINE ELEONORE GABRIELE V. HASELBERG (1803 in Clausthal, +1887 in Greifswald)	FRANZ ANTON NIEMEYER (1790 in Halle, +1867 in Greifswald) Dr. beider Rechte, Prof. UniGreifswald, Konsistorialdirektor		CARL JOH. HEINR. KARKUTSCH, Schön-färbermst.- u. Stadtrat (*1812 +1892) ∞ BERTA KRAUSE (1843-1905, Köslin)
Dr. JOACHIM CHRISTOPH WILHELM TÄGERT (*1830 Greifswald, +1903 Siegen)	∞ I. 18.3.1859 in Köslin: FRIEDERIKE ERNESTINE LEOPOLDINE NIEMEYER (1833-1865)		∞ II. 7.2.1867 in Köslin: EMMA CAROLINA FLORENTINE ERNESTINE AMALIA KARKUTSCH (1843-1905)	

ANHANG: Die Dannheimer, Schachenmayer, Grabe und Taegert, vergl. S. 40-44, 127, 129

JÜRGEN JOCHIM TÄGER (*1736 in Tripkau, ev.lt., +1802 in Kemnitz b. Greifswald) Bürger u. Amtsmeister d. Schuhmacher i. Greifswald; oo 1767 in Greifswald MARIA ELISABETH VORBECK (1749-1808)

GOTTFRIED DANNHEIMER (*um 1735) Schuhmacher in Kempten

MARX SCHACHENMAYER (*6.10.1714 Kempten +4.6.1801) oo A. MARGARETHA LOHERIN

JOHANN PHILIPP GRABE (*9.7.1739, ev.lt., +10.11.1803) Pfarrer; oo FRIEDERIKE MARIE WILHELMINE KRÜGER (*1746 +27.4.1781)

JACOB CHRISTOPHER TÄGER (*1779 in Greifswald, ev.lt., +1845 in Kemnitz b. Greifswald) Küster und Schullehrer; oo 1805 MARIA CATHARINA BUCHHOLZ

TOBIAS DANNHEIMER (*17.10.1769 in Kempten, ev.lt., +29.7.1861 Kempten) Gründer d. Kemptener Zeitung, Magistrats- u Landtagsmitglied, Landrat; oo 1794 in Kemten SABINA SIBILLA RIST (*10.4.1771, ev.lt. +13.4.1843)

MARX CHRISTOPH SCHACHENMAYER (*20.8.1748 i.Isny; ev.lt., +10.7.1825 in Isny) Evang. Kirchenpfleger in Isny; oo 16.8.1779 in Isny JOHANNA MARG. ADLERIN (*30.1.1754 ev.lt., +2.1.1822 in Isny)

KARL AUGUST GÜNTHER GRABE (*12.4.1775 in Nordhausen, ev.lt., +in Erfurt) Kgl. Landgerichtsdirektor; oo 19.9.1805 Wettin/Saale DOROTHEE JOHANNA CHRISTIANE RÜDIGER, Tochter d. Probstes G. GOTTLIEB RÜDIGER

PAUL HINRICH FRIEDRICH TÄGERT (*1806 in Kemnitz, ev.lt., +1840; Küster in Greifswald) oo 1828 ULRIKE CHRISTIANE HENRIETTE FOHRMANN (1803-1840)

II. oo 27.1.1823 in Isny: **MAGDALENA DANNHEIMER** (*27.1.1797 in Isny, ev.lt., +12.3.1879 in Isny)

MARX SCHACHENMAYER (*5.7.1781 in Isny; +5.7.1857 in Isny) Papierfabrikant u. Kaufmann in Isny-Allgäu

CARL JULIUS THEODOR GRABE (*25.3.1812 in Osterode, ev.lt. +12.12.1891 in Gröningen) Superintendent in Grumbach- Langensalza, Oberpfarrer in Gröningen

---

DR. JOACHIM CHRISTOPH WILHELM TÄGERT (*1830 Greifswald, ev.lt., +1903 Siegen) oo I. 18.3.1859 in Köslin: FRIEDERIKE ERNESTINE LEOPOLDINE NIEMEYER (1833-1865)

TOBIAS AUGUST SCHACHENMAYER (22.9.1825 in Isny,; ev.lt., +24.12.1912 in B. Kissingen) Buchhändler in Kempten; übernimmt 1868 das „Kissinger Intelligenzblatt"; oo 26.8.1861 in Isny MARIA SOPHIA HENRIETTE KURRER (*2.2.1838 in Isny, ev.lt., +22.2.1920 Kissingen)

OTTO THEODOR JULIUS GRABE (*16.7.1856 Langensalza, ev.lt., +11.11.1924) Stud.theol. Leipzig u. Halle. Hilfsprediger i. Magdebg. Seit 1886 Pastor in Thale/Harz; oo 7.10.1886 in Naumburg ULRIKE KATHARINA VERONIKA MÜLLER (*15.2.1865 i. Dobergast, ev.lt., +13.7.1945 in Thale)

FRIEDRICH WILHELM ANTON TÄGERT (*6.4.1863 Köslin +21.4. 1950 Osnabrück) Stud-Prof. f. Mathe. u. Physik am Ratsgymnasium in Osnabrück; oo 22.9.1900 MARGARETE EMILIE IDA V. HARRIEHAUSEN (*11.8.1874 Gieboldehausen +2.5.1925 Osnabr.)

MAXIMILIAN FRIEDRICH SCHACHENMAYER (*11.3.1869 in Bad Kissingen, ev.lt., +17.11.1965 in Bad Kissingen) Oberstabs-Ingenieur der Kaiserl. Marine; Schriftleiter bei der Kissinger Saalezeitung

oo 19.4.1910 in Thale **MARIA MARGARETHA KATAHARINA GRABE** (*10.9.1887 in Thale, +31.3.1985 in Bad Kissingen)

LUDWIG FRITZ WILHELM TÄEGERT (1909-66)

oo 28.1.1939 in Bad Kissingen

URSULA ELISABETH SCHACHENMAYER (1914-2002)

ANHANG: Die ersten nachweisbaren Generationen der TÄGER(T)

... TÄGER (*um oder vor 1670, +nach 1703) **Schaffmeister** von **Lenzen** [Untere-Elbe]

└── **CASPAR CHRISTOPHER TÄGER** aus Lenzen (*um 1697 in Lenzen-Elbe, begraben 26.4.1758 in **Tripkau**/Elbe gegenüber Hitzacker) **Kötner** und **Krüger** zu Tribbekau=Tripkau-Elbe [Amt-Neuhaus]
oo I. 24. .. 1736 in Tripkau MARGARETA HEDWIG MEYERS (*1697, +begr. 9.7.1751, 54 Jahre, 8 Monate alt) Tochter des Barbiers ANDREAS FRIEDR. ELSENER zu Tripkau, Witwe des Bäckers HANS JOACHIM MEYERS,

[oo II. 1.2.1752 Catharina Elisabeth Frielen aus Jessnitz (+begr. 15.10. 1769 in Tripkau, 57 J., 10 Mo. alt)]

├── **JÜRGEN JOCHIM TÄGER**, auch „Georg" genannt (*get. 22.12.1736 in **Tripkau** +12.2.1802 in Kemnitz bei Greifswald) **Bürger** und **Amtsmeister der Schuhmacher** in **Greifswald**, seit 1784 **Küster und Schullehrer** in Kemnitz b. Greifswald;
oo 25.11.1767 in Greifswald MARIA ELISABETH (Tochter des Kleinschmieds VORBECK, *getauft 24.1.1749 in Greifswald, +25.3.1808 in Kemnitz)

│   ├── **1. MARIA DOROTHEA TEGGER** (*12.6.1769 in Greifswald) oo CHRISTOPH MÜLLER, Schuster
│   │   └── ? GEORG ERDMANN MÜLLER (*12.3.1798 in Kemnitz) // CARL JOACHIM MÜLLER (*12.3.1798 in Kemnitz)
│   ├── **2. GEORG CHRISTIAN TEGER** (*2.1.1771 in Greifswald)
│   ├── **3. ANNA MARIA TEGGER** (*13.2.1772)
│   ├── **4. DOROTHEA MARIA TEGGER** (*7.3.1777)
│   ├── **5. JACOB CHRISTOPHER TÄGER** (*1.8. / get. 5.8.1779 in Greifswald, +9.3.1845 in Kemnitz bei Greifswald) **Küster und Schullehrer** in Kemnitz bei Greifswald; oo 1.11.1805 in Kemnitz MARIA CATHARINA BUCHHOLZ, Tochter des Schiffszimmermanns Jakob B. und CHRISTINA RIESBECK auf der Gr. Wiek
│   │   ├── **PAUL HINRICH FRIEDRICH TÄGERT** (*21.11.1806 in Kemnitz, +23.8.1840) Küster in Greifswald St. Nicolai, **Lehrer** der Küsterschule, später II. Lehrer d. Bürgerschule f. Knaben in Greifswald; 3 Söhne, 2 Töchter; **nur dieser Zweig schreibt sich „Tägert"!**
│   │   │   oo 22.2.1828 ULRIKE CHRISTIANE HENRIETTE FOHRMANN (*9.10.1803 in Greifswald, +21.8.1840 in Greifswald), Tochter des vorigen Küsters JOH. HEINR. FOHRMANN u. DOROTHEE TETZ in Greifswald
│   │   ├── **JOACHIM MARTIN AUGUST TÄGERT** (*30.6.1810 Kemnitz b. Greifswald, +7.2.1812 in Kemnitz)
│   │   └── **CHRISTIAN HEINRICH THEODOR TÄGERT** (*8.4.1816 in Kemnitz bei Greifswald, +28.3.1820 in Kemnitz)
│   ├── **6. JOHANN JOCHEN TEGGER** (*30.9.1785 in Kemnitz)
│   └── **7. FRIDERICA ROSINA CAROLINA TEGGER** (*GET. 20.1.1789 in Kemnitz)

└── **FRANZ HEINRICH CASPAR TÄGER** (*get. 12.7.1739 in Tripkau, +begr. 19.3.1740 i.Tripkau)

163

ANHANG: Nachkommen von PAUL und WILHELM TÄGERT

PAUL HINRICH FRIEDRICH TÄGERT (1806-1840) oo ULRIKE CHRISTIANE HENRIETTE FOHRMANN (1803-1840)

CARL AUGUST HERMANN TÄGERT (*8.1.1828 Greifswald, +1892 Stralsund) **Lehrer** oo 1859 Kasnevitz

Dr. JOACHIM CHRISTOPH **WILHELM** TÄGERT (*9.12.1830 in Greifswald, +25.11.1903 in Siegen) Schüler am Gymnasium **in Greifswald**, Abi 1848, dort **Stud. d. Mathematik u. Nat.-wiss.**, Prüfung „pro facultate docendi" 1853 „mit grossem Erfolge". Probejahr am Gymnasium zu **Greifswald**, interim. Adjunkt am Pädagogium zu Putbus, 1854-1875 Lehrer u. Oberlehrer am Gymnasium zu **Cöslin** (Köslin) „mit reichem Segen und unter vollster Anerkennung seiner vorgesetzten Behörde", 1857 Promotion a.d. Uni. Greifswald zum **Dr. phil.** – **1875 Direktor der Realschule in Siegen**, 28 Jahre Schulleitung, „mit seltener Pflichttreue". Im Jahre 1903 50-jähriges Dienstjubiläum.

oo I. 18.3.1859 in Greifswald FRIEDERIKE ERNESTINE LEOPOLDINE NIEMEYER (*4.10.1833 Greifswald +8.5.1865 Köslin) Tochter des ord. Prof. a.d.Uni Greifswald u. Konsistorial-Dir. Dr. FRANZ ANTON NIEMEYER (1790-1850) aus II. Ehe mit GABRIELE V. HASELBERG (1803-1887)

oo II. 7.2.1867 in Köslin 1867 EMMA CAROLINA FLORENTINE ERNESTINE AMALIA KARKUTSCH (25.4.1843 - 1905) Färbermeisters- u. Stadtratstochter Karl Johann Heinrich Karkutsch u. Berta Krause, Köslin

ALBERT GUSTAV FRIEDRICH TÄGERT (*4.5.1833 Greifswald +1895 Pankow-Berlin) **Mittelschullehrer** in Berlin

LUISE MARIA **MATHILDE** TÄGERT (*12.10.1835 Greifswald, +18.11.1840 Kemnitz)

MARIE DOROTHEE LUISE TÄGERT (* 2.5.1838 in Greifswald + 1900 Stralsund) led., **Lehrerin** in Rügen, led.

HERMINE TÄGERT (*1860 in Kasnevitz) oo in Stralsund Sattlermeister u. Masseur PRIES aus Stralsund, wohnen später in Binz-Rügen. // 3 Söhne „PRIES"

I.

1. NN.Tägert, tot geboren 1859

2. CLARA LOUISE ELEONORE TÄGERT (*17.2.1862 in Köslin, ledig, "Tante Clara", +in Osnabrück)

3. FRIEDRICH WILHELM ANTON TÄGERT (*6.4.1863 in Köslin +21.4.1950 in Osnabrück) Studienprofessor f. Mathematik u. Physik am Ratsgymnasium in Osnabrück, oo 22.9.1900 Osnabrück MARGARETHE EMILIE IDA V. HARRIEHAUSEN (*11.8.1874 in Gieboldehausen +2.5.1925 in Osnabrück) Tochter des Landgerichtsrats FRIEDRICH HEINRICH LUDWIG HARIEHAUSEN in Osnabrück u. SOPHIE ALOISE, geb. SCHWARZENBERG

4. MATHILDE ANNA CAROLINE TÄGERT (*21.8.1864 in Köslin +1.10.1910 in B-Meiderich) oo 24.3.1893 JOHANNES KARL STICHEL sen., Prof. Dr., Realgymnasium B-Meiderich (*21.7.1863)

5. FRANZISKA EMMA WILHELMINE TÄGERT (*21.8.1864, +1866 Köslin)

6. HEDWIG BERTA JOHANNA TÄGERT (*5.1868 +6.1869)

II.

7. KARL (CARL) „TEDJE" FRANZ BENJAMIN TÄGERT (*29.10.1869 in Köslin, +5.1.1946 wohl in Essen-Ruhr) Human. Abi, 1888 Seekadett, 1919 Konteradmiral d. Kriegsmarine; oo 1907 in Berlin GERMANIKA ERNESTINE WILHELMINE KRÜGER, (*27.11.1880) To. d. Gutsbesitzers u. Versicherungsdir. KRÜGER in Berlin, und dessen Frau GERMANICA, geb. FAWKAS. — Die Nachfahren von Karl = „Tägert", wohnen im Bereich **Berlin**, Hamburg, Hannover, Köln

8. WILHELM LUDWIG GOTTLIEB TÄGERT (*24.7.1871 in Köslin +1950) Abi, Vizeadmiral d. Kaiserl. Kriegsmarine, „Exzellenz"; Manuskript „Erinnerungen"; oo I. 1901 in Berlin ELSE LENT (*1882 +23.2.1935 in Rottach-Egern) „Tante Lenti" Tochter des Geh Reg.- u. Baurats und Bankdirektors LENT in Berlin u. dessen Frau geb. CERGONNE // oo II. 8.1943 in Rottach-Egern MARGOT NAUMANN „Tante Margot" (*20.3.1902 in Weimar) Tochter d. Sanitätsrats JOHANNES N. u. seiner Frau THERESE, geb. FRIEDRICHS. – Die Nachfahren von Wilhelm = „Tägert" und „Taegert" wohnen im Bereich Hamburg

9. JOHANN „HANS" OTTO FRIEDRICH TÄGERT (*8.10.1874 in Köslin +Mai 1881 in Siegen)

LUISE TÄGERT (*1868, getauft 1869 / + ... In Berlin), ledig, 1912 wohnh. in Stralsund, **Volksschullehrerin** in Berlin

ANHANG: Die heute existierenden Stämme der TÄGERT / TAEGERT

FRIEDRICH WILHELM ANTON TÄGERT (1863-1950) oo MARGARETHE EMILIE IDA v. HARRIEHAUSEN (1874-1925)

- **LUDWIG FRITZ WILHELM TÄEGERT** (*31.10.1909 Osnabrück +22.8.1966 Hannover) Dipl. Ing., Reichsbahnbauführer, Bundesbahnoberrat; oo 28.1.1939 URSULA ELISABETH SCHACHENMAYER (*29.10.1914 Halberstadt +22.10.2002 Bad Kissingen) Tochter d. Marine-Oberstabs-Ing. MAXIMILIAN SCHACHENMAYER (1869-1965) aus B.Kissingen, und MARGARETHE, geb. GRABE (1887-1985) aus Thale-Harz
  - **URSULA MARGARETHE CLARA FISCHER** (*28.1.1940) Apothekerin; oo PAUL-HEINZ FISCHER (+18.4.2001)
    - **GABRIELE**, verh. BROSZONN (MORITZ *1.10.1997, HENRY *29.9.1998, LUIS *23.2.2001) // **CLAUDIA**, verh. BREIDENSTEIN (VALERIE *9.3.2005, MANUEL *10.5.2007)
  - **JÜRGEN JOACHIM TAEGERT** (*17.8.1941) Evang.-Luth. Pfarrer oo 1968 DOROTHEA TAEGERT, geb. SCHMIDT (*23.3.1947) **Realschullehrerin** 5 Kinder, 6 Enkel
    - **CHRISTOPH**, verh. TAEGERT-KILGER *30.6.1969 („KILGER": JONAS *3.7.1994, LILY *16.9.1995, PAUL *2.4.2002, ANTONIA *22.4.2004) **SIGRUN TAEGERT** *4.5.1973 (EMIL TAEGERT 26.11.2008) // **JAN SIEBER-TAEGERT** *3.6.1976 (MARTA SIEBER *23.4.13) // **LUKAS TAEGERT** *2.2.1980 // **ANNE TAEGERT** *3.1.1990
  - **LUTZ-PETER TAEGERT** (StudR. f. Mathe. u.Physik, *5.3.1946 +20.5.2001) oo TRUDE TAEGERT, geb. SALLER
    - **MORITZ TAEGERT** (*23.2.1998)
  - **WERNER FRIEDR. MAXIMIL. TAEGERT** (Prof.Dr., Biblioth.Dir. Bamberg, *7.5.1950); oo HANNE TAEGERT-DIETZ
    - Keine Kinder

MATHILDE TÄGERT (1864-1910) oo Prof. Dr. JOH. KARL STICHEL

- **JOHANNES KARL STICHEL jr.** (*12.5.1895 Meiderich + 6.12.1979) Kapitänlt., Kaufm.) oo N.N.+ 2 Kinder: Christina Bauer / Georg
- **JOACHIM STICHEL** (1896-1897 in B.-Meiderich)
- **ANNA FRIEDERIKE GABRIELE STICHEL** (*4.2.1899 Meiderich) oo 1929 i.Hannover WILHELM EBERLE (Apoth. Chemnitz)
  - **NIKOLAUS EBERLE** (*29.10.1933) Chemnitz
  - **JOACHIM EBERLE** (*17.1.1931) Chemnitz

HANS TÄGERT (1869-1946) oo ERNESTINE WILHELMINE KRÜGER (*1880)

- **HANS TÄGERT** (*20.5.1908 in Kiel +2.5.1945 gef.) Dr. jur., Prof. in Göttingen; oo 1938 ILSE, geb. NAUSCH (*1914-2005) 1960 Doz. f. Psychologie A.Salomon-Schule f. Soz.päd. Berlin
  - **JÜRGEN TÄGERT** (*5.7.1938 Göttingen) ehem. geschäftsf. Leiter der Charité in Berlin; oo CLAUDIA TÄGERT
    - **PHILIP TÄGERT** *1.9.61966 (1 Tochter, alleinerz.) **JULIA TÄGERT** *16.5.1968 (Tochter: MIRIA TÄGERT) // **GEWENDOLIN TAEGERT** *4.11.1970
  - **JOCHEN TÄGERT**, Dr. med. (*1.3.1941 Göttingen) Neurologe, Langenhagen oo FRIEDERIKE, geb. KAMP
    - adoptiert: **ANNE VANESSA TÄGERT** *1.9.1977, (Sohn: Maximilian T. *1997) // **HANS-CHRISTIAN TÄGERT** *15.8.1981

KARL (CARL) FRANZ BENJAMIN TÄGERT (1869-1946) oo GERMANIKA ERNESTINE WILHELMINE KRÜGER(*1880)

- **KARL (CARL) FRIEDRICH TÄGERT** (*17.4.1913 Kiel +15.8.1990) Wohnsitz Hamburg oo 8.4.1943 GERTRUD, geb. VIETHER „Tante Tula"
  - **JÜRGEN TÄGERT-Stavenow** (*2.4.1939 Altslandsberg, geb. VIETHER, adoptiert) Wedel, oo STAVENOW
    - 3 Kinder: „STAVENOW"
  - **HANS-WOLFGANG TÄGERT** (*13.8.1951 Hambg) **Realschullehrer**, Köln oo HELENA-MARIA, geb. QUATMANN
    - Keine Kinder
  - **CHRISTIANE TÄGERT** (*25.6.1955 in Hamburg) **Realschullehrerin**; oo HORST DRÖSE
    - 3 Kinder „TÄGERT": PAUL *1988 // CARL *1994 // JOHANN *1996

WILHELM LUDWIG GOTTLIEB TÄGERT (1871-1950) oo I. ELSE LENT (1882-1935)

- **ELSE TAEGERT** */+1909
- **WERNER ALFRED TAEGERT** (*12.1.1902 Kiel, verm. Juli 1944) Kaufm. Frankfurt-M. oo I. 1930 in Hamburg MARIA CRASEMANN (*1.9.1904 in Hamburg; gesch. 1939; +4.10.1944 München oo II. Juni 1944 LISELOTTE geb. ZÜHLKE (*8.10.1918? in Wahren-Meckl.) Wiederverh.
  - **SVEN TAEGERT** (*11.3.1931 Chemnitz +13.5.1997 in HH) Abi in Rottach-Egern, Kaufm., spin. Kinderlähmg, oo ERNA „Erni", geb. SCHNEIDER
    - 1 Tochter: **SILKE TAEGERT** *7.8.1963 HH, verh. WINGSCH in Buchholz (2 Kinder „Wingsch": AMELI * 22.2.2002 // CONSTANTIN *15.7.2003)
  - **MICHAEL TÄGERT** (*8.11.1936 in Frankfurt-M.) Kapitän d.dt. Handelsschiffahrt i.R., wohnt Buchholz a.d.Nordheide) oo 1968 CHRISTIANE, geb. LICHTENBERG
    - 2 Kinder: **ANJA TÄGERT** (*16.5.1970, Krankenschwester) oo MARCEL SOMMER (Zwillinge: FINN und LUCA TÄGERT *2.6.2002) // **NINA TÄGERT** (*3.5.1975, led., Ärztin)

Über den Verfasser

JÜRGEN JOACHIM TAEGERT *ist evangelischer Pfarrer im Ruhestand und Verfasser zahlreicher Publikationen, die sich in bewusst ökumenischer Perspektive mit der Verbindung von Geschichte, Kultur, Landschaft und menschlichem Geschick befassen. Die durchgängig verwendete Methode ist die „Geschichtsbetrachtung von unten". Sie räumt der möglichst sachlichen und nachvollziehbaren Darstellung der einzelnen menschlichen Schicksale im jeweiligen Zeitkontext Vorrang ein vor einer verallgemeinenderen Zeitbetrachtung.*

Mit dem vorliegenden Büchlein „Wenn die Erdachse schwankt – Universale Bildung und deutsche Revolution im 19. Jh." setzt der Autor seine Arbeiten zur Beschreibung des Geschicks einer bürgerlichen Familie fort, die im 30-jährigen Krieg als „Tropfhäusler" am unteren Rand der Gesellschaft beginnt und deren Weg über das Handwerk und das Küster- und Lehreramt in die Mitte der einstigen bürgerlichen Gesellschaft im damaligen Pommern und Preußen führt (vergl. Band 1 der Familienchronik: „Vom Tropfhäusler zum Köster und Schaulmeister – Der (mühsame) Weg in die Bürgergesellschaft des 17. und 18. Jahrhunderts").

Seit der Aufklärung und dem Triumph der bahnbrechenden Pädagogik des Halleschen Pietismus steht die Zeit in einem Umbruch. Wissenschaftlichkeit und aufgeklärtes Bemühen um Bildung auch für Frauen brechen sich auch in frommen Kreise allenthalben Bahn. Nach Napoleons Sturz und dem Ende der kleinen Territorialherrschaften in Europa sehen sie sich aber mit dem Wiedererstarken der rückwärtsgewandten Kräfte konfrontiert. Bedrängt von deren Gewalttätigkeit und beschwert vom allgegenwärtigen Leiden einer erschütternd hohen Mütter- und Kindersterblichkeit erfinden die Menschen in den stürmischen Umbrüchen der industriellen Revolution und des modernen Verkehrswesens ihren Lebenssinn ganz neu. Als verlässlichen Hintergrund ihres Alltags erschaffen sie sich die bürgerliche Bildungsgesellschaft. Ihre zukunftsweisenden pädagogischen Konzepte und ihre politischen Forderungen nach Entfaltung und Teilhabe des Einzelnen, insbesondere auch der Frauen, geben auch unserm 21. Jahrhundert seine Grundlage.

Ein weiterer umfangreicher Doppelband „Die Kima und ihr Lutz" schildert das Leben die folgenden Generationen. Sie haben das „Zweite Reich" bis zum Ausklang der Kaiserzeit miterlebt und sind zu Zeitzeugen und Mitbeteiligten beim Aufstieg und Fall des „Dritten Reiches" geworden. [Band 1 „DAS ENDE DES SCHWEIGENS – Wie Hitler bürgerliche Berufsanfänger einfing", BoD 2016, ISBN 978-3-7412-3990-8; Band 2 „AUF DICH TRAUT MEINE SEELE – Kriegskinder und die Eisenbahnlogistik für die Feldzüge des Schreckens", zur Veröffentlichung 2017 bei BoD vorgesehen.]

Wichtige Ergänzungen zu den historischen und persönlichen Aspekten liefern die weiteren Bücher und Buchreihen desselben Verfassers:

„MYRTEN FÜR DORNEN – Orts- und Kirchengeschichte des oberfränkischen Marktes Weidenberg 1919-1949" [24 Einzelbände, zur Erscheinung bei BoD ab 2017 vorgesehen]

„IN ÄNGSTEN – UND SIEHE WIR LEBEN – Ein Buch voller Wunder in einer Welt voller Schrecken" – Lebenserinnerungen des Wolhynienpfarrers H.K.Schmidt 1909–2009 [BoD 2016, ISBN 978-3-7392-2741-2]

„AUS MAMAS KOCH- UND BACKSTUBE – Bewährte Familienrezepte von Urgroßmutters Zeit bis heute" [BoD 2015, ISBN 978-3-7392-1199-2]

„KORFU – MEDITERRANE LANDSCHAFT UND BYZANTINISCHES CHRISTENTUM – Ein ganz besonderes Reisetagebuch für alle, die Natur und Glauben lieben" [BoD 2014, ISBN 9-783-7347-3409-0]

„WILD UND FROMM – Ein autobiographischer Beitrag zur Emanzipation der Jungen heute" [Spurbuchverlag 2012, ISBN 978-3-88778-362-4]

„WENN HOLZ und Steine reden ... Martern, Bildstöcke, Wegkreuze, Seelsorgerliche Zeichen der Religion von unten – Marterlwege in der Frankenpfalz im Fichtelgebirge" [Bodner-Pressath 2010, ISBN 978-3-9371-1789-8]

„WO KÖNIG UND HERZOG EINFACHE LEUTE SIND – Spurensuche 1000 Jahre Frankenpfalz" [Bodner/Pressath 2009, ISBN 978-3-9371-1788-1]